Paul Imhof (Hrsg.)

FRAUEN DES GLAUBENS

Paul Imhof (Hrsg.)

FRAUEN DES GLAUBENS

———————————

echter

CIP-Kurztitelaufnahme der Deutschen Bibliothek

Frauen des Glaubens / Paul Imhof (Hrsg.). – 3. Aufl. –
Würzburg : Echter, 1987
    ISBN 3-429-00928-6
NE: Imhof, Paul [Hrsg.]

Imprimi potest.
Monachii, die 28 novembris 1984
P. Hans Zwiefelhofer SJ
Praep. Prov. Germ. Sup. SJ

Mitglied der Verlagsgruppe »engagement«

3. Auflage 1987
© 1985 Echter Verlag Würzburg
Umschlag: Josef Langhans
Gesamtherstellung: Brönner & Daentler KG, 8078 Eichstätt
ISBN 3-429-00928-6

Inhalt

Vorwort

Wie kaum zu einer Zeit der Kirchengeschichte ist heute die Frage nach den Frauen in der Kirche neu aufgebrochen. Weithin verdrängt oder administrativ beiseite geschoben, vollzieht sich nicht nur bei einer – vielfach schon außerkirchlichen – Avantgarde, sondern auch in Teilen des Kirchenvolkes ein Wandel der Mentalität. Vieles ehedem Selbstverständliche wird – zumindest innerlich – als überholt abgelehnt. Das Verweigern der Diskussion führt meist zur Resignation der engagierten, vor allem jungen Frauen innerhalb der Kirche; manche von ihnen verläßt die Institution Kirche ganz. Die Klage, sie hätten sich mehr an Maria orientieren sollen, die durch das Dunkel und durch das Licht des Glaubens auf jene Zukunft hin lebte, die letztlich Gott selbst ist, nützt dann nur wenig, wenngleich die Sinnrichtung dieser Antwort durchaus stimmig ist.

In Kana (hebr. Schilfrohr; griech. Maßstab), dem Ort, an dem Maßgebendes sich ereignet, weist Maria auf Jesus hin: »Was er euch sagt, das *tut*«. Genau dies geschieht seit Jahrhunderten durch jene Frauen, die an Jesus Christus glauben. Ihr Leben deutet auf den hin, von dem her Wunder geschehen, durch den Umwandlungen in Gang kommen. Solche »Heilige der Kirche sind der wichtigste Kommentar zum Evangelium, denn sie sind die fleischgewordene Auslegung des fleischgewordenen Gotteswortes. So sind sie wirklich Zugang zu Jesus« (H. U. von Balthasar). Besonders in einer orientierungsarmen Zeit wie der unsrigen kann der Kanon christlichen Lebens auf die Heiligen nicht verzichten. Da jedoch die Gemeinschaft der Heiligen mehr umfaßt als die Anzahl der liturgisch bekannten Heiligen, sind wir ermächtigt, immer wieder nach Menschen Ausschau zu halten, an denen deutlich wird, was Mensch-sein und Christsein besagt. Durch solche »Ikonen Gottes« leuchtet das Heil auf.

Das Leben der »Frauen des Glaubens« zeigt, daß ihnen in ihrer jeweiligen Zeit und Situation die Transparenz auf Unbedingtes hin gelungen ist. In ihrem ganz in-dividuellen, unverwechselbaren Dasein scheint der ursprunglose Ursprung, Gott selbst, durch. Es war nicht die Starrheit oder der eifernde Kampfgeist von Fanatikern, sondern jene entschiedene Unbedingtheit, die der Liebe eigentümlich ist, womit sie Zeugnis gaben für ihre Gottes- und Nächstenliebe, ihre Liebe zur Liebe selbst, ihr endgültiges Ja zu den Mitmenschen. An der Praxis dieser Frauen wird erahnbar, wie die Liebe erlöst – wer Gott ist. Durch ihren Christusbezug – nicht nur in der Hochform der Brautmystik, sondern oft mehr noch in der schmerzhaft erlittenen Anglei-chung an sein Leben – eröffnen sie immer wieder neue Bereiche, in denen ihre Gottes- und Nächstenliebe zum Tragen kommt.

Noch weithin ungeschrieben ist die Geschichte der stillen, verborgenen Frauen, der »Unscheinbaren Heili-gen« (R. Guardini). Ihre heimliche Größe zeigte sich nicht unmittelbar in *öffentlicher* Wirksamkeit – was selbstverständlich etwas anderes meint, als sich mittels spektakulärer Szenen oder eines exaltierten Wesens ins Rampenlicht zu stellen. Zu wenig Aufmerksamkeit findet die alltägliche Mühe vieler Frauen mit der Erzie-hung der Kinder, ihre Leistung in intellektuellen oder manuellen Berufen, ihre Unzahl von Handgriffen, die nötig sind, damit ein Haushalt funktioniert. Ihr Tun erinnert an das jahrzehntelange verborgene Wirken Marias in Nazareth, das weder damals noch heute – etwa in kirchenoffiziellen Texten – besonders erwähnt wird. Die gelebte Spiritualität der Kleinen Schwestern Jesu ist typisch für dieses einfache, normale – durchaus auch glückliche Leben, ohne das es keine Zukunft geben kann.

Wenn im vorliegenden Buch meist Portraits bekannter, ja berühmter Frauen gesammelt wurden, so will dies auch sagen, daß sie stellvertretend für die vielen Frauen stehen, die ebenfalls zu nennen wären.

München, Allerheiligen 1984   *Paul Imhof*

Paul Imhof

Frauen des Glaubens und das Prinzip des Marianischen

Eine hinführende Skizze

———————————————

Im Urchristentum war es selbstverständlich, daß allein »die Bindung an den Kyrios, d. h. die christologisch begründete Freiheit des Christen«[1], heilsentscheidend ist. Das Verhalten Jesu zu Frauen und Männern relativierte alle gesellschaftlichen und geschlechtsspezifischen Unterschiede. Frauen wirkten an der Ausbreitung des Evangeliums mit.

In jüngster Zeit wächst das Interesse an den Frauengestalten des Alten und Neuen Testamentes, vor allem an Maria, der Mutter Jesu.[2] Sie ist nicht nur *das* Beispiel für glaubende Menschen, sondern darüber hinaus heilsgeschichtlich unersetzbar. Ohne sie kein Christus. Von der Geburt bis zum Tod Jesu, ja sogar schon vor seiner Geburt und über seinen Tod hinaus sind das Leben und die Liebe Mariens wirksam.

Nachdem das Konzil von Konstantinopel (381) mit seiner Erklärung über die Wesensgleichheit des Hl. Geistes zunächst auf die Frage nach dem Verhältnis von *ungeschaffener Wirklichkeit* (das Taufkerygma besagt: im Namen des Vaters und des Sohnes und des Hl. Geistes) und *geschaffener Wirklichkeit* eine Antwort gegeben hatte, ging es auf dem Konzil von Ephesus (431) um ein genaueres Verständnis des Glaubens an die *Menschwerdung* Gottes. In Ephesus wird *deswegen* in einem entscheidenden Konzilsdokument von Maria als der Theotokos, der Gottesgebärerin, gesprochen[3],

11

ohne daß sie dadurch zu einer »Göttin« gemacht würde. Das Dogma von Ephesus hatte für die Geschichte der Mariologie und die Verehrung Marias unabsehbare Konsequenzen. Ihre Gestalt wurde immer mehr zu einem Kristallisationspunkt christlicher, besonders fraulicher Devotio. Wenn man die frühen »Marienikonen« und entsprechende Elfenbeinschnitzereien auf sich wirken läßt, spürt man etwas vom gläubigen Vertrauen zu Maria, das den Christen zu eigen war. Durch die dabei stattfindenden psychologischen Prozesse – wie sie im übrigen jeder Frömmigkeitsvollzug mit sich bringt – wurde das Selbstverständnis der christlich gewordenen Frauen geprägt. Auch deswegen werden wir immer wieder auf die marianische bzw. mariologische Dimension im spirituellen Leben der »Frauen des Glaubens« zurückkommen müssen.

Bei der Christianisierung des griechisch-römischen Kulturraums wirkten viele außerchristliche, heidnische Vorstellungen weiter. Überkommene patriarchalische Muster suchten sich im Christentum einen neuen ideologischen Überbau – gewiß nicht ohne Schuld kirchlicher Autoritäten und Theologen.[4] Die Geschichte der Frau – auch in der Kirche – kann weithin nur als eine Geschichte ständiger Unterdrückung und Ausbeutung geschrieben werden.[5] Dennoch sollen gegenläufige Tendenzen nicht ganz und gar verschwiegen werden: »Im nachantiken Europa mag eine wichtige Etappe besonders *eine* Erfahrung gewesen sein, die zuvor bereits in Byzanz hatte gemacht werden können: daß nämlich nun auch hier hohe Frauen an Sohnes und Gatten Statt das höchste Regentenamt ausübten (Adelheid, Theophanu, Gisela, Agnes von Poitou) oder besonders in geistliche Dinge hineinwirkten. In ihrem Umkreis fanden sich auch Majolus und Odilo von Cluny, Hermann der Lahme, der Dichter des ›Salve Regina‹, Petrus Damiani. Diese hohen Frauen konnten der Vorstellung von Maria als *domina mundi*, *coeli regina* (Petrus Damiani) und *imperatrix* (Anselm von Canterbury) einen lebendigen Grund geben. Die Kaiserin Agnes von Poitou, welche Petrus Damiani ins Kloster führte, war die Großvaterschwester des ersten Troubadours.«[6]

Die Troubadoure schufen neue Liebeslieder. Die Unnahbarkeit der Verehrten wurde besungen. Der germanische Begriff der Treue durchformte zutiefst auch das religiöse Empfinden. Vor allem die Spätzeit des Minnesangs war eine hohe Zeit der Brautmystik.

Die Verehrung des Christus, wie ihn die Kunst der Romanik zeigt, brachte in die Nonnenklöster eine Stimmung, wie sie in einer Schar von Königstöchtern herrschen mag; die Herrlichkeit des Auferstandenen bestimmte das Selbstwertgefühl. Zu Seiner Herrlichkeit ist der Mensch berufen. In ihrer Gesamtschau der geschaffenen Wirklichkeit konnte daher *Hildegard von Bingen (1098–1179)* den Menschen als leibliche Mitte des Kosmos sehen. Der Glaube an Christus und die Heilsgeschichte führte zu einer sakramentalen Sicht der Schöpfung. Die Kirche sollte leuchten. Ganze Konvente von Benediktinerinnen und Zisterzienserinnen erlebten sich als Kirche – im Sinne der Kyriakē, als dem Kyrios, dem auferstandenen Christus, zu eigen. Die freiwillige Bindung an ihn war die Antwort auf seine erlösende Präsenz, die er treu bis in den Tod durchgehalten hatte. Für viele Nonnen wurde eine mystische Liebesbeziehung zwischen »Herr« und »Herrin«, Geliebtem und Geliebter – Ihm und sich selbst – psychische Wirklichkeit. Träume, Visionen, Offenbarungen . . . sprechen von ihrer Liebe.[7]

Marianische Grunderfahrungen lassen sich oft nur mit der leibhaftigen Erfahrung von Brautschaft, Empfängnis, Schwangerschaft und Geburt vergleichen. Bei *Mechthild von Magdeburg (1208–1282)* finden wir eine

Braut- und Liebesmystik, von deren Erleben ihr Buch »Das fließende Licht der Gottheit« zeugt. Mechthild spürt Gottes Liebe überall. Sie findet Gott in allen Dingen.

Für die Gefühlswelt frommer Frauen spielte Maria damals eine doppelte Rolle. Im Aufkommen der zärtlichen Madonna (um 1200) wie an mancher späteren Pieta – sie besitzt ihre Wurzeln wohl in der Vorstellung der Madonna lactans[8] – wird es deutlich: Maria handelt nicht nur in mütterlicher Liebe, sondern zugleich als liebende Frau.

Elisabeth von Thüringen (1207–1231) erlebte zunächst Jahre glücklicher Liebe in der Ehe.[9] Kirchlicherseits war gerade die Hochschätzung der Ehe auf dem IV. Laterankonzil (1215) unter Papst Innozenz III. neu bestätigt worden (vgl. can. 50, 51). Vom Tod ihres Liebsten, ihres Mannes, zutiefst getroffen – gleichsam wie Maria wie von einem Schwert durchbohrt (vgl. Lk 2,35) –, lebte Elisabeth von Thüringen fortan bei den Ärmsten der Armen. Die neuzeitliche Ausrede, daß individual-ethische Anstrengungen sinnlos seien, ja, notwendige, tiefgreifende strukturelle Umwälzungen nur verhindern würden, hatte angesichts der realen Not konkreter Menschen für sie keinerlei Gewicht. Mit allen ihr zur Verfügung stehenden Mitteln begann sie, den Armen und Kranken zu dienen. »Indem Elisabeth von Thüringen die hohen Mauern, die der Feudalismus zwischen den Ständen aufgerichtet hatte, und die Schranken der wohltemperierten Frömmigkeit mit letzter Hingabe durchbrach, wurde sie zur Vorkämpferin einer gewaltlosen und stillen christlichen Revolution. Angesichts solcher Radikalität muß die harmlose Vorstellung von der mildtätigen Fürstin, als die der Nachwelt die Heilige überliefert wurde, verblassen. Nicht in die Reihe der ›Wohltätigkeitsdamen‹, deren es viele in der Geschichte gab, ist sie zu stellen. Es war vielmehr,

14

wie Walter Nigg treffend gesagt hat, ›gekreuzigte Barmherzigkeit‹, durch die Elisabeths Drama in die Heilsgeschichte hineinwuchs.«[10]

Auf andere Weise folgten *Birgitta von Schweden (1302– 1373)* und *Caterina von Siena (1347–1380)* dem Ruf Christi. Sie waren nicht bereit, sich mit der Babylonischen Gefangenschaft des Papsttums in Avignon abzufinden; sie forderten Freiheit für den Papst, den Repräsentanten Christi, und so auch für die Kirche. Mit gleicher Leidenschaft wie Birgitta kämpfte Caterina um die Reform der Kirche und gegen die Herrschsucht, den Machthunger und die damit verbundenen politischen Intrigen der Großen ihrer Zeit. Sie opponierte gegen den Status quo einer Kirche, deren Amtsträger sich innerhalb der bestehenden Verhältnisse zu etablieren versuchten. Ihr Mahnen blieb nicht ungehört; doch es brachte ihr viel Feindschaft und Verleumdung ein. Aber dies konnte Caterina nie daran hindern, auf Gott zu hören und sein Wort weiterzugeben: Im Namen Jesu Christi, des Gekreuzigten: *Frieden*. Nachahmung Gottes eröffnet den Weg zur Vergöttlichung des Menschen. Und für die Kirchenlehrerin ist klar: Der Weg ist Jesus von Nazareth, der Christus. Mit ihm hatte Caterina ihr Herz getauscht. Im kleinen Kreis der »famiglia«, ihrer Gebets- und Lebensgemeinschaft, praktizierte sie die erneuerte Kirche. Von ihrer geistlichen Familie wurde sie *dolcissima mamma* genannt. In ihrem Dasein für die *famiglia* spiegelte sich, was Maria wohl für die Urkirche auf dem Sion bedeutete. Sie, der Kreis der Frauen um Jesus, die Apostel und Jünger versammelten sich um die Herzmitte der Gemeinde von Jerusalem: den Gekreuzigten und Auferstandenen. »Sie verharrten *einmütig* im Gebet« (Apg 1,14).

Birgitta von Schweden wurde berühmt wegen ihrer Visionen und Offenbarungen, ihrer Marienverehrung und ihres Eifers für die Betrachtungen über die Menschheit Christi. Damit steht sie am Übergang zur Devotio moderna, einer religiösen Erneuerungsbewegung, die seit dem Ende des 14. Jahrhunderts bis weit in das 15. Jahrhundert hinein und darüber hinaus von größtem Einfluß war. Subjektive, innerliche Frömmigkeit war zur Zeit der Spätgotik gefragt – mehr als scholastische Theologie. Die Imitatio Christi, der Thomas von Kempen die endgültige sprachliche Form gab, ist das signifikanteste Buch dieser Zeit. Viele vorreformatorische Impulse wurzeln in der Praxis der Frömmigkeitsübungen, nicht zuletzt in deren Übertreibungen und Einseitigkeiten, so daß es zu Gegenbewegungen kam. Die bedrängende Frage einzelner nach ihrem persönlichen Heil fand ein Echo in allen Ständen und Schichten des Volkes.

Das erstarkende Bürgertum, vor allem in den freien Reichsstädten, bot den Hintergrund für die Forderung nach Freiheit des Gewissens, einer Freiheit, die – dies war selbstverständliches Allgemeingut – nur eine von Christus befreite Freiheit (vgl. Gal 5,1) sein konnte. Auf diese Freiheit berief sich die Nürnberger Äbtissin *Caritas Pirckheimer (1467–1532)* in ihrem Streit mit den Reformatoren. Sie war immer gesprächsbereit, ohne dabei ihr Gewissen zu verraten. In der Stimme des Gewissens wurde für Caritas Pirckheimer der Wille Gottes vernehmbar. Auf ihn galt es zu hören. Hierin ist sie Maria gleich, der schlechthin auf Gott Hörenden (ihr Gehorsam ist die Intensivform von Hören). Leider setzte sich im reformatorisch kontroversen Zeitalter nicht das Prinzip »Freiheit des Gewissens« durch, sondern immer mehr jenes verhängnisvolle, repressive »cuius regio, eius religio« (wessen Herrschaft, dessen Religion). Der jeweilige Landesherr bzw. das Stadtregiment bestimmte die Konfession. Nach diesem Prinzip wurde auch in Ländern verfahren, die von Frauen regiert wurden.

In allen Jahrhunderten und aus allen europäischen Ländern brachten immer wieder Frauen ihr spezielles Charisma, ihre Antwort auf die Nöte der Zeit in das Wirken der Gesamtkirche ein. Ihre Treue zu sich selbst hieß Treue zur Kirche, der großen Gemeinschaft derer, die im Strom lebendiger Überlieferung an Christus glauben. Frauen vieler Länder wären zu nennen. Etwa die italienisch-sprachige *Angela Merici (1474–1540)*, die in Brescia für Mädchen und Frauen lebte, die in der damaligen christlich geprägten Gesellschaftsordnung keinen richtigen Platz hatten. Weil weder Ehefrau noch Nonne, wurden Alleinstehende an den Rand gedrängt. Da sie dennoch nicht heiraten oder in ein Kloster gehen wollten, bildete Angela mit ihnen eine Gemeinschaft, die etwa einem modernen Säkularinstitut vergleichbar ist. Diese »Jungfrauen« bildeten einen eigenen gesellschaftlichen Stand. Sie definierten sich durch sich selbst und nicht dadurch, einen Mann zu haben bzw. von ihm gehabt zu werden (Maria als Virgo!). In ihrer Gesellschaft wurden Mitmenschlichkeit, Hilfsbereitschaft und hohe Achtung vor der Würde der anderen gelebt.

Teresa von Avila (1515–1582) nannte sich Teresa de *Jesús*. Immer mehr wurde er ihr ein und alles. Diese Liebe spiegelt sich in ihrer Beziehung zu Pater Gracián. Als Beichtpriester war er ihr »Herr«, als viel jüngeren Mann liebte sie ihn wie eine Mutter ihren Sohn, wohl ähnlich wie Maria ganz und gar Jesus liebte. Nur Kontemplation, Gebet und Meditation führen hier zur Mitte, von der aus Einblicke möglich sind. Teresas eigene Seelenburg ist erobert von Gott. Ganz offen für ihn verbringt sie ihre letzten irdischen Jahre in mystischer Vereinigung: Nur der Karmel im Himmel kann noch eine Steigerung bringen.

Bald nach dem Tod der großen Spanierin des Siglo de oro (Goldenes Jahrhundert) wurde in England *Mary Ward (1585–1645)* geboren. Charakteristisch für sie ist ihre jesuitische Spiritualität. Immer wieder suchte sie neu nach dem Willen Gottes. Das Exerzitienbuch des hl. Ignatius von Loyola (1491–1556) und die Konstitutionen des Jesuitenordens waren ihr eine vertraute Welt. Nicht zufällig wollte sie die Satzungen der Gesellschaft Jesu für ihr Institut übernehmen. Dessen Name bedeutet ein Programm: Institutum Beatae Mariae Virginis, das Institut der allerseligsten Jungfrau Maria. Wahrscheinlich wurde sie dazu durch Betrachtungen aus dem Exerzitienbuch des Ignatius (EB Nr. 63) angeregt, wo der Exerzitant sich in einem dreifachen – theologisch mißdeutbaren – Zwiegespräch an Maria (Nuestra Señora), den Sohn und den Vater wendet. Durch ihr Ja zur zuvorkommenden Gnade Gottes ist Maria eingerückt in das Gefüge der Gnadenmittlerschaft. An ihr wird die endgültige Würde und Zukunft des Menschen transparent: in der Herrlichkeit Gottes zu sein und zu wirken.

Gegen Ende des Exerzitienbuches heißt es: »Es ist darauf zu achten, daß die Liebe mehr in die Werke als in die (bloßen) Worte gelegt werden muß« (EB Nr. 230). Und genau dies tat Mary Ward. Für die Mädchenerziehung auf dem Kontinent gründete sie Internate und Schulen, eine harte Arbeit in den Wirren des 30jährigen Krieges (1618–1648), der Zeit der Gegenreformation mit ihren großen Auseinandersetzungen, Verfolgungen und Konversionen.

Aus fraglos katholischen Kreisen stammt *Louise de Marillac (1591–1660)*. Als junge Witwe fand sie einen kongenialen Partner: Vinzenz von Paul (1581–1660). Ihr Werk der Barmherzigkeit, im damaligen Frankreich mit seiner sozialen Not begonnen, ist seitdem lebendig geblieben. Wie so oft in der Kirchengeschichte entspringen der Freundschaft und dem gemeinsamen Glauben zweier Heiliger neue Orden. Eine neue Spiritualität gewinnt Gestalt. Wer wird nicht erinnert an

18

Paula und Hieronymus, Benedikt und Scholastika, Klara und Franz von Assisi, Franz von Sales und Franziska von Chantal, Marie-Adélaïde de Cicé und Pierre-Joseph Picot de Clorivière . . .? Solche Beziehungen sind fruchtbar. In ihnen dreht sich alles um das Reich Gottes, nicht utopisch, sondern real. Denn es hat schon begonnen, man lese nur bei Lukas (4,21): »Heute hat sich erfüllt das Schriftwort« (Jes 6,1 f). Jesus, in Nazareth abgelehnt, aber dennoch – unumkehrbar – der Messias. Gottes Reich in Person: je neu gegenwärtig, zerbrochen und auferstanden.

Selbstverständlich läßt sich das Reich Gottes nicht schlechthin mit der konkreten Kirche gleichsetzen, aber in ihr und gerade in ihr ist Christus präsent: Hier herrscht in seinem Namen Vergebung, Gerechtigkeit und Barmherzigkeit – wenn auch zu wenig. Louise lebte ein Mehr davon vor! Sie gab Christus immer wieder Raum: in sich für die Armen. Dieses Raum-Geben ist das marianische Geheimnis der Kirche! Denn in diesem Raum wächst der mystische Leib Christi, bildet er sich aus – ähnlich dem Geschehen in Maria, die in Fleisch und Blut den Leib Christi wachsen ließ: den Menschen zum Heil.

An *Marie de l'Incarnation (1599–1672),* ebenfalls Mutter eines Sohnes wie Louise de Marillac, kommt niemand vorbei, der sich mit der Geschichte der Mystik beschäftigt. »Von der Menschwerdung« bedeutet ihr Klostername. Damit kündigt sich schon an, daß ihre Mystik eine trinitarische ist. Sehr innerlich nimmt sie teil an *dem* Ereignis der Heilsgeschichte: der *Menschwerdung Gottes.* Unübersehbar ist die Analogie zu Maria, der Urgestalt jeder Trinitätsmystik: Im restlosen Vertrauen auf den *Gott* des Alten Bundes gebar sie die höchste Frucht der Erde, *Jesus Christus,* aufgrund der Überschattung durch den *Heiligen Geist.* Wie der körperlose Schatten (Metapher für Geist) auf jemanden fällt, so wirkte sich in ihr von innen her – Gott ist dem Menschen innerlicher als er sich selbst (Augustinus) – der Geist Gottes, die Wirgestalt der Liebe, aus. In Maria fing der göttliche Logos in Fleisch und Blut an, wurde aus ihr hinausgeboren in die Welt. Die reine Endlichkeit sagte ihr personales Ja dazu, sein Geburtsort zu sein, war einverstanden mit dem Heiligen, dem Fremden, dem Ganz-Anderen – der Liebe selbst.

Die Schriften der Marie de l'Incarnation geben Zeugnis von ihrer trinitarischen Mystik. Einfühlendes, bescheidenes – mitbetendes – Lesen dient der Einkehr ins Eigene; nicht äußerliche Textrezeption von Dreifaltigkeitsvisionen, sondern: Wagnis, den Ruf Gottes im eigenen Leben zu vernehmen. Der Gerufene geht nicht mehr linear, eindimensional seinen Weg weiter, sondern wendet sich um, hört auf den Rufenden: Kehre zum Ursprung, der anspricht. »Die Wirkung eines Rufes beim Gerufenen entspricht der Mächtigkeit dessen, der ruft. Wenn der Absolute ruft, muß das Erwachen des Menschen endgültig sein.«[11] Der Gerufene gelangt in eine – seine ihm eigene – Ursprünglichkeit, lebt ursprünglich: *neu*.

Marie de l'Incarnation ging den Weg der Berufenen, gesendet in die Mission zu den Huronen Quebecs. Ihr zwölfjähriger Sohn konnte keinen Sinn im Handeln seiner Mutter sehen. Erst Jahre nach der schmerzhaften Trennung entstand eine neue gegenseitige, tiefe Bindung in Freiheit.

Maria Theresia (1717–1780), die spätere Kaiserin, heiratete mit neunzehn Jahren und schenkte sechzehn Kindern das Leben. Gewiß auch aus dynastischen Interessen, aber wohl noch mehr aufgrund ihres mütterlichen Wesens und ihrer tiefen Gläubigkeit stimmte Maria Theresia ihren vielen Schwangerschaften zu. Ihr Lebensgefühl ist barock, auch ihre Religiosität, die sehr vertraut ist mit Marienfrömmigkeit.

Platytera-Monstranzen der Barockzeit – die Hostie wird inmitten einer Marienfigur zur Schau gestellt – sind ein Symbol für die Hochschätzung der schwangeren Madonna. Sie wurde seit Jahrhunderten in der christlichen Kunst als Gnadenbild verehrt: In ihr wurde der Christus angebetet. Durch die – weithin unbewußte – Identifizierung mit Maria, auch in ihrer Schwangerschaft, entwickelten die schwangeren Frauen oft entschiedener eine bejahende Beziehung zu dem ungeborenen, *anderen* Leben in sich. Das ungeborene Christuskind in Maria, sein wirkliches Menschsein und seine göttliche Majestät schenkten den betenden Frauen oft neue Hoffnung und Zuversicht – zumindest bei den gläubigen, frommen Männern erlebten sie Achtung und Verehrung. Die Dimension des Joseph wurde geweckt, auch die Bereitschaft zur Sorge und Verantwortung für das Kind. Gegen Ende der Barockzeit – in protestantischen Bereichen schon früher – wurde das Motiv der schwangeren Maria ikonographisch immer seltener. »Die Aufklärungszeit ist hinsichtlich des Gravidathemas ein nicht unwesentlicher Grund für ein gewaltsames Abdrängen kirchlicher ikonographischer Tradition in das breite Feld der Volkskunst und des Brauchtums.«[12]

Die Zeit der Aufklärung mit ihrer Dominanz des Verstandes und der Vernunft, ihrem Mündigkeits- und Autonomiestreben hatte andere Interessen. Typisch und untypisch zugleich für diese Zeit ist das Leben der *Amalie von Gallitzin (1748–1806)*, das weder beim Atheismus noch beim Agnostizismus noch beim Deismus der Aufklärungszeit stehenblieb, sondern bis ins Katholische hineinwuchs. Bei der Fürstin Amalie setzte sich die Gnade Gottes durch. Gläubigkeit und Natürlichkeit und Vernünftigkeit wurden in ihr eins. Sie erlag weder dem Gespenst der rationalistischen Aufklärung noch dem Ungeist einer schwärmerischen Naturromantik. Diese Strömungen ihrer Zeit gingen an ihr vorüber. In einem lebenslangen Integrationsprozeß gelang es ihr, die positiven Anliegen der Aufklärung und den Aufbruch der Romantik in sich zu vereinen. Vom Glauben her begriff sie die Nacht des Todes als die andere Seite der Taghelle des Lebens.

Die philosophisch so fruchtbare Zeit des Deutschen Idealismus in der ersten Hälfte des 19. Jahrhunderts (Fichte, Schelling, Hegel) war der geistesgeschichtliche Hintergrund, vor dem der dialektische Materialismus seinen Siegeszug antrat. (1848 erhalten K. Marx und F. Engels die ersten Exemplare des »Kommunistischen Manifests«; 1859 erscheint das Hauptwerk Ch. Darwins, das den monistisch-materialistischen Evolutionismus heraufführt.) In dieser Zeit kommt es mit der Bulle »Ineffabilis Deus« (8. Dezember 1854) durch Papst Pius IX. zu einer dogmatischen Lehräußerung:

> »Die Lehre, daß die seligste Jungfrau Maria im ersten Augenblick ihrer Empfängnis durch einzigartiges Gnadengeschenk und Vorrecht des allmächtigen Gottes Jesu, im Hinblick auf die Verdienste Christi Jesu, des Erlösers des Menschengeschlechts, von jedem Fehl der Erbsünde rein bewahrt blieb, ist von Gott geoffenbart und deshalb von allen Gläubigen fest und standhaft zu glauben.«[13]

In ganz anderer Weise als durch den säkularisierten Zeitgeist wird durch den Heiligen Geist auf eine Grundfrage der damaligen Zeit eine Antwort gegeben, die in ihrer Tiefe noch lange nicht ausgelotet ist. Zur gleichen Zeit, als in der Welt die Frage nach der *Herkunft* des Menschen, nach der Materie in den Vordergrund tritt, spricht die Kirche von Maria, von der Qualität ihres *Anfangs:* Die neue Eva ist der neue Mensch. »Sie gehört vom ersten Augenblick ihrer Existenz an so unbedingt zu Gott, daß sie mit der von Adam herkommenden Erbsünde oder mit eigenen aktuellen Sünden überhaupt nichts zu tun hat.«[14] Maria repräsentiert die Kontinuität der Heilsgeschichte und nicht die Diskontinuität der Unheilsgeschichte.

Während der Materialismus auf die Entwicklung der Materie reflektiert – aber so, daß er sich letztlich im Gegenständlichen, Es-haften, Strukturellen, Ökonomischen verliert –, kreist das kirchliche Denken um die Endlichkeit in *personaler* Hinsicht. Vom Wortsinn her ist der *Mater*ialismus u. a. deutbar als ein im Grunde verzweifeltes Suchen nach der Mutter (lat. mater = dt. Mutter). Was personal, dialogisch, zwischenmenschlich-menschheitlich gefragt ist, darum wird im platten Materialismus gegenständlich gekämpft: Mehr-Haben statt Mehr-Werden im Geschehen von Du zu Du!

Im Raum der Kirche ereignen sich damals personale Begegnungen, die den atheistischen Materialismus überbieten: Maria wird den Gläubigen neu transparent. So erscheint sie etwa 1858 Bernadette Soubirous (1844 – 1879) in Lourdes. Was bedeutet das? Wie kann eine neue Orientierung an Maria die Not des Atheismus überwinden[15]?

In der säkularisierten Welt der damaligen Zeit kam es zu teilweise abgründigen Entwicklungsprozessen. »Interessant ist, daß Freud (1856 – 1939) mit der unausgewogenen Geschlechterzuordnung überhaupt den unheilvollen Zug der Neuzeit seit der Renaissance charakterisiert: wie Oedipus den Vater erschlug und die Mutter heiratete, so habe der neuzeitliche Mensch den Vater (Gott) getötet und die Mutter, die Erde nämlich, ausgebeutet (Materialismus). Deshalb sollte der Feminismus nicht auf einem Materialismus aufsitzen: er wäre der Habenszug der Erde. Positiv gewendet geht es in der kommenden Zeit darum, im neuen Verhältnis zur Frau auch ein neues Verhältnis zur Erde zu gewinnen (hier liegt der tiefere Grund der Ökologie-Debatte).«[16] Einer frauenfeindlichen Mentalität, die auf die Würde der

Frau keine Rücksicht nimmt, korrespondiert ein hemmungsloses Sich-Austoben in der Materie. Nicht nur der dialektische, auch der kapitalistische – auch innerkirchliche – Materialismus führt zu üblen Konsequenzen.

Das 19. Jahrhundert war eine Blütezeit für Neugründungen von Schwesternkongregationen. Was durch all die vielen Schwestern Gutes getan wurde, ist unabschätzbar. Jedenfalls kann eine Geschichte der Frauen nicht ohne die Geschichte der weit über 100 neuen Kongregationen des 19. Jahrhunderts (mit oft Tausenden von Schwestern) geschrieben werden.[17]

Nimmt man die Bezeichnung *Schwestern*orden ernst, wird die Qualität der Beziehungen deutlich: *Schwesterlichkeit*. Zusammen mit Schwester Oberin bzw. Mutter Oberin, bei einer mehr mutter-töchterlichen Beziehung, kümmerten sich die Ordensfrauen schwesterlich um die je spezifischen Nöte (Krankenpflege, Waisenfürsorge . . .) ihrer Brüder und Schwestern: im Glauben an den gemeinsamen Vater.[18] Die Offenbarung Gottes in Jesus Christus war dabei selbstverständliche Grundlage ihres Glaubens.

Eine personale Beziehung zu Gott, Gebet und keineswegs bloß karitativ-funktionale Überlegungen gaben den Ausschlag für den Eintritt in einen Orden.

Doch nicht nur Ordensschwestern, auch viele andere Frauen gaben Antwort auf die sozialen und religiösen Probleme ihrer Zeit. Eine der markantesten Persönlichkeiten der katholischen Frauenbewegung in Deutschland war *Hedwig Dransfeld (1871–1925)*. Sie wußte um die unmenschlichen ökonomischen und sozialen Bedingungen, auch um die institutionalisierten Ungerechtigkeiten gegenüber Frauen. Aus ihrem religiösen Wurzelgrund heraus wurde sie aktiv, entwickelte wider den unchristlichen Zeitgeist öffentlich Alternativen. Ihr integres Leben kennt die Kraft zur Integration; ihre

Dynamik zielt auf Ganzheit; ihr Glaube an die Erlösung hatte zur Konsequenz ein befreites, emanzipiertes Leben, das Maß nahm am Leben des Erlösers.

Ihren Kleinen Weg zu Gott lebte die Karmelitin Therese vom Kinde Jesu, vom Heiligsten Antlitz, bekannter als *Therese von Lisieux (1873–1897)* primär nach innen – nach außen hin wurde sie dadurch missionarisch, weltverändernd fruchtbar. Ihre fröhliche Radikalität voller Hoffnung hatte nichts gemein mit der verbissenen und gewalttätigen Mentalität des Zeitalters des Kolonialismus. Wie tief marianisch ihr persönlicher Lebensweg gekennzeichnet war, dafür spricht allein schon die Tatsache, daß ihr Genesungsprozeß im Blick auf eine Marienstatue (1883) in Gang kam.

In denselben Orden, dem auch die »Kleine Therese« angehörte, trat 1933 *Edith Stein (1891–1942)* ein. Ihrer jüdischen Herkunft wegen wurden sie und ihre Schwester Rosa von den Schergen des Nationalsozialismus aus dem Karmel in Echt geholt. Nach Auschwitz. Bei wenigen im KZ blieb die Hoffnung lebendig, daß nicht das grausame Kreuz, sondern die Auferstehung das Leben eines Menschen besiegelt.

Edith Stein schätzte ihr jüdisches Erbe, das sie keineswegs durch ihre Konversion verleugnen wollte; diese brachte ihren Glauben an Jesus Christus als den von ihrem Volk erwarteten Messias zum Ausdruck. Sie war vertraut mit der apokalyptischen Gedankenwelt des Spätjudentums, derzufolge ein gewaltsam erlittener Tod, als Sühne aufgeopfert, zur Hinwegnahme von Schuld führt. Wie für Maria, die Mutter Jesu, war der Glaube an den Ewigen und seine Ewigkeit selbstverständlicher Bestandteil ihres Glaubensbekenntnisses. Sie wußte um das Martyrium der sieben Brüder und ihrer Mutter (vgl. 2 Makk 7,1 ff), die dem König Antiochus widerstanden: »Du nimmst uns dieses Leben; aber der König der Welt wird uns zu einem

neuen, ewigen Bund auferwecken . . .« (2 Makk 7,9).
In der ewigen Herrlichkeit Gottes erst wird sich das
Leben eines Menschen durch Gottes Gnade und Liebe
vollenden. Dabei ist die »Vollendung letztlich radikal
Gott selber, der nicht eine geschöpfliche Wirklichkeit
zur Vollendung des Menschen schafft, sondern seine
eigene Wirklichkeit und Herrlichkeit dem Menschen
mitteilt und so diesen durch sich selber vollendet.«[19]
Auf die Frage nach der *Zukunft* der erlösten Endlichkeit
gab Papst Pius XII. in der Apostolischen Konstitution
»Munificentissimus Deus« (1. November 1950) eine
besondere Antwort: Es ist eine definierte Glaubens-
wahrheit, daß »Maria nach Vollendung ihres irdischen
Lebenslaufes mit Leib und Seele zur himmlischen Herrlichkeit aufgenommen worden ist«[20]. Sie ist mit ihrer
Geschichte ganz und gar bei Gott angekommen, in Gott
vollendet. Ihrem begnadeten Anfang entspricht ihre
begnadete Heimkehr. Denn Gott ist der treue Gott.
»Seine Liebe dauert über alle menschlichen Möglichkeiten und Grenzen hinaus, wenn er sein Geschöpf in die
Ewigkeit zur seligen Gemeinschaft beruft.«[21] In der
transzendenten Heimholung der Schöpfung erreicht die
»Materie« ihr Ziel, wird der Welt eine Zukunft
geschenkt, in der letztlich alle evolutiven Prozesse
»aufgehoben« werden.
Die Kritik von *Ida Friederike Görres (1901–1971)* an
der Kirche entstammte einer großen Liebe zu ihr. Die
beeindruckende Fremdheit ihrer japanischen Mutter
mag dabei im Unbewußten eine wichtige Rolle gespielt
haben. Erlebte I. F. Görres die Kirche als Mutter(er-
satz)? Wenn dem so ist, dann litt sie wahrscheinlich
auch deswegen so sehr am Gestaltwandel der Kirche in
den letzten Jahrzehnten. Aber psychologische oder
tiefenpsychologische Kategorien reichen keineswegs
aus, um Friederike Görres und ihr Werk angemessen
würdigen zu können. An ihr, der großen Konservati-

ven, wird deutlich, wie unverzichtbar die heilige Kirche und Maria, »das unverdorbene Konzept« vom Menschen in das Gnadenleben eines Christen hineingehören. Sind sie vielleicht gar für das »übernatürliche« Leben ähnlich unabdingbar, wie es eine Mutter für das natürliche Leben eines Menschen ist?

Das Leben der *Adrienne von Speyr (1902 – 1967)* ist vom Geheimnis des »descensus ad inferos«, des Hinabstiegs zu den Toten, durchwaltet: vom Karsamstag. Das Mitsterben mit Christus, sein Tod prägt ihre Spiritualität. So ist sie, die Ärztin, ganz solidarisch mit den Kranken, den Sterbenden, denen, die an den Rand gedrängt wurden, die »unten« sind. Sie leidet auch für die, die im Kerker der Sünde hausen. Um der Liebe Christi willen schwingt sie ein in den Prozeß des »sacrum commercium«, des heiligen Tausches. Vergebung der Sünden, Versöhnung mit der heiligen Kirche ist ihr Anliegen: Gott ist ein Gott der Versöhnung und Barmherzigkeit; dem verlorenen Sohn und der Sünderin wird ein Zugang zum himmlischen Hochzeitsmahl eröffnet. Selbstverständlich erhält die Spiritualität des Karsamstag erst vom Geschehen des Ostersonntags her ihren Sinn. Dennoch, von ganz unten beginnt die Auferstehung ins ewige Leben. So zeigt die Osterikone der Orthodoxie den Auferstandenen auf den Pforten der Unterwelt stehend.

Vor allem in der Gemeinschaft von Schwestern, die sich auf Adrienne von Speyr beruft, lebt ihre Sendung weiter. Nicht zufällig heißt sie »Johannesgemeinschaft«. Ein Motiv dazu liegt in der Antwort auf die Frage: »Sieht man die Rolle, die Johannes spielt? Er hat Maria, die inwendig heilige, vollkommene Kirche, und Petrus, den ersten Repräsentanten der sichtbaren Einheit der Kirche, zusammengebracht. Im Evangelium hatten sie keinen Kontakt, jetzt sind sie einander zugestaltet, keineswegs so, als gäbe es zwei Kirchen, eine unsichtbare und eine sichtbare, wie manche Irrlehrer meinten, sondern so, daß sie die zwei Grundprinzipien der Einheit der Kirche bilden, sofern diese die ›Braut‹ Christi ist. Daß sie zugleich sein ›mystischer Leib‹ ist, dafür sorgt der Herr selbst durch seine Eucharistie. Die Marianische Verehrung der Päpste gerade der Neuzeit ist ohne Zweifel ein sehr glückliches Bewußtwerden dieser untrennbaren Zusammengehörigkeit. Man glaube nicht, daß sie bloße Privatandacht ist; das ist sie gewiß auch, aber sie ist zugleich der Ausdruck einer inneren dogmatischen Verbundenheit.«[22]

Das marianische Prinzip ist aktuell. Es fehlt nicht an Versuchen, seine Bedeutsamkeit für die heutige Kirche und ihre Zukunft hervorzuheben. Die zahlreichen Marienerscheinungen in den letzten 150 Jahren (Paris 1830, La Salette 1846, Lourdes 1858, Pontmain 1871, Pellevoisin 1876, Fatima 1917, Syrakus 1953 . . .) verdeutlichen die innere Verwiesenheit der Kirche auf Maria.[23] Das II. Vatikanische Konzil (1962–1965) brachte das Zueinander von Maria und Kirche schon rein formal dadurch zum Ausdruck, daß es in seiner Kirchenkonstitution »Lumen Gentium« ein Kapitel über Maria einfügte.[24] Die nachkonziliare Entwicklung[25] wurde in den letzten Jahren zunehmend von der neuen feministischen Theologie beeinflußt, ein Prozeß, dessen Tragweite noch nicht abgeschätzt werden kann.[26] Die Frage nach dem Göttlichen ist neu gestellt.

Anmerkungen

[1] Die Frau im Urchristentum, hrsg. von *G. Dautzenberg u. a.*, Freiburg 1983, 247 (vgl. dazu meine Rezension in: ZkTh 106 (1984) 85–87).

[2] Aus der Vielzahl deutschsprachiger Publikationen seien nur einige (etwas willkürlich) herausgegriffen: Maria im Neuen Testament. Eine ökumenische Untersuchung, hrsg. von *R. E. Brown u. a.*, Stuttgart 1981; *P.*

Gaechter, Marjam, die Mutter Jesu, Einsiedeln ²1981; C. *Halkes*, Das Protestlied des Magnifikat, in: Publik-Forum Nr. 10, 15. Mai 1981, 18f; H. *Verweyen*, Mariologie als Befreiung, in: ZkTh 105 (1983) 168–183; Maria in den Kirchen, in: Concilium 19 (10/1983); Maria – eine ökumenische Herausforderung, hrsg. von W. *Beinert u. a.*, Regensburg 1984.

³ Vgl. P. *Imhof* (zus. mit B. *Lorenz*), Maria Theotokos bei Cyrill von Alexandrien, München 1981.

⁴ Ein Zugang zum positiven Verständnis mancher orientalisch beeinflußter antiker, speziell antik-christlicher Textstellen ergibt sich, wenn man davon ausgeht, daß *leibhaftiges* Denken der Hintergrund für viele Formulierungen ist. Die geschlechtsspezifische Differenz im Blick auf den Leib besagt: Was *innen* ist, ist typisch für den weiblichen Menschen; das primäre Geschlechtsmerkmal des männlichen Menschen ist *außen*. Wenn man vom Leib des Mannes bzw. der Frau her denkt, die *zusammen* das *eine* Wesen des Menschen darstellen, wird die Zuordnung von *Außen* (der Raum der Öffentlichkeit, das Laute des Wortes etc.) und *Innen* (der Raum des Verborgenen, das Schweigende, das Hören des Wortes, der Schleier – vgl. 1 Kor 11,2–16; 1 Tim 2,11 – das Leben im Haus) einsichtig. Das *Innen* steht auch für das Nehmen- bzw. Empfangen-Können. Dies wird – kosmisch gewendet – daran deutlich, daß das Mondgestirn nicht nur wegen seiner Periodizität als Symbol für das Weibliche gilt, sondern vor allem deswegen, weil es sein Licht (= Metapher für Freiheit) ganz und gar aufgrund des Empfangen-habens (Vgl. Maria auf der Mondsichel!) besitzt. (Modernes Wissen ist auf einer anderen Seinsebene situiert). Auch bei antik-heidnischen Schriftstellern findet man eine Auffassung, die die Sicht der Frau im oben genannten Sinn verdeutlicht; Plutarch deutet die Muschel als ein Wahrzeichen der Aphrodite, und Aeschylus fordert, die Männer sollten sich um das kümmern, was draußen ist, die Frauen sollten drinnen bleiben (vgl. auch Philo, De specialibus legibus, III 169). In der gesellschaftlichen Kultur wie auch durch die Ordnung der Kirche soll der *eine* Mensch repräsentiert werden, den es in weiblicher und männlicher Leibgestalt auf je individuelle Weise gibt. Die Wurzeln entsprechender Verhaltensnormen – um deren Sinnhaftigkeit wahrscheinlich auch die meisten Menschen damals schon nicht mehr wußten – lagen wohl im *leibhaftigen* Denken und Ordnen der gesellschaftlichen Verhältnisse, in die hinein die Erfahrung des menschlichen Leibgefüges extrapoliert wurde. Die Zuordnung des Innenbereiches hat mit einer *disqualifizierenden* »Unterordnung« der Frau – sie »darf« nicht das, wozu Männer das Recht haben! – nicht *notwendigerweise* etwas zu tun. Allerdings ist damit zu rechnen, daß die leiblichen Verhältnisse immer wieder zum Zwecke »männlicher«, allerdings auch »weiblicher« Herrschaftsausübung bzw. Legitimation bestehender Ungerechtigkeiten mißbraucht wurden – und werden. In diesem Kontext soll noch erwähnt werden, daß es im Judentum eine sehr wichtige Überlieferung gibt, gemäß der dem Weiblichen das Äußere, die Welt des Erscheinenden, dem Männlichen das Innere, der Kern zugeordet werden.

⁵ Erinnert sei besonders an die grauenhaften Hexenprozesse. Marguerite

Porete, deren Lehren vom »freien Geist« wohl auch Meister Eckhart beeinflußten, starb 1311 in Paris auf dem Scheiterhaufen. Jeanne la Pucelle, genannt Jeanne d'Arc, wurde mit 19 Jahren (1431) verbrannt; Jahrhunderte später (1920) heiliggesprochen! – Doch nicht so sehr das »finstere Mittelalter«, sondern die Neuzeit war die Epoche, in der Hunderttausende von Frauen zu Opfern des Hexenwahns wurden.

6   *K. Bertau*, Regina lactans, in: Wolfram von Eschenbach, München 1983, 264.

7   Vgl. *J. Sudbrack*, Bilder – Visionen – Begegnungen – Erfahrungen. Zu einer mißachteten Form mystischer Erfahrung, in: Geist und Leben 56 (1983), 306–309.

8   Näheres dazu bei *K. Bertau* (s. o. Anm. 6).

9   Vgl. meine Überlegungen »Das Sakrament der Ehe«, in: Christophorus 29 (2/1984), 1–13 (Sonderdruck). Die Ehe gilt als Heilszeichen für die unwiderrufliche Liebe Christi zu den Seinen (vgl. Eph 5,31f). Ein guter Kommentar zu Gen 2,21f findet sich bei einem Rabbi vor der Zeit Jesu: »Die Frau ist nicht aus den Füßen des Mannes gemacht, damit sie ihm nicht untertan sei, damit er nicht über sie herrsche. Und sie ist nicht aus seinem Kopf gemacht, damit sie nicht über ihn herrsche. Sie ist aus seiner Seite, auf daß einer des anderen Gefährte sei.« Von Anfang an sollte es eine Beziehung von Herz zu Herz sein. (Die *Rippe* bedeutet den Bereich, wo das Herz zu Hause ist.)

10 *K. Hausberger*, Die Anstöße der Heiligen im Leben der Kirche, in: Die Heiligen heute ehren, hrsg. von *W. Beinert*, Freiburg 1983, 147.

11 *W. Köster*, Abendland, woher und wohin? Münster 1982, 44.

12 *G. M. Lechner*, Maria Gravida. Zum Schwangerschaftsmotiv in der bildenden Kunst (Münchener Kunsthistorische Abhandlungen; IX), München 1981, 174.

13 *Neuner-Roos*, Der Glaube der Kirche in den Urkunden der Lehrverkündigung, neu bearb. von *K. Rahner* und *K.-H. Weger*, Regensburg [10]1979, 329.

14 *U. Wickert*, Ein evangelischer Theologe schreibt über Maria, Berlin 1979, 18.

15 Vgl. *P. Imhof*, Menschwerdung Gottes, in: Geist und Leben 54 (1981) 401–404, bes. 403f.

16 *H.-B. Gerl*, Mann und Frau auf dem Weg durch Geistesgeschichte und Religion, in: Christophorus 28 (3/1983) 28f.

17 Vgl. *K. Kempf*, Die Heiligkeit der Kirche im 19. Jahrhundert, Einsiedeln [7]1921, 194–265.

18 Die Problematik der »Mütterlichkeit« Gottes war damals noch nicht aufgebrochen. Vgl. neuerdings *Ch. Mulack*, Die Weiblichkeit Gottes. Matriarchale Voraussetzungen des Gottesbildes, Stuttgart 1983; oder *A. Greeley*, Maria. Über die weibliche Dimension Gottes, Graz 1979. – Die Rabbinen sprachen dagegen früher schon von der Schechina, der Gegenwart Gottes. »Daß die Rabbinen diese weibliche Namensform benutzten, kommt sicher dem menschlichen Bedürfnis entgegen, die ›weibliche‹ Dimension der Gottheit – Zuneigung, Mitleid, Schutz – auch sprachlich auszudrücken. (Inhaltlich ist dies auch biblisch gegeben, besonders im

Wort *rachamim*, ›Barmherzigkeit‹, von *rechem*, ›Mutterschoß‹, und in *rachum*, ›barmherzig‹, an zentralen Aussagen wie Ex 34,6 und Ps 78,38.) Die Rabbinen konnten so von Gott predigen, weil bei ihren Gemeinden keine Gefahr bestand, an eine gesonderte weibliche Person zu denken, die als Göttin neben Gott vorhanden ist. Der bloße Verdacht eines solchen Irrtums hätte sie zögern lassen, sich so auszudrücken« (*P. Navè Levinson*, Einführung in die rabbinische Theologie, Darmstadt 1982, 42).

[19] *K. Rahner*, Mut zur Marienverehrung, in: Schriften zur Theologie, Bd. XVI: Humane Gesellschaft und Kirche von morgen, Zürich 1984, 327.

[20] *Neuner-Roos*, a.a.O. (Anm. 13), 334.

[21] *W. Beinert*, Maria und die Frauenfrage, in: StdZ 108 (1983), 41.

[22] *H. U. von Balthasar*, Maria – Urbild der Kirche, in: L'Osservatore Romano, deutsche Ausgabe vom 10. 8. 1984, 9.

[23] Vgl. *R. Graber*, Marienerscheinungen, Würzburg 1984.

[24] Vgl. *J. Ratzinger/H. U. von Balthasar*, Maria – Kirche im Ursprung, Freiburg 1980, 18f.

[25] Vgl. *E. Cano*, Nachkonziliare Mariologie und ihre Rezeption in der deutschen Katechese, Mainz 1983 (Diss.-Mskr.).

[26] Vgl. dazu den informativen Überblick von *H. Pissarek-Hudelist*, Feministische Theologie – Eine Herausforderung, in: ZkTh 103 (1981), 289–308; 400–425. Ebenso *E. Gössmann*, Die streitbaren Schwestern. Was will die feministische Theologie? Freiburg 1981. Eine der pointiertesten »nachchristlichen« Publikationen ist sicherlich *M. Daly*, Gyn/Ökologie. Eine Meta-Ethik des radikalen Feminismus, München 1981.

Heinrich Schipperges

Hildegard von Bingen
(1098−1179)

Ärztin, Äbtissin und Prophetin

Aus der an spirituellen Persönlichkeiten auffallend reichen Zeit des hohen Mittelalters ragt eine besonders
hervor: die Äbtissin, Ärztin, Politikerin und Prophetin
Hildegard von Bingen. Was uns an dieser bewunderns-
werten Gestalt – über alles historische Interesse hinaus –
am meisten bewegt, das sind die in ihrem Weltbild
bereits anklingenden Grundfragen und Grenzsituatio-
nen des modernen Menschen, die aus der Bild-Welt des
hohen Mittelalters herausstrahlend uns heute mit einer
bestürzenden Aktualität begegnen, auch wenn ihr
historischer Hintergrund bislang noch keineswegs geklärt ist.
Während durch die Forschungen der letzten Jahrzehnte
die Echtheit nicht nur der Visionen Hildegards, sondern auch ihrer naturkundlichen Schriften und großer
Teile des Briefwechsels nachgewiesen werden konnte,
ist die Frage nach den Quellen von Hildegards umfang-
reichem Wissen und dieser einmalig geschlossenen
Gesamtschau noch nicht geklärt, zumal die Seherin es
vermeidet, Autoritäten zu benennen. Hildegards Weltbild behauptet bei aller Berührung mit der frühschola-
stischen Tradition und bei aller Bezogenheit auf die
reichhaltige Kosmologie des 12. Jahrhunderts eine Son-
derstellung. Dieses Weltbild ist – kurz vor dem
Umbruch in die scholastischen Systeme und dem darin
dominierenden Übergewicht eines arabisierten Aristo-

teles – noch ganz eingebaut in die sakramentale Lebens-
ordnung des frühen Abendlandes.

Lebensweg und Bildungsgang

Hildegard wurde im Jahre 1098 auf dem Gut Bermers-
heim bei Alzey im Rheinpfälzischen geboren und sie
starb am 17. September 1179 in ihrem Kloster auf dem
Rupertsberg bei Bingen. Als zehntes Kind war sie der
geistlichen Erziehung der Reklusin Jutta von Spanheim
anvertraut. Auf dem Disibodenberg bei Bingen erhielt
sie Elementarunterricht in der »Regula Benedicti«, der
Liturgik und in Teilen der »Artes Liberales« (Gramma-
tik, Rhetorik, Dialektik, Arithmetik, Geometrie,
Musik, Astronomie). 1114 nahm sie aus der Hand des
Bischofs Otto von Bamberg den Schleier, um nach dem
Tode Juttas (1136) »magistra« des Frauenkonvents zu
werden.
Unter dem Eindruck früher visionärer Erlebnisse und
mit Hilfe des Mönchs Volmar und der Nonne Richardis
von Stade beginnt Hildegard im Jahre 1141 ihre Schau
von der Schöpfung und Erlösung der Welt (Scivias)
niederzuschreiben. Durch Vermittlung Bernhards von
Clairvaux läßt Papst Eugen III. auf der Trierer Synode
(1147/48) diese ihre erste Schrift bestätigen. Damit wird
Hildegard aus der Stille der Klosterzelle auf die Bühne
der Welt gestellt. Ein reicher Briefwechsel über ganz
Europa hilft den Ruf der »prophetissa teutonica« be-
gründen.
In engster Verbindung mit diesen für eine Frau außerge-
wöhnlichen Aktivitäten stehen die innermonasterischen
Aufgaben einer Lehrerin des Konvents wie auch die
verwaltungstechnischen Funktionen in einem wachsenden Klosterwesen. Neben dem Ausbau des Klosters auf
dem Disibodenberg plante und baute Hildegard ein

eigenes Kloster auf dem Rupertsberg bei Bingen und gründete darüber hinaus ein Filialkloster in Eibingen oberhalb von Rüdesheim. Das Kloster Rupertsberg hatte im Jahre 1163 auf Betreiben Hildegards einen Schutzbrief durch Kaiser Friedrich Barbarossa erhalten, »damit nicht ein Wolf einbreche in die Schafherde«, und es wurde weithin berühmt durch seine moderne Bauweise: durchdachte hygienische Anlagen und fließendes Wasser in allen Arbeitsräumen.

»Auf diese Weise«, schreibt der Chronist (Vita II, 4), »wurden Ströme von guten Werken gleich den Paradiesesflüssen nicht nur in die Nachbarschaft, sondern auch durch das ganze Deutsche Reich geleitet. Von allen Seiten strömten Scharen von Menschen, Männer und Frauen, zu Hildegard, denen sie mit Gottes Gnade reiche, ihrem Leben angepaßte Ermahnungen gab.« Die Kranken erhielten von ihr »Ratschläge für die körperlichen Gebrechen, an denen sie litten«. In allem vertrat sie »eine gesunde Lehre, wenn sie über die Natur des Menschen, den Kampf zwischen Fleisch und Geist oder über das Beispiel der heiligen Väter schrieb« (Vita II, 13).

In einem Schreiben an den Papst charakterisiert Hildegard ihr Zeitalter als »Moderne«, wo allein noch das Geld des Todes in höllischer Tyrannei die Welt regiert, wo Heuchler, indes sie zum Kriege rüsten, einen kalten Frieden hinausbellen, wo die Welt sich in Zerstreuungen austobt und selbst das heilige Rom in den letzten Zügen liegt; denn »das Auge stiehlt, die Nase raubt, der Mund tötet«.

Dieser Zeitraum um die Mitte des 12. Jahrhunderts markiert jene Höhe des Mittelalters, wo Papst und Kaiser in erbitterter Fehde stehen, wo der Mönch Bernhard von Clairvaux, »die Chimäre des Jahrhunderts«, zu den Kreuzzügen ruft, wo ein Barbarossa den gelehrten Magister Gerhard von Cremona nach Toledo schickt, um dort den griechischen Ptolemaios aus dem Arabischen ins Lateinische zu übersetzen. Die ersten Stimmen der Mystiker gewinnen Gehör. Die Scholaren ziehen von Schule zu Schule. Die Minnesänger fluten aus der Provence über ganz Europa. Es ist ein höchst dramatischer Hintergrund, vor dem das einfache Leben der Nonne Hildegardis abläuft.

Hildegards missionarische Aktivitäten

Aus der Geschlossenheit und auch Bewegtheit ihres Weltbildes versteht man erst die so heftige, für damals ungewöhnliche Kritik an ihrer eigenen Zeit, die Hildegard das »tempus muliebre« genannt hat: ein weibisches Zeitalter, gegen das die Seherin nicht nur polemisiert, sondern sich aktiv zum Kampf stellt, in den Konventen der Klöster wie auf den Marktplätzen der großen Städte, um öffentlich gegen die Katharer, die Sekte der »Reinen«, zu predigen und eine Reform des geistlichen Standes zu fordern. Im Zentrum dieser kirchenpolitischen Mission stehen vier große Predigtreisen.
Eine erste Missionsreise führt Hildegard 1160 nach Mainz, Würzburg und Bamberg, eine zweite über Trier nach Metz. Wenige Jahre später finden wir Hildegard auf einer Fahrt über Boppard und Andernach nach Siegburg und Köln und weiter ins Ruhrgebiet. Um 1170 bricht die greise Äbtissin ein letztes Mal auf, zu einer Predigtfahrt nach Maulbronn, Hirsau, Zwiefalten. Es waren Reisen auf dem Rücken des Pferdes, mit dem Schiff, in der Kutsche oder auch zu Fuß, mit einem urkundlich belegten Durchschnitt von 25 bis 30 Kilometern pro Tag.
Auf Wunsch der Geistlichkeit von Trier und Köln wurden einige dieser Predigten niedergeschrieben. Da heißt es, an den Klerus gewandt: »Ihr seid Nacht, die

Finsternis atmet, ein halsstarriges Volk, das vor lauter Wohlstand nicht mehr im Lichte wandelt ... Ihr seht nur das, was ihr selber produziert habt; ihr tut und laßt nur, was euch grad gefällt.« Es heißt dann weiter: »Tag solltet ihr sein, seid aber nur Nacht – Finsternis, in der ihr herumliegt wie Tote.« Vom Ruhm der weltlichen Dinge seien die geistlichen Führer so mürbe geworden, daß sie nur noch zu rein diplomatischen Demonstrationen kämen. »Und doch solltet ihr die Eckpfeiler der Ecclesia sein und wie die Säulen, die das Weltall tragen. Allein ihr ertragt nichts. Des ekelhaften Geldes und Geizes wegen bildet ihr nicht einmal mehr euer Volk aus, mit der albernen Ausrede: Wir können doch nicht alles tun. Und so zerstreuen sich die Leute und handeln in allem nach eigenem Gutdünken.«

Werk und Wirkung

Hildegard hat ihre Erfahrungen und Verkündigungen niedergeschrieben in einem gewaltigen Lebenswerk, das wir erst heute wieder zu erschließen begonnen haben, in einem fulminanten Bilder-Kreis, der durchstimmt ist vom höheren Auftrag, von dem inneren Befehl einer Stimme, die fordert: »Schreibe auf, was du siehst, und sage, was du hörst!«
Im Mittelpunkt der »Opera Hildegardis« steht denn auch zunächst einmal ihre visionäre Trilogie. Zehn Jahre lang schrieb sie am »Liber Scivias«, einer Glaubenslehre, die Kosmologie und Anthropologie aufs engste mit der Theologie verknüpft. Zwischen 1158 und 1163 entstand der »Liber vitae meritorum«, Wechselgespräche der Tugenden und Laster. In das Jahrzehnt von 1163 bis 1173 fallen die Kosmosvisionen des »Liber divinorum operum«. Dieses »Buch der Gotteswerke« wird mit Recht als Hildegards zentrale schöpferische

Leistung angesehen. In zehn Visionen entfaltet die Seherin eine Heilsgeschichte von der Genesis bis zur Apokalypse, wobei die Deutung des Johannes-Prologs die verbindliche Sicht auf den Menschen als die leibhaftige Mitte des Kosmos freilegt.

Die gleiche visionäre Perspektive bieten die Briefe und Lieder, die den Ruf der »rheinischen Sibylle« begründet haben und die sie zum »Orakel« für Kaiser und Päpste, für den Klerus wie das Volk werden ließen. In einem Briefwechsel, dessen Echtheit durch jüngste Quellenanalysen gesichert ist, begegnen uns die Päpste Eugen III., Anastasius IV., Hadrian IV. und Alexander III., ferner die Erzbischöfe von Mainz, Trier, Köln und Salzburg. Briefpartner sind neben Kaiser Barbarossa König Konrad III., König Heinrich II. von England, Bertha, Gräfin von Sulzbach und Kaiserin von Byzanz, zahlreiche Bischöfe, Herzöge, Äbte, Äbtissinnen, Priester und Laien (vgl. Briefwechsel, 1965).

Zwischen 1150 und 1160 schreibt Hildegard ihre Natur- und Heilkunde nieder, den »Liber subtilitatum diversarum naturarum creaturarum«. In diesem Buch über die Feinheiten der verschiedenen Naturen innerhalb der Schöpfung wird im traditionellen Stil von »De natura rerum« ein »Liber simplicis medicinae«, eine Naturkunde, gegeben, während im »Liber compositae medicinae« die Ursachen und die Heilungen der Krankheiten dargestellt werden.

Bei Hildegards Naturkunde handelt es sich um ein aus der Volksmedizin der Zeit geschöpftes und eher für den Volksgebrauch bestimmtes Arzneibuch, wobei Hildegard durchlaufend eigene Beobachtungen und Erfahrungen einfließen läßt. Ihre Heilkunde ist eingebaut in eine großzügige durchgegliederte Weltenkunde, gleichsam eingebettet in die anthropologisch durchstimmte Glaubenskunde, die jeder naturalistischen Aussage auch ein prophetisches Gepräge gibt und in

allem ihr persönliches Charisma ausstrahlt. Die Krankheiten werden systematisch von Kopf bis Fuß durchgesprochen. Ausführlich behandelt wird die aus der Antike überlieferte Diätetik (nach dem Schema der »res non naturales«), die neben dem Essen und Trinken, dem Schlafen und Wachen, dem Wechsel zwischen Arbeit und Ruhe auch die Einflüsse der Gemütsbewegungen auf die gesunden wie kranken Menschen behandelt.

Dieser Hintergrund einer Naturphilosophie, mehr noch einer Naturmystik, will ganz ernst genommen werden, wenn man die Sprache von Hildegards Heilkunde verstehen will. Als das geschaffene Werk Gottes (opus operationis Dei) hat der Mensch vom Ursprung her eine optimale Verfassung und damit eine bevorzugte Stellung in der Welt. Der Mensch als ein gestaltendes Wesen (homo operans) ist berufen, die gesamte Kreatur zu repräsentieren und als Spiegel des Weltganzen (speculum universi) sein Werk an der Welt (opus cum creatura) zu vollenden. Als Vernunftwesen (homo rationalis) unterhält er ein permanentes Gespräch mit der Welt, wodurch er verantwortlich für die Schöpfung und deren Heilsbestimmung wird (homo responsurus). Durch sein Versagen ist der Mensch ein gebrechliches Wesen (homo destitutus) geworden, hinfällig, krank und dem Tod unterworfen. Sein Autonomiestreben (superbia) stört den natürlichen Bezug zur Kreatur; der Mensch wird zum Rebellen (homo rebellis), der seinen inneren Widerspruch nun auch durch die Geschichte hindurchzutragen hat. Krankheit ist dabei das signifikante Merkmal dieser existentiellen Destitution und Deformation, die unter dem Schlüsselbegriff der Schwarzgalle (melancolia) gedeutet wird. Dieser Schwermut als dem Symbol der Krankheit wirkt ständig die Grünheit (viriditas) als naturhafte Lebenskraft entgegen, so daß wir immer neben den destituierenden

Risikofaktoren auch die Restitutionsfaktoren zu berücksichtigen haben, die den Menschen zum Heil (homo restitutus) geleiten.

In all seiner Endlichkeit bleibt der Mensch auf ein Ziel ausgerichtet, wobei er im Endstand seiner Leiblichkeit zur Heilsbestimmung kommen soll (in integritate membrorum et cum sexu). Der Mensch im Heil (homo restitutus) wird jetzt schon, in einem ständigen Leben der Umkehr (conversio) und Buße (poenitentia), verwandelt und als der verlorene Sohn schließlich heimgeführt zur Gemeinschaft (consortium) mit der Welt der Engel und ihrem Lobgesang (carmen angelicum). Von dieser eschatologischen Sicht her werden auch alle Heilungsvorgänge des kranken Menschen nicht als bloße Wiederherstellung (restitutio ad integrum) betrachtet, sondern als wirkliche Heilung (restitutio ad integritatem).

Hildegards Bild von der Welt und vom Menschen

Vor diesem Hintergrund erst verstehen wir die charakteristischen Schlüsselbilder von Hildegards visionärem Werk, die uns die Kernbegriffe ihres Weltbildes vermitteln, in dessen Mittelpunkt der Mensch steht.

Es sind zwei Schlüsselbegriffe und Leitbilder, die sich durch ihre Schriften hindurchziehen, der Begriff »opus« und das Bild vom »verbum«: Gottes »Wort« ist am »Werk« in der Welt. Der Aufbau dieser Welt, wie wir sie als Natur kennen, greift auf geheimnisvolle Weise in den Ablauf der Welt ein, die wir Geschichte nennen. Beide Bereiche, unsere innere wie die äußere Wirklichkeit, erlebt der Mensch in seiner leibhaftigen Existenz, und für beide, die Geschichte wie die Natur, ist er verantwortlich.

Im Zentrum dieser Kosmos-Vision finden wir nicht von

ungefähr den Johannes-Prolog: daß das Wort wirklich Fleisch geworden ist, was bei Hildegard wortwörtlich, nach dem antiken Schema »de capite ad pedem« (vom Kopf zum Fuß), durchgeführt wird. Schöpfung wie Erlösung zielen auf den Menschen, beide als gleiche Heilswirklichkeit (verbum quasi opus). Im fleischgewordenen Wort kommt die Welt zu ihrer geistigen Frucht (opus verbi viriditas est).

Hildegards Menschenbild ist – bis in alle konkreten Einzelheiten hinein – von den Naturkräften des Kosmos elementar durchstimmt. Daher rührt die fundamentale Freude am Sein und seiner sinnenhaften Ausstattung (constitutio) ebenso wie die existentielle Anteilnahme an allem Kranken (destitutio) und die Hoffnung auf die Wiederherstellung (restitutio).

Leben kann gar nicht anders als im Leibe gedacht werden. »Daher existieren beide, Leib und Seele, trotz ihrer verschiedenen Naturen, dennoch als eine einzige Wirklichkeit. Denn im Denken wird dem Leib das Pneuma zugeführt, bei jeder Konzentration die Wärme, durch die Assimilation das Wasser, bei den Zeugungsvorgängen die grüne Lebensfrische (viriditas). Und so lebt der Mensch in seiner Konstitution: oben wie unten, außen wie innen, allüberall existiert er als Leiblichkeit (corpus ubique). Und dies ist das Wesen des Menschen.« (et sic est homo) (LDO 887; WM 167).

Die anthropologischen Fundamentalkategorien

Das Leben des Menschen in der Welt erscheint somit als ein einziges Gespräch um das Heil, wobei uns nochmals die wesentlichen Dimensionen des Menschenbildes verdeutlicht werden. Als das Geschöpf Gottes (opus Dei) lebt der Mensch aus einem Urvertrauen und er weiß um die Tröstung, die nur der personale Urgrund aller

Existenz vermitteln kann. In der personalen Kommunikation geschieht liebende Zuwendung zu einem anderen und findet ihren Grund von einem anderen her
(opus alterum per alterum). Den Sinn solcher Wirklichkeit zu erfahren, das ist niemals Sache bloßen Wissens,
sondern eine Einsicht ins Ganze: der Deutung und
Verwirklichung von Welt (opus cum creatura).

In diesem Welt-Bild, einer solchen Bilder-Welt, begegnet uns Hildegard von Bingen als eine in der abend-
ländischen Geistesgeschichte einzigartige Erscheinung,
eine ebenso temperamentvolle wie sensible Frau, die
»paupercula feminea forma«, wie sie selber sagt, das
»gebrechliche Gefäß nur eines Weibes«, eine Frau, in
der uns dann doch immer wieder auch »die grünende
Lebensfrische fraulicher Blüte«, die »viriditas floridita-
tis feminae«, begegnet. Und wir verstehen nach diesem
Einblick in Leben und Werk etwas besser, daß damals
schon der Abt Rupert von Königsthal nach der Lektüre
ihrer Schriften begeistert ausrufen konnte: »So etwas
bringen die scharfsinnigen Professoren des Frankenrei-
ches einfach nicht zustande. Die machen mit trockenem
Herzen und aufgeblasenen Backen (buccis afflatis) nur
ein großes dialektisches Geschrei und verlieren sich in
rhetorischen Spitzfindigkeiten. Diese gottselige Frau
aber, sie betont nur das Eine, Notwendige. Sie schöpft
aus ihrer inneren Fülle und gießt sie aus.«

Nachwirkungen des Welt- und Menschenbildes

Während im 12. und beginnenden 13. Jahrhundert noch
ganz Europa auf die Stimme der »rheinischen Sibylle«
zu hören vermochte, galt Hildegard den nächsten Jahrhunderten bereits nur noch als das politische Orakel,
eine »prophetissa teutonica«, die mehr und mehr als ein
Kuriosum gewertet wurde. Das ungewöhnlich breitan-

gelegte Werk Hildegards hat erstaunlich wenig auf die Welt des späten Mittelalters einwirken können. Bereits das Zeitalter eines Thomas von Aquin mit seinem an Aristoteles geschulten Intellekt konnte die Bildungswelt dieses symbolischen Weltbildes nicht mehr verstehen. Zu Beginn des 13. Jahrhunderts schon hatte Gebeno, Prior des Hildegard benachbarten Klosters Eberbach, in seinem »Speculum futurorum temporum« die politisch relevanten Visionen zusammengestellt und so aus der kosmischen Prophetin eine politische Wahrsagerin gemacht. Seit der Mitte des 20. Jahrhunderts erst kam es zu einer überraschenden, tiefgreifenden Hildegard-Renaissance, deren äußerer Ausdruck eine deutschsprachige Hildegard-Ausgabe in sieben Bänden (1954–1972) wie auch die Inangriffnahme einer kritischen Edition (im Corpus Christianorum) ist.

Immer wieder klingt in Hildegards Schriften das Hohelied der Liebe auf, der so innigen Liebe zwischen Schöpfer und Schöpfung. Mit seinem liebenden Munde will Gott seinem eigentlichen Werk (officiale opus) einen Kuß geben, es innigst umarmen (amando amplexus sum). Daher redet der Schöpfer zu seiner Schöpfung wie ein Liebender zu seiner Geliebten. Mit dem Geschenk der Liebe zielt Gott geradewegs auf den Menschen. Und er rechnet mit uns! Er verläßt sich auf uns! Wir können ihm trauen: Denn Liebe erschuf die Welt, die Liebe wird sie wieder heilmachen.

Gerade heute, wo es um die Grundlagen und Grenzfragen des Menschenbildes geht, sollte auf diese große Zeugin christlicher Spiritualität aufmerksam gemacht werden. Daß Hildegard diese prophetische Existenz ihrer eigenen zerrissenen Zeit vorgelebt hat, das vor allem hebt sie hinaus über den gotischen Bau der Scholastiker und über alle Mystik im Herbst des Mittelalters. Hildegard fand in der Tat eine Synthese von Bild und Begriff, von Wirken und Schauen, Leben und Werk.

Dieses zu entdecken, das wäre die Aufgabe einer Wissenschaftsgeschichte, die hinter aller Emanzipation und Perfektion der Naturwissenschaften auch wieder einmal die Innenseite der Natur sehen müßte, das »Im Innern ist ein Universum auch«, wie Goethe das nannte, und die darüber hinaus ihren Blick wieder richten würde auf die Symbolstruktur menschlicher Wirklichkeit, wie sie geschichtlich geworden ist in Hildegardis, dieser großen Frau des christlichen Mittelalters.

Literatur

Brück, A. Ph. (Hg.), Hildegard von Bingen 1179–1979. Festschrift zum 800. Todestag der Heiligen, Mainz 1979

Führkötter, A., Hildegard von Bingen, Salzburg 1972

Hildegard von Bingen, Causae et Curae (ed. P. Kaiser), Lipsiae 1903

dies., Liber Divinorum Operum, in: S. Hildegardis Abbatissae Opera (ed. J.-P. Migne), Patrologia Latina, tom. 197, col. 739–1038, Parisiis 1882

dies., Liber Vitae Meritorum, in: Analecta Sanctae Hildegardis Opera Spicilegio Solesmensi parata (ed. J. B. Pitra), Analecta sacra, tom. 8, p. 1–244, Monte Casinense 1882

dies., Physica. Liber subtilitatum diversarum naturarum creaturarum, in: S. Hildegardis Abbatissae Opera (ed. J.-P. Migne), Patrologia Latina, tom. 197, col. 1117–1124, Parisiis 1882

dies., Scivias, in: S. Hildegardis Abbatissae Opera (ed. J.-P. Migne), Patrologia Latina, tom. 197, col. 383–738, Parisiis 1882. – Ed. crit. in: Corpus Christianorum 43, Turnhout 1978

dies., Vita, in: S. Hildegardis Abbatissae Opera (ed. J.-P. Migne), Patrologia Latina, tom. 197, col. 91–140, Parisiis 1882

dies., Briefwechsel. Nach den ältesten Handschriften übers. u. nach den Quellen erl. v. A. Führkötter, Salzburg 1965

dies., Heilkunde. Das Buch von dem Grund und Wesen und der Heilung der Krankheiten. Nach den Quellen übers. u. erl. v. H. Schipperges, Salzburg [4]1981

dies., Lieder. Nach den Handschriften hg. v. P. Barth, M. I. Ritscher, J. Schmidt-Görg, Salzburg 1969 *dies.*, Der Mensch in der Verantwortung. Das Buch der Lebensver-dienste (Liber vitae meritorum). Nach den Quellen übers. u. erl. v. H. Schipperges, Salzburg 1972

dies., Naturkunde. »Physica«. Das Buch von dem inneren Wesen der verschiedenen Naturen in der Schöpfung. Nach den Quellen übers. u. erl. v. P. Riethe, Salzburg 1959

dies., Welt und Mensch. Das Buch »De operatione Dei«. Aus dem Genter Kodex übers. u. erl. v. H. Schipperges, Salzburg 1965

dies., Wisse die Wege. »Scivias«. Nach dem Originaltext des illuminierten Rupertsberger Kodex der Wiesbadener Landesbibliothek übertr. u. bearb. v. M. Böckeler, Salzburg [6]1976

Lauter, W., Hildegard-Bibliographie. Wegweiser zur Hildegard-Literatur, Alzey 1970, Bd. II, Alzey 1984

Schipperges, H. (Hg.): Hildegard von Bingen. Gotteserfahrung und Weg in die Welt, Olten [2]1979

ders., Hildegard von Bingen. Ein Zeichen für unsere Zeit, Frankfurt 1981

Schrader, M./Führkötter, A., Die Echtheit des Schrifttums der heiligen Hildegard von Bingen. Quellenkritische Untersuchungen, Köln 1956

Elisabeth Meuser

Elisabeth von Thüringen
(1207−1231)

In den Armen und Kranken Christus begegnen

Kaum eine Heilige ist hierzulande so bekannt wie
Elisabeth von Thüringen. Zahlreiche Legenden ranken
sich um ihr Leben. Wer kennt nicht das Bild von
Elisabeth mit einer Schürze voller Rosen? Sie war von
der Burg herabgeeilt, um den Armen Brot zu bringen.
Dabei »ertappt«, findet sie die Brote in Rosen verwandelt. (Es ist umstritten, ob sich diese Legende ursprünglich auf Elisabeth von Portugal [1271−1336] bezog und
dann bald auf Elisabeth von Thüringen übertragen
wurde.) Solche Legenden illustrieren, daß Elisabeths
Verhalten bei ihren Zeitgenossen häufig Anstoß erregte.
Sie ließ sich dadurch nicht beeindrucken, sondern lebte
ihre Fähigkeit zur Hingabe, hatte Mut zum Dienen und
keine Angst vor verschwenderischer, maßloser Liebe.

Elisabeths Herkunft und Charakter

Elisabeths Vater, König Andreas II. von Ungarn, war
ein phantasiebegabter, aber launischer Mann, der keine
religiösen Interessen hatte und politisch nicht zu Ansehen gelangte. Ihre Mutter Gertrud stammte aus dem
bayerischen Geschlecht der Grafen von Andechs. Sie
war wegen ihres besitzgierigen, herrschsüchtigen, ver-
schwenderischen und egoistischen Verhaltens beim
ungarischen Volk verhaßt und wurde im Jahr 1213
ermordet. In ihrer Familie finden wir sowohl große

Heilige – z. B. die hl. Hedwig von Schlesien (ca. 1174–1234), Gertruds Schwester – wie auch äußerst habgierige und gewalttätige Fürsten. Elisabeths Verwandtschaft neigte zur »Radikalität« im Guten wie im Schlechten.

Elisabeth wird im Jahre 1207 geboren. Es ist die Zeit des Minnesangs, der am Hof des thüringischen Landgrafen Hermann in den Gedichten und Liedern Walthers von der Vogelweide eine Blütezeit erlebt. Aber es ist zugleich auch eine Zeit, in der sich viele Menschen auf das Evangelium zurückbesinnen und den evangelischen Armutsgedanken neu entdecken. So entstehen häretische Sekten (z. B. die Katharer und die Albigenser), die eine streng apostolische Lebensweise pflegen, die Kirche aber ablehnen und z. T. ein dualistisches Weltbild vertreten. Doch aus dem gleichen Verlangen nach einem dem Evangelium gemäßen Leben erwachsen auch neue Gemeinschaften wie die von den brabantischen Städten ausgehende Armutsbewegung frommer Frauen, Beginen genannt, die in selbstgewähltem Verzicht auf irdische Reichtümer leben und sich besonders um Arme und Kranke kümmern, sowie die Bettelorden des Dominikus († 1221) und des Franziskus († 1226).

Ihre ersten vier Lebensjahre verbringt Elisabeth in Preßburg. 1211 wird sie, mit einer reichen Mitgift ausgestattet, nach Thüringen gebracht, wo sie mit dem thüringischen Landgrafensohn Hermann verheiratet werden soll. Da dieser aber schon bald (1216) stirbt, wird sie die Braut seines jüngeren Bruders Ludwig, mit dem sie wie eine leibliche Schwester aufwächst. Dies prägt auch ihr späteres Verhältnis zueinander: Sie nennen sich »Bruder« und »Schwester«.

Von Ludwigs Vater, dem Landgrafen Hermann von Thüringen, an dessen Hof Elisabeth seit ihrem vierten Lebensjahr zu Hause war, berichten die Quellen kaum etwas Positives; er lebte in Unfrieden mit der Kirche.

Prachtentfaltung und Verschwendungssucht wurden am thüringischen Hof – und nicht nur dort! – finanziert durch übertrieben hohe Abgaben, die man den ohnehin verarmten und mittellosen Bauern abpreßte. Im gesamten zersplitterten Heiligen Römischen Reich Deutscher Nation gewannen so die Reichsfürsten auf Kosten der Untertanen an finanzieller und damit auch an politischer Macht. In diesem Milieu eines erstarkenden Fürstentums wuchs Elisabeth auf.

Hermanns Gattin Sophie erzog die Kinder. Sie war nicht in der Lage, sich gegen ihren Mann genügend durchzusetzen, um dadurch das Treiben am Hof in gemäßigtere Bahnen zu lenken. Nach Hermanns Tod (1217) übernahm sie die Regierungsgewalt und sorgte für eine »Normalisierung« des Lebens auf der Wartburg. Die Prunksucht hörte auf. Als ihr Sohn Ludwig volljährig war und die Regentschaft übernehmen konnte, trat die Landgräfin ins Eisenacher Zisterzienserinnenkloster ein.

Elisabeth war ein temperamentvolles Kind. Ihre unbeschwerte Fröhlichkeit und Wildheit stehen allerdings in seltsamem Widerspruch zu den von den Quellen berichteten frühen Verzichtsübungen, wenn sie z. B. mitten beim Reigen plötzlich aufhört und sagt: »Einmal soll mir genügen, die anderen Runden will ich Gott zuliebe unterlassen« (Libellus, 14). Diese sich früh zeigende Vorliebe für Frömmigkeitsübungen sollte man allerdings nicht überschätzen.

Von der Pubertät an jedoch wird ihr die oppositionelle Haltung allmählich selbst bewußt: Sie entwickelt ein sensibles Empfinden gegenüber Ungerechtigkeiten sowie ein Gespür für die Unvereinbarkeit des höfischen Verhaltens mit dem christlichen Glauben und leistet passiven Widerstand gegen die Ausschweifungen am Hof. Sie versucht, Zeichen zu setzen – ohne anderen etwas aufzuzwingen oder sie zur gleichen Haltung zu verpflichten, ohne viel Aufhebens, aber bestimmt und kompromißlos: eine ständige Provokation für die anderen. In Elisabeths Naturell verbinden sich religiöse Sensibilität und feuriges Temperament zu einer spannungsvollen Einheit.

Elisabeth als Ehefrau und Mutter

Bereits mit 13 Jahren wird Elisabeth mit Ludwig vermählt; dies war damals besonders in Herrscherfamilien keine Seltenheit. Im Gegensatz zu sehr vielen anderen Ehen in Fürstenhäusern prägen Liebe, innige Zuneigung und Treue die Ehe von Elisabeth und Ludwig. Ihre Liebe zueinander ist leidenschaftlich, zärtlich, voller Überraschungen und Überschwang, den sie – zum Entsetzen der Familie – dadurch zum Ausdruck bringen, daß sie sich in aller Öffentlichkeit um den Hals fallen und innig küssen. Ihr gegenseitiges Verständnis und ihre Hochachtung voreinander, auch in Fragen der religiösen Praxis, sind groß. So drängt etwa Elisabeth keineswegs ihrem Mann ihre eigenen Bußübungen auf und fordert von ihm nicht, es ihr gleichzutun. Ludwig mischt sich seinerseits auch nicht in ihre Aktivitäten ein und versucht nicht, diese zu behindern; im Gegenteil: Er nimmt sie in Schutz vor den Angriffen seiner Familie, die z. B. nicht akzeptiert, daß Elisabeth alle Speisen verweigert, die den Untertanen von Steuereintreibern (unrechtmäßig) abgezwungen wurden. Er duldet es, daß sie sich von ihren Gespielinnen mit »Du« anreden läßt, ihre Kleider verschenkt und sich – entgegen der höfischen Sitte – bei Tisch neben ihren Gatten setzt; daß sie die herrschaftlichen Getreidespeicher öffnet, ja, diese geradezu plündert und ihren Schmuck versetzt, um den Armen in einer Hungersnot zu helfen. Dabei beschränkt Elisabeth sich nicht auf Almosen, sondern

»allen, die arbeiten konnten, gab sie Hemden und
Schuhe ... sowie Sensen, damit sie ernteten und sich
von ihrer Arbeit ernährten« (Libellus, 30).

Das Entsetzen der Familie, die positive Haltung Ludwigs seiner Frau gegenüber, aber auch deren Verständnis von Nächstenliebe als konkreter Gottesliebe veranschaulicht die Legende vom Aussätzigen, den Elisabeth in Abwesenheit ihres Gatten ins Schloß aufnahm. Um ihn besser pflegen zu können, legte sie ihn in Ludwigs Bett. Dem unerwartet heimkehrenden Landgrafen berichtete man sofort von dem seltsamen Tun Elisabeths; sie wolle sein Bett wohl »mit Krankheit anstecken und ihn so verderben. Da öffnete Gott des Fürsten innere Augen und erzeigte Seine Gnade; als sie die Bettdecke aufschlug, lag da die erbärmliche Gestalt des Kruzifixes«; daraufhin blickte Ludwig seine Gattin zärtlich an und sagte: »Elisabeth, meine liebe Schwester, solche Gäste sollst du gar oft in mein Bett legen; das ist mir wohl zu Dank« (Cronica, 19 f.).

Ohne Rücksicht auf gesellschaftliche Schranken und ihren Stand – in den Augen ihrer Umgebung erscheint ihr Handeln geradezu als unanständig – geht sie in ihrem Einsatz für ihre Mitmenschen bis zur Selbstaufgabe. Starke innere Konflikte bleiben nicht aus: Sie ist oft hin- und hergerissen zwischen unmittelbarer Gottesliebe, ihrer Sorge für die Mitmenschen und der Liebe zu ihrem Mann. Sie hat Gewissensbisse: ob sie sich nicht zu wenig Zeit nimmt für den Gottesdienst, ob sie sich nicht noch mehr mit den Armen und Kranken solidarisieren müßte, ob sie nicht ihren Gatten vernachlässigt.

Elisabeths Liebe zu ihrem Gatten ist temperamentvoll und stürmisch; auf vielen kleineren Reisen begleitet sie ihn, und wenn das nicht möglich ist, legt sie Trauerkleider an, bis er zurückkommt. Verständlich, daß sie zu Tode erschrocken ist, als sie in seinen Taschen eines Tages das Kreuzzugszeichen entdeckt, das Ludwig vor

ihr verborgen hat, um sie nicht vorzeitig zu erschrek-
ken. Obwohl die Geburt ihres dritten Kindes kurz
bevorsteht, begleitet sie Ludwig so weit wie möglich
und nimmt dann endlich Abschied von ihrem geliebten
Gatten. Kurz nach der Geburt erfährt sie von Ludwigs
Tod: Er ist am 11. 9. 1227 in Otranto (Süditalien) an
einem Fieber gestorben. Als Elisabeth die traurige
Botschaft empfängt, ist sie wie von Sinnen. Verzweifelt
und trostlos, ihres Liebsten beraubt, ohne den ihr die
ganze Welt nun freudlos erscheint, irrt sie durch die
Gänge der Wartburg.

Menschlich gesehen bedeutet Ludwigs Tod für Elisabeth eine Katastrophe. Ihr Schwager Heinrich Raspe
übernimmt Ludwigs Nachfolge in der Verwaltung und
kann endlich ihre Verschwendung der Güter an die
Armen verbieten, die ihm schon lange ein Dorn im
Auge war. Diese Einschränkung ihrer Freiheit kann
Elisabeth nicht hinnehmen, wie ihre Magd Irmengard
im Jahre 1235 berichtet: »Sie hätte zwar bei ihrem
Schwager den Lebensunterhalt bekommen können,
doch sie wollte nicht von der Ausbeutung und der
Besteuerung der Armen, wie bei den Fürsten üblich,
leben. Daher zog sie es vor, verjagt zu werden und als
Lohnarbeiterin mit den Händen den Lebensunterhalt
zu verdienen« (Libellus, 63).

Auf ihrem weiteren Lebensweg wird Elisabeth immer
kompromißloser. Nimmt sie nicht vielleicht das Wort
des Evangeliums: »Wer Sohn oder Tochter mehr liebt
als mich, ist meiner nicht wert« (Mt 10,37) zu wörtlich,
wenn sie sich von ihren Kindern trennt, um arm unter
den Armen zu leben, eigenhändig die Kranken zu
pflegen und ihnen Trost zuzusprechen? Doch Elisabeths Abschied von der Wartburg, ihr Verzicht auf eine
Wiederheirat und damit auf erneuten Wohlstand folgen
letztlich konsequent aus ihrem bisherigen Leben und
ihrer Gesinnung. Trotzdem – und gerade auch deswe-

gen – bleibt sie eine Suchende, die immer neu das Spannungsgefüge von Gottes-, Nächsten- und Kinderliebe innerlich ausleiden muß; zudem stößt sie auf die Ablehnung ihrer Umwelt und wird sogar von manchem verachtet, dem sie zuvor geholfen hat.

Ein halbes Jahr nach Ludwigs Tod kehren die thüringischen Kreuzfahrer heim und bringen seine Gebeine mit. Als Elisabeth zu diesen im Bamberger Dom geführt wird – vor der Beisetzung im Kloster Reinhardsbrunn –, betet sie weinend: »Herr, ich danke dir, daß du mich mitleidig getröstet hast durch die heißersehnten Gebeine meines Gatten. Du weißt, daß ich, so sehr ich ihn auch liebe, doch mich nicht betrübe darüber, daß der Geliebte sich dir auf seinen und meinen Wunsch dem heiligen Lande zur Hilfe dargebracht hat. Wenn ich ihn wiederhaben könnte, würde ich ihn gegen die ganze Welt eintauschen und auf immer gerne mit ihm betteln. Aber gegen deinen Willen möchte ich sein Leben, dafür rufe ich dich zum Zeugen an, auch nicht um den Preis meines Haares erkaufen. Ihn und mich selbst empfehle ich deiner Gnade; mit uns geschehe dein Wille« (Libellus, 39 f.). In diesem Gebet wird Elisabeths beinahe übermenschliche Gelassenheit sichtbar. Sie verbirgt ihre Trauer nicht und vertraut sich zugleich dem Willen Gottes und seiner je größeren Liebe an.

Mit dem Verlassen der Wartburg hat Elisabeth auch die Geborgenheit und die Privilegien aufgegeben, die die Burg ihr bot. Die ersten Wochen verbringt sie in großer innerer und äußerer Unsicherheit, die sich in der Fastenzeit 1228 durch eine Vision klärt: »Ich sah den Himmel offen und . . . meinen Herrn, der sich zu mir neigte und mich tröstete über die vielen Bedrängnisse und Nöte, die mich umgeben; und als ich ihn sah, freute ich mich und lachte, da er mir wirklich sein Angesicht zuwandte; als er es abwendete, weinte ich. Er erbarmte sich meiner, wandte mir erneut sein sehr ernstes Gesicht zu und sprach: Wenn du mit mir sein willst, so will ich mit dir sein« (Libellus, 36 f.). Durch diese Vision getröstet und gestärkt, legt Elisabeth am Karfreitag desselben Jahres die Gelübde ab, freiwillig auf alles zu verzichten: auf Eltern, Kinder und Untertanen, auf ihren eigenen Willen und auf allen Prunk der Welt. Der Verzicht auf ihre Kinder dürfte dabei der weitaus schwerste für sie gewesen sein; sie bittet Gott, »ihre übermäßige Liebe zu ihren Kindern von ihr zu nehmen« (Libellus, 46).

Elisabeths Glaubensverständnis

Da Elisabeth selbst nichts niedergeschrieben hat, können wir zur Klärung ihres Glaubensverständnisses nur auf erzählte Begebenheiten und geschichtliche Fakten zurückgreifen.

Im Jahr 1223 kam der Minoritenfrater Rodeger (Rüdiger) mit einigen Mitbrüdern nach Eisenach. Die damals 16jährige Elisabeth war begeistert von dem, was sie vom Leben und der Einstellung des Franziskus hörte. Noch intensiver als je zuvor kümmerte sie sich nun persönlich um die Armen und Gebrechlichen; sie pflegte Kranke in den beiden Hospitälern, die auf ihre Kosten unterhalb der Wartburg errichtet worden waren. Unter ihrer Mitwirkung gründeten die Franziskaner im Jahr 1224 in Eisenach ein Kloster.

Ab 1225 wurde Konrad von Marburg Elisabeths Beichtvater, dem sie – mit Ludwigs Einverständnis – Gehorsam gelobte. Vermutlich wählte sie ihn, weil er alle Pfründen ablehnte und diese Einstellung sie beeindruckte. Konrad war jedoch eine etwas undurchsichtige Persönlichkeit, ein gelehrter, jedoch übereifriger Mann, vom Papst zum Kreuzzugsprediger ernannt, verbissen und unermüdlich im Aufspüren von wirklichen und

vermeintlichen Ketzern. Im Jahr 1235 wurde er ermordet.

Von Elisabeth verlangte Konrad unbedingten Gehorsam; aber sie fand immer wieder Auswege, seine Anordnungen zu umgehen, wenn sie diese nicht mit ihrem Gewissen vereinbaren konnte. Des öfteren wurde sie mit einigen Rutenhieben gezüchtigt, was sie jedoch im Gedenken an Christi Leiden mit fröhlichem Angesicht ertrug. Konrad hat wohl auch für damalige Verhältnisse übertrieben, aber insgesamt galt im Mittelalter die Geißelung nicht nur in Klöstern als alltägliche Bußübung. Körperliche Züchtigung hielt man für ein bewährtes Mittel gegen alle möglichen Übel. Durch solche Bußübungen fühlte man sich mit dem leidenden Christus verbunden und in seiner Nachfolge. Zu Elisabeths aszetischen Übungen gehörten daneben auch Fasten und nächtliches Gebet.

Doch es darf nicht übersehen werden, daß Konrad auch mäßigend auf Elisabeth wirkte; er war gleichsam der Vertreter der Rationalität gegenüber einer oft allzu spontanen Großzügigkeit. Elisabeths Beziehung zu Konrad als Beichtvater bewahrte sie davor, als Häretikerin angeklagt zu werden. Er wollte Elisabeth zur Vollkommenheit, wie er sie verstand, führen und verlangte deshalb immer wieder große Opfer von ihr. Nachdem sie sich von ihren Kindern getrennt hatte, mußten auf sein Geheiß hin auch ihre vertrauten Dienerinnen Isentrud und Guda sie verlassen. Weinend gehorchte Elisabeth. »Meister Konrad gab ihr dann strenge Frauen zur Seite, von denen sie viele Schikanen zu erdulden hatte. Diese überwachten sie arglistig, wie Meister Konrad ihnen befohlen, und zeigten sie oft bei ihm an, wenn sie seinen Befehlen nicht gehorcht hatte« (Libellus, 49).

Es fällt uns heute sicherlich nicht immer leicht, diesen Opferwillen positiv als Hingabe an Gott zu verstehen und nicht als Form der Selbstverstümmelung oder des Hasses gegen sich selbst und die Schöpfung. Und doch ist das Leben Elisabeths ein Zeichen überströmender Liebe: Sie will sich selbst schenken, und zwar restlos. Wir werden unwillkürlich an Franz von Assisi erinnert, der wie sie radikal Jesus nachfolgen wollte. Auch Franziskus protestierte auf seine Weise gegen die Hartherzigkeit und Ungerechtigkeit in der Welt; wie Elisabeth fühlte er sich den Armen verbunden und lehnte den ihm zustehenden materiellen Reichtum ab. Beide glaubten, daß Gott das Schwache, Niedrige und Verachtete in der Welt erwählt hat (vgl. 1 Kor 1,27 f.). Und selbst bei größter Bußstrenge und in äußerster Bedrängnis blieben beide Kinder der Freude. Gott begegnete ihnen in allen und allem. Das bewahrte sie vor einer formalistischen Trennung zwischen religiöser und profaner Welt.

Als Arme unter den Armen

Die Bemühungen ihres Onkels, des Bischofs Ekbert von Bamberg, sie mit Kaiser Friedrich II. zu vermählen, hat Elisabeth strikt abgelehnt. Von ihrem Vermögen – Konrad hatte sich darum gekümmert, daß ihr Erbteil ihr nicht vorenthalten wurde – errichtet sie in Marburg ein Hospital, das im Herbst 1228 bezugsfertig ist und dessen Kapelle als erste nördlich der Alpen dem erst im Juli desselben Jahres heiliggesprochenen Franz von Assisi (1181/82–1226) geweiht wird. Hier, im dritten von ihr gegründeten Hospital, verbindet, pflegt und badet sie mit eigenen Händen gerade diejenigen Kranken, die am widerlichsten aussehen. In diesen Ärmsten und von der Gesellschaft Verachteten erkennt sie Christus – »Welches Glück für uns, so unseren Herrn baden und zudecken zu können!« (Libellus, 62) – und lebt somit leibhaftig das Wort des Evangeliums: »Was ihr

57

dem Geringsten meiner Brüder getan habt, das habt ihr mir getan« (Mt 25,40). Ihre Hingabe geht dabei so weit, daß sie einen einäugigen Jungen, der an Krätze leidet, zu sich nimmt und ihn jede Nacht sechsmal, bisweilen auch öfter, auf den eigenen Händen zur Verrichtung seiner Notdurft hinausträgt; auch seine beschmutzten Leinentücher wäscht sie selbst (vgl. Libellus, 52; 61).

Elisabeths schon erwähnte Fröhlichkeit verläßt sie auch in dieser schweren Zeit nicht; immer wieder mahnt sie ihre Gefährtinnen: »Ich habe euch gesagt, wir müssen die Menschen fröhlich machen« (Libellus, 57). So kümmert sie sich nicht nur um das körperliche Wohl der Kranken und Armen, sondern versucht auch, sie aufzumuntern, ihnen Trost zuzusprechen. Wie schon zu Ludwigs Lebzeiten spinnt sie Wolle – für Frauen ihres Standes eine demütigende Arbeit, da das Material noch nicht gereinigt ist und entsprechend stinkt. Als ihr Vater, König Andreas II. von Ungarn, von ihren Lebensbedingungen hört, schickt er Boten nach Marburg, um seine Tochter nach Ungarn zurückzuholen; doch sie weigert sich und flieht ins Kloster Altenberg bei Wetzlar. Von dort aus kehrt sie zurück in ihr Hospital und verausgabt sich in der Krankenpflege weiter, bis sie – erst 24jährig – am 17. November 1231 an einer Infektion stirbt. Ihre Magd Irmengard berichtet, daß Elisabeth auf ihrem Sterbebett mit wunderbarer Stimme gesungen und daraufhin gesagt habe, »daß zwischen mir und der Wand ein kleiner Vogel aufs fröhlichste gesungen hat. Seine Stimme klang so süß, daß ich mitsingen mußte« (Libellus, 77).

Gleich nach ihrem Tod setzt Elisabeths Verehrung ein; viele Heilungswunder ereignen sich, vor allem an Kindern. Aber es gibt auch Erbstreitigkeiten um den Besitz des Hospitals. Konrad von Marburg treibt Elisabeths Heiligsprechung voran und begünstigt ihre Verehrung im Volk. Im Jahr 1234 wird die Franziskuskirche in

Marburg eingeweiht, und man überführt Elisabeths Gebeine dorthin. Am 25. Mai 1235 spricht Papst Gregor IX. sie heilig; der Deutsche Orden beginnt noch im gleichen Jahr mit der Errichtung einer ihr geweihten Kirche, in deren Chorraum ihre Gebeine im Jahr 1249 übertragen werden. Diese raubt 290 Jahre später Landgraf Philipp von Hessen, ein Nachkomme Elisabeths, in der Absicht, ihrer Verehrung in Marburg ein Ende zu setzen. Aber die Beliebtheit Elisabeths auch heute noch zeigt, daß er dieses Ziel nie erreicht hat.

Literatur

Brandt, H.-J., Elisabeth von Thüringen 1207−1231. Das Antlitz Christi in einer barmherzigen Frau, Mülheim/Ruhr 1981

Hömig, H. (Hg.), Das Leben der heiligen Elisabeth von Thüringen. Cronica sant Elisabeth zcu Deutsch (Erfurt, Matthes Maler, 1520), Bad Neustadt 1981 (= Cronica)

Huyskens, A., Quellenstudien zur Geschichte der heiligen Elisabeth, Landgräfin von Thüringen, Marburg 1908

ders., Der sog. Libellus de dictis quatuor ancillarum s. Elisabeth confectus, München 1911 (= Libellus)

Jürgensmeier, F. (Hg.), So also, Herr . . . Elisabeth von Thuringen 1207−1231, Frankfurt 1982

Kranz, G., Elisabeth von Thüringen. Wie sie wirklich war, Regensburg ⁶1979

Lang, J., Elisabeth von Thüringen. Mein Gott ist die Sieben – eine Vergegenwärtigung, Zürich 1983

ders., »Die schnelle Botin«. Begegnung mit der heiligen Elisabeth von Thüringen anläßlich ihres 750. Todestages, in: Geist und Leben 54 (1981) 431−440

Nigg, W./Loose, H.N., Elisabeth von Thüringen. Die Mutter der Armen, Freiburg 1979

Sankt Elisabeth. Fürstin – Dienerin – Heilige. Aufsätze, Dokumentation, Katalog, Sigmaringen 1981

Sartory, G. u. T., Elisabeth von Thüringen – Befreiende Demut, Freiburg 1983

Josef Sudbrack

Mechthild von Magdeburg
(ca. 1210 – ca. 1290)

Das fließende Licht der Gottheit

Es gibt Bücher, die sind wie Abenteuer. Man beginnt zu lesen, muß vielleicht zwei-, dreimal ansetzen; dann aber ist man gepackt und kommt nicht mehr los. Neues, Unbekanntes, Überraschendes begegnet einem; man bleibt irgendwo hängen, weil der Eindruck überwältigend ist; doch dann treibt es einen weiter, tiefer hinein. Das Buch mit seiner Gedankenwelt begleitet einen; es ist unerschöpflich an Erfahrung und Weisheit; man kann es nicht mehr aus der Hand legen.

Person und Werk

So etwa ging es mir mit dem »Fließenden Licht der Gottheit«, in dem Mechthild von Magdeburg vor 700 Jahren ihre Erfahrungen mit Gott aufgeschrieben hat.

Die äußeren Umstände. Das Buch ist nahezu die einzige Quelle für ihr Leben. *Mechthild von Hackeborn* und *Gertrud die Große,* mit denen *Mechthild von Magdeburg* als alte Frau im Zisterzienserinnenkloster zu Helfta – *Gertrud von Hackeborn* war die Äbtissin – zusammenlebte, berichten nur wenig von ihr. Und die Wirkungsgeschichte des Buches ist bei weitem nicht so groß, wie es seinem Rang entspräche. Der fromme Priester Heinrich von Nördlingen, der in der Mitte des

14. Jahrhunderts im Briefwechsel mit Johannes Tauler und vielen »Gottesfreunden« in den Frauenklöstern stand, hat es aus dem Mittel-Niederdeutschen ins damalige Alemannisch übertragen. Dies und eine nivellierende Übersetzung ins Lateinische, die der Magdeburger Dominikanerkonvent anfertigte, sind die einzigen vollständigen Textüberlieferungen. Hinzu kommen nur noch Fragmente der ursprünglichen Texte. Damit versiegen die geschichtlichen Quellen. Wir müssen uns also an ihr Buch halten, das bis heute leider noch nicht in einer kritischen Ausgabe greifbar ist.

Das wenige aber, das wir von Mechthild besitzen, ist so kraftvoll, so kühn, so innig und überfließend reich, daß sie unter die Großen der christlichen Mystik eingereiht werden muß.

Das Datum ihrer Geburt zu Beginn des 13. Jahrhunderts (1207/10) stellt sie in eine Zeit des Übergangs und Neubeginns. In Deutschland klingt die Romanik aus, und die Frühgotik kommt auf. Das berühmte romanische Taufbecken in Hildesheim entsteht in dieser Zeit; die Schottenkirche in Regensburg wird gegen 1230 vollendet. Aber zugleich beginnt auch der Bau der Marburger Elisabethkirche, der Perle der deutschen Frühgotik. Eine erdfeste Monumentalität wird abgelöst von einer nach oben strebenden Innerlichkeit.

Auf allen Gebieten kann man entsprechende Entwicklungen aufzeigen. Die höhere Bildung geht vom Klöster- und Kirchen-Monopol in das Studium an den Universitäten über. In den Städten werden sich die Patrizier ihrer Macht bewußt. Die beiden Bettelorden des Dominikus († 1221) und des Franziskus († 1226) setzen im Gegensatz zum feudalen klassischen Mönchtum neue Akzente von Menschennähe, gehen in die Armut der vernachlässigten Volksschichten hinein und bringen dorthin die Frohe Botschaft. Die Heroenzeit der Kreuzzüge geht zu Ende (1244 ist Jerusalem endgültig verloren). Der Minnesang hat seinen ritterlichen Höhepunkt überschritten (Walther von der Vogelweide stirbt um 1230). Der Gipfel der päpstlichen Macht (Innozenz III. um 1200) ist schon Vergangenheit, und nach 1300 (Bonifaz VIII.) gehen die Päpste ins Exil. Der Kaiser wird immer mehr abhängig von der Macht der Fürsten.

Das Werk. In dieser Zeit eines sich verstärkenden individuellen und subjektiven Bewußtseins schrieb Mechthild von Magdeburg ihr Buch vom »Fließenden Licht der Gottheit«. In ihrer Mystik vereinen sich die machtvoll-prophetischen Klänge, die hundert Jahre vorher von Hildegard von Bingen zu hören waren, mit einer lyrischen Liebesmystik, wie man sie hundert Jahre später bei Heinrich Seuse findet.

Visionär schaut Mechthild in die Ewigkeit der Letzten Dinge:

> Was ist das, die Ewigkeit? Es ist die ungeschaffene Weisheit der endlosen Gottheit, die weder Anfang noch Ende hat. Die Krone hat drei Bogen. Der erste Bogen waren die Patriarchen, der zweite die Propheten, der dritte die heilige Christenheit. Durch die Gegenwart der Seligen, die am Jüngsten Tag Gottes Reich besitzen werden, wird die Krone mit Bildern verziert und mit Blumen geschmückt. Doch sie werden ihre Würden, nach ihren Werken geordnet, besitzen (VII 1).

Prophetisch schilt sie mit stolzen Worten das Übel der Zeit:

> Weh dir, Krone des heiligen Priestertums! Wie bist du dahingeschwunden! Du hast nichts mehr als Überreste deiner selbst. Das ist die geistliche Gewalt. Mit ihr kämpfst du gegen Gott und seine auserwählten Freunde. Darum erniedrigt dich Gott, noch ehe du daran denkst (IV 21).

Doch der Grundton ihrer Schrift ist ein anderer. Zarte Bilder besingen die Liebe zu Gott. Ihre Brautmystik braucht den poetischen Vergleich mit der Lyrik der Minnesänger nicht zu scheuen. So hört Mechthild Gottes Stimme:

Wenn ich scheine, mußt du gluten,
Wenn ich fließe, mußt du fluten,
Wenn du seufzst, ziehst du mein göttliches Herz in dich,
Wenn du weinst, schließ ich in meine Arme dich,
Wenn du aber minnest, werden wir beide eins
und nichts mehr vermag uns zu scheiden (II 6).

Manchmal scheinen sich die Worte Mechthilds ins Spielerische zu verlieren – doch das ist eine moderne Verkennung, die die alte Mentalität nicht nachzuempfinden vermag. Niemals wird die Brautmystik Mechthilds schwül oder gar pathologisch, wie man es in späteren Nonnentraktaten findet. Alles, was wir von ihr wissen, bezeugt ihre gesunde Stärke – selbst dort, wo ein moderner Leser verwirrt werden mag. Ein längerer Abschnitt gipfelt in folgendem:

Herr, nun bin ich eine nackte Seele
Und du bist ein reichgeschmückter Gott,
Unser zweier Gemeinschaft
Ist ewiges Leben ohne Tod.
Da geschieht eine selige Stille,
Und es wird eines ihrer beider Wille (I 44).

Oder gar: »Je das minnebett enger wird, je die umbehalsunge naher gêt«, was die lateinische Übersetzung – wohl aus Prüderie – ausläßt (I 22).

Mechthild spricht ihre Gottesbegegnung im Bild der Brautnacht aus. Das ist uraltes biblisches Erbgut, durch die Spekulation des Neuplatonismus philosophisch vertieft. Heute sollten wir uns fragen, ob es überhaupt ein besseres Bild-Wort für das Geheimnis der Gottesbegegnung gibt als das Zusammensein von Mann und Frau, bei dem menschliche Liebe und menschliche Schöpfungskraft zusammentreffen. Von allen menschlichen Erfahrungen, die ausnahmslos hinter dem Geheimnis Gottes zurückbleiben, kommt diese der Gottesbegegnung am nächsten.

Das Leben. Die Kraft und die prophetische Sicherheit Mechthilds zeigen sich an dem wenigen, was wir von ihrem Leben wissen:

Ich unwürdige Sünderin wurde in meinem zwölften Jahre, als ich allein war, in überaus seligem Fließen vom Heiligen Geist gegrüßt, daß ich es nie mehr über mich brächte, mich zu einer großen täglichen Sünde zu erbieten (IV 2).

Diese Erfahrung prägte ihr Leben und setzte sich fort:

Der vielliebe Gruß kam alle Tage
Und machte mir herzliche leid
Aller Welten Süßigkeit
Und vermehrte sich noch alle Tage (IV 2).

Das brachte sie dazu, mit etwa zwanzig Jahren das Elternhaus zu verlassen und in einer fremden Stadt ganz für Gott zu leben. Dreißig Jahre lebte sie dort in einer Beguinen-Gemeinschaft (das sind alleinstehende Frauen, die ein religiöses Leben führen, ohne sich an eine strenge Ordensregel zu binden).

Da ließ mich Gott nirgends allein. Er brachte mich in so wonnigliche Süßigkeit, in so heilige Erkenntnis und in so unbegreifliche Wunder, daß ich irdische Dinge wenig brauchen konnte. Da wurde erst mein Geist über mein Gebet zwischen Himmel und Luft erhoben. Ich sah mit den Augen meiner Seele in himmlischer Wonne die herrliche Menschheit unseres Herrn Jesus Christus und erkannte an seinem hehren Antlitz die Heilige Dreifaltigkeit: Die Ewigkeit des Vaters, die Leiden des Sohnes und die Süßigkeit des Heiligen Geistes (IV 2).

Aus solchen Erfahrungen wuchsen sowohl ihre oft harte Kritik an den kirchlichen und weltlichen Mißständen der Zeit (wir dürfen vermuten, daß sie im direkt gesprochenen Wort noch schärfer und konkreter klang) wie auch ihre bildhaft-konkreten Schauungen des Transzendenten. So berichtet sie:

Vor langer Zeit sah ich ein Fegefeuer, das war einem feurigen Wasser gleich. Es kochte wie feuriges Glokkenmetall und war oben mit finsterem Nebel überzogen. In dem Wasser schwammen geistliche Fische, die Menschenbildern ähnlich sahen. Dies waren die Seelen der armen Priester, die in dieser Welt in der Gier nach aller Wollust verfangen gewesen waren ... Auf dem Wasser fuhren Fischer. Sie hatten weder Schiffe noch Netze, sondern fischten mit ihren feurigen Klauen, da sie Geister und Teufel waren ... (V 14).

Verständlich ist, daß sich Mechthild mit ihren Anklagen gegen die Zeit viele Feinde schaffte; ihr Beichtvater, der Dominikaner Heinrich von Halle, half ihr in den Schwierigkeiten und befahl ihr, die Gotteserfahrungen niederzuschreiben. Mechthild aber wußte zugleich, daß auch Gott dies von ihr will.

Mit ihrer wachsenden Autorität wuchs auch die Schar ihrer Feinde; und so mußte sie gegen 1270 Zuflucht nehmen im Zisterzienserinnenkloster von Helfta, das unter der Äbtissin Gertrud von Hackeborn eine Zeit der Blüte erleben durfte. Dort schrieb sie das letzte, das siebte Buch des »Fließenden Lichts der Gottheit«, das nicht mehr die Stärke der anderen sechs hat. Aber Mechthild bleibt die demütige Seherin, sie bleibt die Zeitkritikerin, die zugleich um ihre eigene Schwäche weiß:

Ich kenne niemanden, der so gut ist, daß er es nicht nötig hätte, ohne Unterlaß sein Herz zu prüfen und daraufhin zu erkennen, was in ihm wohne, und alle

seine Werke häufig zu tadeln. Dies soll man mit demütigen Worten tun (VII 3).
Um 1290 starb Mechthild.

Das Buch. Ein moderner Leser muß sich – wie gezeigt – zuerst in die Sprach- und Bild-Welt Mechthilds hineinfühlen. Reimprosa und eigentliche Prosa wechseln ab. »Reimprosa« bedeutet, daß die Sätze rhythmisch dahinfließen und immer wieder durch Endreime ineinandergefügt werden. Wir haben weder klassisches Versmaß noch – nach heutigem Empfinden – sprachlich exakte Reime vor uns. Ihre Prosa liebt hintereinandergestellte Aufzählungen, die uns naiv vorkommen, die aber die Freude der damaligen Zeit an der Welt widerspiegeln, die geordnet ist und Zahl und Maß hat.
Die einzelnen Kapitel (insgesamt haben die sieben Bücher über 250) sind in ihrer literarischen Art recht verschieden: Gebete, Botschaften, Berichte, Erzählungen, Gespräche zwischen Seele und der Frau »Beschauung« oder zwischen Kreatur und Braut, Weisheitssprüche, Drohungen usw. Die Lebendigkeit dieser verschiedenen Formen ist nicht zuletzt ein Grund für die Anziehungskraft des erstaunlichen Buches vom »Fließenden Licht der Gottheit«. Denn alles ist durchzogen vom Geist der Heiligen, der zugleich höfisch-zart im Sinne der Minnedichtung wie leidenschaftlich-stark in seiner prophetischen Kühnheit ist.

Züge der Gotteserfahrung

Wer sich mit Mechthild von Magdeburg befaßt, muß auswählen. Ihre Bilderwelt ist so unmittelbar und so gefüllt von Emotion und Überzeugung, daß begrifflich gegliederte Darstellungen zurückbleiben müssen.

Der geistliche Sinn. Man muß sich gleichsam von verschiedenen peripheren Orten her auf die einzige Mitte hinbewegen, um einigermaßen der Fülle dieser Mystik zu entsprechen.

Mechthild nennt ihre Erfahrung »Schauen« und »Hören«. So läßt sie die personifizierte Erkenntnis zur Seele sprechen:

> Frau Seele, Euer Wunder schauen und Euer erhabenes Wort, das Ihr in Gott gesehen und gehört (II 19).

Und sie selbst bekennt:

> Ich will und kann nicht schreiben, ich sehe es denn mit den Augen meiner Seele und höre es mit den Ohren meines ewigen Geistes und empfinde in allen Gliedern meines Leibes die Kraft des Heiligen Geistes (IV 13).

Dieses ganzheitliche Erleben kommt noch deutlicher in der Metapher vom »Tasten« zum Ausdruck, ein in der christlichen Mystik beliebtes Wort. Aber wir müssen uns hüten, eine »Metapher« als »Nur-Metapher« zu interpretieren. Mechthild meint gerade mit diesem »Bild« die Ganzheitlichkeit ihrer Erfahrung. So spricht Gott zu ihr:

> Innigste Geliebte, denk an die Stund,
> Da du ergriffest den vollen Fund.
> Versink nicht in trauriges Bangen:
> Noch habe Ich zu aller Stund,
> Mit Meinen Armen dich umfangen (I 46).

Die Liebesbilder Mechthilds sind von dieser Tast-Erfahrung getragen. Auch ihre Musikalität ruht in dieser ganzheitlichen Leib-Seele-Erfahrung, wofür die Lehre der geistlichen Sinne das »Tasten« setzt:

> Und die Menschheit singt,
> Und der Heilige Geist die Harfen des Himmels spielt,
> Daß alle Saiten erklingen,
> Die gespannt sind in der Minne! (II 3).

Diese Fülle der Gottesbegegnung nennt die christliche

S . MECHTILDIS.V.

Tradition »geistliche Sinneserfahrung«, also eine Ganzheitlichkeit und emotionale Bereitschaft, die man als
geschlechtstypisch bezeichnen kann – nicht in dem
Sinne des militanten Feminismus, sondern in dem Sinne
der schalenhaften Offenheit, die in allen großen Reli-
gionen durch das Moment des Weiblichen zum Ausdruck gebracht wird.

Doch all das hat seine Mitte in der Liebe, die wiederum
nicht abstrakt-geistig, sondern ganzheitlich-personal
erlebt wird. Hier sind die Rufe und Gebete Mechthilds
besonders in den ersten Büchern zahlreich und innig.
Vier Dinge hat die »wahre lautere Minne«, »die nimmer
aufhören«:

    Das erste ist die wachsende Sehnsucht,
    Das zweite ist der fließende Schmerz,
    Das dritte die brennende Empfindung der Seele und
    des Leibes,

Das vierte: immerwährende Vereinigung,
Gefesselt durch sorgfältige Wachsamkeit (V 15).

Freiwerden von Gott her. Im zweiten Kapitel des IV.
Buches erzählt Mechthild, wie diese Erfahrungen ihr
geschenkt wurden: »Ich dachte auch nie, daß so etwas
einem Menschen widerfahren könnte.«
Ich komme zu meinem Lieb
Wie der Tau auf die Blume (I 13),
ruft Gott ihr zu. Und Mechthild antwortet:
Herr, Dein Wunder hat mich verwundet!
Deine Gnade hat mich erdrückt! (I 14).
Solche Ausrufe zeigen ein frauliches Liebes-Erleben –
hier weniger das Gegenüberstehen in der Begegnung
zweier Individuen, als das sich aufgebende Einswerden
in Liebe.
Diesem Erfahren des »Fließens« und Einswerdens ent-
spricht auf der Seite der Mystikerin eine ständig wach-
sende Sehnsucht:
Herr, Du bist mein Geliebter,
Meine Sehnsucht,
Mein fließender Brunnen (I 4).
Auch wo es etwa auf den ersten Blick der intellektuellen
Mystik Meister Eckharts ähnelt, trägt es bei Mechthild
die Züge der Fließerfahrung von Liebe:
Du sollst minnen das Nicht,
Du sollst fliehen das Icht.
Ruhelos strebend sollst du sein,
Aller Dinge dich befrein (I 35).
Wie weit entfernt diese weibliche, von Sehnsucht
durchdrungene Erfahrung von der spekulativen
Wesensmystik Meister Eckharts ist, zeigt sich beson-
ders an der »mystischen Nacht« der »Gottesfremde«,
die F. Rotter bei Mechthild aufgezeigt hat. So fährt sie
im eben zitierten Aufruf fort:
Du sollst das Wasser der Pein trinken

Und die Liebesglut im Holze der Tugenden ent-
zünden,
Dann wohnst du in der wahren Wüste (I 35).

Was bei einem Mann in die Bedrängnis der Einsamkeit
oder die Begrifflichkeit des Andersseins Gottes aus-
mündet, wird bei der großen Frau des 13. Jahrhunderts
zum Liebeslied:

Würde jedes Geschöpf mit mir klagen,
Sie könnten es nie genug sagen,
Denn ich leide unmenschliche Not.
Mir wäre sanfter ein menschlicher Tod.
Ich suche dich in Gedanken
Wie eine Jungfrau verhohlen ihr Lieb (II 25).

Mechthild erfährt ihr Eins-Sein mit Gott immer in der
Polarität von eigener Sehnsucht und göttlichem Ausfließen. Sie ruft:

Ei, liebster Jesu Christ,
Nun sende mir den süßen Regen Deiner Menschheit
Und die Sonne Deiner lebendigen Gottheit
Und den reichen Tau des Heiligen Geistes.
Dann verwinde ich mein Herzleid (IV 5).

Diese Erfahrung des Überwältigend-Göttlichen ist kein
psychisches Erdrückt-Werden; noch weniger meint es
Bewußtseinserweiterung oder psychologische Selbster-
fahrung. Bei Mechthild bricht immer wieder Freiheit
und Befreiung durch. Das gilt von Gott:

Ich komme zu dir nach Meiner Lust, wann Ich will,
Sei du verhalten und still . . .
Ich bin in Mir selbst,
An allen Stätten und in allen Dingen,
Wie Ich je war vor allem Beginnen (II 25).

In Mechthild wird diese frei-geschenkte Erfahrung zu
eigener Freiheit. Wenn sie z. B. betont, »daß ich Gott
und allen Kreaturen / Liebevoll sei untertan«, dann ist
dies die Erläuterung einer Erfahrung: »Ich bin edel und
frei geboren. / Ich darf nicht ohne Ruhm sein, / Da ich

Gott liebe ganz allein« (II 19). Und in erstaunlicher theologischer Genauigkeit artikuliert sie diese Freiheit des Gehorsams, in dem sie ihre ganze Leiblichkeit aufsteigend einschließt: »Mein Mund ist geformt von Deinem Heiligen Geiste, / Meine Augen . . . Mein Haupt . . . « bis zum Höhepunkt:

Je größere Freiheit Du mir gibst,
Um so länger kann ich in Dir verweilen (II 18).

Sicherlich ist damit nicht die heutige Freiheit des »Tun-und-Lassens, was man will« ausgesprochen; es ist vielmehr die Freiheit des Befreit-seins vor Gott.

Das Fließen der Gnade. Die durchgehende Qualität aller Erfahrung heißt bei Mechthild »Fließen«. »Aus dem Brunnen der fließenden Dreifaltigkeit« (I 2) stammt Gottes Liebe. Wie ein Kelch fließt Gott über:

Der himmlische Vater, der selige Schenke,
Jesus der Kelch,
Der Heilige Geist der lautere Wein,
Und die ganze Dreifaltigkeit der volle Kelch (II 24).

Aus diesem »fließenden Brunnen« der Gottheit (I 4) strömt »endlose Verschwendung« (II 44).
Dies ist die Grundqualität der Erfahrung Mechthilds. Sie erfuhr Gottes Liebe und darin ihr eigenes Sein in Liebe als Ausfließen aus Gottes Fülle:

O Du gießender Gott in Deiner Gabe!
O Du fließender Gott in Deiner Minne!
O Du brennender Gott in Deiner Sehnsucht!
O Du verschmelzender Gott in der Einigung mit Deinem Lieb!

O Du ruhender Gott an meinen Brüsten (Hld 1,13),
Ohne Dich kann ich nicht mehr sein (I 17).

Und sie erhält als Antwort:

In meinem Reich sollst du in neuer Brautschaft leben,
Und dort will Ich dir ein süßes Mundküssen geben,
Daß all Meine Gottheit deine Seele durchfließt (IV 5).

Das dreifaltige Leben in Gott. Eine solche frauliche Gotteserfahrung ist in Gefahr, sich aufzulösen in ein all-eins-seiendes, immanentes, dahinströmendes Göttliches. Doch bei Mechthild gipfelt die »Fließ«-Erfahrung im ewigen Liebesaustausch des dreifaltigen Gottes: kein pantheistisches Dahinströmen, sondern ein Schenken und Geschenkt-Erhalten in Liebe. Gott selbst ist wesenhaft fließender Austausch der Liebe. Dies erfahren wir im Antlitz des menschgewordenen Sohnes:

> Ich sah mit den Augen meiner Seele in himmlischer Wonne die herrliche Menschheit unseres Herren Jesus Christus und erkannte an seinem hehren Antlitz die heilige Dreifaltigkeit (IV 2).

Es gibt kaum eine Seite in ihrem Buch, auf der nicht der Liebesfluß begründet wird in der ewigen Liebe Gottes, das endlose Strömen verwurzelt ist im dreifaltigen Leben Gottes. Und stets erfährt Mechthild dies in Jesus Christus:

> Der süße Tau der anfangslosen Dreifaltigkeit
> Fiel aus dem Brunnen der ewigen Gottheit
> In die Blume der auserwählten Magd.
> Und der Blume Frucht ist ein unsterblicher Gott,
> Ein sterblicher Mensch und lebender Trost
> Des ewigen Lebens.
> Unser Erlöser ist Bräutigam geworden (I 22).

Die Theologie findet hier in erstaunlicher Exaktheit das Geheimnis der christlichen Offenbarung ausgesprochen: daß Gottes ewiges Leben im Menschen Jesu sichtbar geworden ist; daß es keinen anderen Weg gibt zum dreifaltigen Herzgeheimnis Gottes außer dem, der da gesagt hat: »Ich bin der Weg, die Wahrheit und das Leben« (Joh 14,6).

Man muß staunen angesichts der psychologischen Einheit der Erfahrung, in der die gesamte menschliche Natur eingesammelt ist: die Konkretheit der Sinne, die Klarheit des Geistes, die Ausgerichtetheit des Willens, die Wärme des Gemüts und die Tiefe der Existenz, die im Geheimnis Gottes wurzelt.

Diese Einheit nennt Mechthild – vor Meister Eckhart und vor Ignatius von Loyola – »Gott-erfahren-in-allen-Dingen«:

> Da scheint sie wahrhaftig und erkennt,
> Wie Gott alles ist in allen Dingen (II 19).

Und das gibt sie als Kriterium jeder wahren Mystik weiter:

> Minne ohne Erkenntnis
> Dünkt die weise Seele Finsternis.
> Erkenntnis ohne Genuß
> Dünkt sie eine Höllenpein.
> Genuß ohne Tod
> Kann sie nie genug beklagen (I 21).

Literatur

Eine und die einzig brauchbare, von uns benutzte Übertragung in die heutige deutsche Sprache liegt vor in:

> *Das fließende Licht der Gottheit,* eingef. von Margot Schmidt, mit einer Studie von Hans Urs von Balthasar, Einsiedeln, 1955.

Über den Stand der Forschung berichtet ausführlich und mit umfassender Literatur:

> *Margot Schmidt,* Mechthild de Magdebourg, in: DictSpir X (1980), 877−885.

Bemerkenswert ist die unvollständig gebliebene und von Reinhold Weier ergänzte Arbeit:

> *Friedrich Rotter,* Nähe Gottes und »Gottesfremde«. Mystische Erfahrungen der hl. Mechthild von Magdeburg, Aschaffenburg 1980.

Dazu wichtige germanistische Einzelarbeiten.

Bridget Morris

Birgitta von Schweden
(ca. 1302—1373)

Visionärin und Ordensgründerin

Schweden war im Mittelalter eine kleine, nach außen
weithin abgeschlossene Gesellschaft am Rande des
christlichen Abendlandes. Hier lebte im 14. Jahrhundert eine der bemerkenswertesten Frauen der europäischen Geschichte: die heilige Birgitta.
Als Fremde fuhr sie nach Italien, um Päpsten, Kardinä-
len und Königen zu widersprechen und sie herauszufor-
dern. Ihr gelang es, einen Orden aufzubauen, als das
Zeitalter der monastischen Gründungen schon längst
vergangen war.
Die Offenbarungen Birgittas geben Zeugnis von ihrer
herausragenden Persönlichkeit; ihr Temperament und
ihr missionarischer Eifer – Eigenschaften, die sich auch
bei anderen Mystikern des Mittelalters finden – sind
gezeichnet von Durchsetzungskraft, herzlich-rauher
Weltlichkeit und einer beinahe satirischen Grundstim-
mung; doch auch Schwärmereien und Sentimentalität
waren ihr nicht fremd.

Kindheit und Ehejahre

Birgitta Birgersdotter wurde um das Jahr 1302 in Finsta
in der Gemeinde Skederid im östlichen Teil von Schwedens zentraler Provinz Uppland als zweites Kind recht
»prominenter« Eltern geboren: Ihr Vater Birger Pers-

son war lagman von Uppland und hatte kurz vor der Geburt seine Tochter an der Kodifizierung der Gesetze dieser Provinz mitgewirkt; ihre Mutter, Ingeborg Bengtsdotter, war mit dem schwedischen Königshaus verwandt.

Die ersten drei Lebensjahre soll Birgitta stumm gewesen sein, dann aber begann sie von einem auf den anderen Tag vollkommen fließend und deutlich zu sprechen. Schon in frühester Kindheit hatte das religiöse Mädchen Träume und Erscheinungen; sie sind uns zum Teil überliefert durch ihre Tante mütterlicherseits, Katarina Bengtsdotter, bei der Birgitta und ihre Schwester nach dem Tod der Mutter im Jahre 1314 wohnten.

Es wird berichtet, wie der kleinen Birgitta eines Tages die hl. Jungfrau Maria in kostbaren Gewändern erschien und ihr eine Krone hinhielt. Ein anderes Mal hatte sie nach einer sie stark bewegenden Predigt einen überwältigenden Traum von den furchtbaren Leiden des gekreuzigten Christus, und sie konnte fortan nicht mehr seines Leidens gedenken, ohne Tränen zu vergießen.

Im Alter von dreizehn Jahren wurde Birgitta mit Ulf Gudmarsson verheiratet, der ebenfalls aus einer adeligen Familie stammte und damals ungefähr achtzehn Jahre alt war; er wurde später Ritter und lagman in der Provinz Närke. Pflichtschuldig ging Birgitta auf Anweisung ihres Vaters diese Ehe ein. Später sprach sie von den drei Ständen der Frau, unter denen die Jungfräulichkeit die ewige Erlösung am sichersten verspreche, während die Witwenschaft und vor allem die Ehe für eine Frau überwiegend Beschäftigung mit weltlichen Dingen bedeute.

Birgitta liebte ihren Mann hingebungsvoll. Während ihrer Ehe bewirtschaftete sie mit großem Eifer das gemeinsame Gut in Ulvåsa (in der zentralen Provinz Östergötland) und versorgte Arme und Kranke. Öfter weilte sie auch am königlichen Hof, wo sie sich aktiv in den Staatsangelegenheiten engagierte.

Der Ehe entstammten acht Kinder. Zwei Söhne starben bereits im Kindesalter; zwei Töchter gingen ins Kloster; eine von ihnen heiratete jedoch später. Die älteste Tochter Marta wurde, offenbar gegen den Willen ihrer Mutter, mit dem Ritter Sigvid Ribbing verheiratet; Birgittas Abneigung gegen diesen Edelmann ging so weit, daß sie ihn einen »Räuber« nannte.

Nur zwei Söhne, Birger und Karl, erreichten das Erwachsenenalter. Der jüngere von beiden war ein eitler Lebemann und eine herbe Enttäuschung für Birgitta. Der genaue Gegensatz zu ihm war seine Schwester Katarina, Ulfs und Birgittas zweitälteste Tochter, eine fromme und gottesfürchtige Frau, die ihr Leben lang an der Seite der Mutter als ihre Mitarbeiterin blieb und später die erste Äbtissin in dem von Birgitta gegründeten Kloster in Vadstena (Östergötland) wurde. Katarina wird in Schweden als Lokalheilige verehrt; ihr Kult wurde 1482 durch Papst Sixtus IV. autorisiert.

Birgittas Religiosität blieb während ihrer Ehe tief und aufrichtig. Sie übte strenge Enthaltsamkeit (Aszese), fastete, schlief auf einem Strohsack und goß sich im Gedenken an die Leiden Christi jeden Freitag heißes Wachs über die bloße Haut. Ihren Ehemann ermutigte sie zu gleicher Frömmigkeit.

Im Jahre 1341 begaben sich die Eheleute auf eine Pilgerfahrt nach Spanien zum Schrein des heiligen Jakobus von Compostela. Während ihrer Reise legten sie ein Keuschheitsgelübde ab und bereiteten sich darauf vor, nach ihrer Rückkehr ins Kloster einzutreten. Ulf starb jedoch kurze Zeit danach, im Jahre 1344.

Ulfs Tod bedeutete einen Wendepunkt in Birgittas
Leben. Noch auf dem Sterbebett hatte er ihr einen Ring
gegeben mit der Bitte, ständig für seine Seele zu beten.
Birgitta legte den Ring jedoch schon einige Tage später
ab, weil sie ihn als permanente Erinnerung an weltliche
Freuden empfand, für die sie fortan nichts mehr übrig
hatte.

Etwa in der gleichen Zeit hatte Birgitta in einer Kirche
eine Vision, die ihre Hinwendung zu einem spirituellen
Leben bewirkte. Sie sah eine helle Wolke, aus der heraus
eine Stimme sie anrief. Da sie dies für ein Werk des
Teufels hielt, floh sie zutiefst erschrocken und empfing
die heilige Kommunion. Der Vorfall wiederholte sich
jedoch noch zweimal, und beim dritten Mal fuhr die
Stimme fort: »tu eris sponsa mei et canale meum et
audies et videbis spiritualia, et spiritus meus permanebit
tecum usque ad mortem.« (Du wirst meine Braut und
mein Mund sein. Du wirst geistliche Dinge hören und
sehen, und mein Geist wird bei dir bleiben bis zum
Tode.)

Von da an weihte sich Birgitta ausschließlich dem
Dienst an Gott dem Herrn und an Seinen Sohn. Sie zog
ins Zisterzienserinnenkloster von Alvastra in Östergötland. In diese Periode intensiver visionärer Erlebnisse
fallen einige ihrer wichtigsten Erscheinungen, u. a. auch
die Offenbarung der Regel für einen neuen monastischen Orden.

Birgitta wurde während dieser Zeit von ihren geistlichen Ratgebern und Beichtvätern unterstützt, u. a. auch
von Mathias, einem Domherrn der Kathedrale von
Linköping; er war wahrscheinlich der damals führende
scholastische Theologe in Schweden; er erkannte Birgittas seherische Gabe und veröffentlichte seine berühmte
Verteidigungsrede, in der er jeden Zweifel an der göttli-

chen Qualität der Offenbarungen Birgittas zurückwies. Die anderen geistlichen Begleiter Birgittas waren Petrus Olovsson, der spätere Prior des Klosters von Alvastra, und ein weltlicher Priester aus dem nahegelegenen Dominikanerkloster von Skänninge, der ebenfalls Petrus Olovsson hieß. Beide standen Birgitta zu ihren Lebzeiten besonders nahe und verfaßten auch ihre Vita, die früheste und zuverlässigste Biographie der Heiligen.

Übersiedlung nach Rom

1349 erhielt Birgitta von Gott die Weisung, nach Rom zu gehen, »wo die Straßen mit Gold gepflastert und vom Blut der Heiligen gefärbt sind«. Rechtzeitig zum Jubiläum des Heiligen Jahres 1350 erreichte sie die Stadt, in der sie bis an ihr Lebensende bleiben sollte, ohne je wieder in ihre schwedische Heimat zurückzukehren.

Der genaue Grund für das Verlassen Schwedens bleibt in den Quellen unklar. Möglicherweise war es zu einem Bruch zwischen Birgitta und dem König Magnus Eriksson gekommen. Nach seiner Heirat mit Blanche von Namur im Jahre 1335 hatte man sie zur ersten Hofdame der Königin ernannt; in zahlreichen Fällen soll sie dem König mit Rat in geistlichen Angelegenheiten zur Seite gestanden haben. 1346 schenkte der König ihr das Schloß von Vadstena zur Umwandlung in ein Kloster. Ihre Wege scheinen sich gegen Ende dieses Jahrzehnts getrennt zu haben – vielleicht aufgrund einer Meinungsverschiedenheit wegen seiner fehlgeschlagenen Kreuzzüge nach Ostfinnland. Birgittas Unterstützung und Verehrung für den König, der für sie ein augustinisches Ideal verkörpert hatte, verwandelte sich in abgrundtiefe Verachtung, weil der Herrscher für sie durch seine eigenen Unzulänglichkeiten zu einem Werkzeug des

Teufels geworden war – ein »gekrönter Esel«, wie sie sagte.

Aus dem fernen Rom verurteilte Birgitta den König in den folgenden Jahren auf das heftigste; in Botschaften an schwedische Adelige – deren Interessen sie natürlich unterstützte – rief sie zum Aufstand und zur Absetzung des Königs auf. Eine dieser Botschaften befindet sich in einem der drei noch erhalten gebliebenen Handschriftenfragmente, von denen man vermuten kann, daß sie von Birgitta selbst geschrieben sind; sie werden heute in der Königlichen Bibliothek in Stockholm aufbewahrt.

Sicherlich war ein weiterer Grund für Birgittas Reise nach Rom das Ersuchen um die päpstliche Bestätigung ihres neuen Ordens. In den schwierigen Jahren, die dem großen Schisma vorangingen, erwies sich dies als eine besonders heikle Aufgabe. Denn abgesehen von dem Verbot der Ordensneugründungen (seit dem 4. Laterankonzil 1215) war die Kirche im späten 14. Jahrhundert innerlich zerrissen und in großer Verwirrung, so daß sich kaum allgemein anerkannte rechtliche Lösungen finden ließen.

1370 erkannte Papst Urban V. das Kloster von Vadstena an, nicht jedoch die Regel; diese wurde erst 1379 von Papst Urban VI. bestätigt. Allerdings war dieser Papst nicht im gesamten Bereich der christlichen Kirche akzeptiert, und so wurde der Orden formell erst unter Papst Martin V. im Jahre 1419 gegründet.

Birgitta blieb mit einem kleinen schwedischen Gefolge bis an ihr Lebensende in Rom. Gelegentlich reiste sie ins Ausland, nach Cypern und Sizilien und 1372 ins Heilige Land, wo sie eine Anzahl bedeutender Visionen über die Menschwerdung Christi hatte.

Gegen Ende ihres Lebens lernt Birgitta den Spanier Alphonso von Pecha kennen, der einem halberemitischen Orden in Italien beigetreten war. Er war früher Bischof gewesen und veröffentlichte eine Zusammenstellung ihrer Offenbarungen und befürwortete ihre Heiligsprechung.

Nach Birgittas Tod am 23. Juli 1373 wurden ihre Gebeine nach Vadstena überführt. Überraschend schnell, nach ihrem Tod, im Jahre 1391, erfolgte ihre Heiligsprechung durch Papst Bonifatius IX.; der offizielle Festtag ist der 8. Oktober.

Die Visionen

Birgitta hatte insgesamt etwa 700 Visionen von sehr unterschiedlicher Länge und Thematik: theologische Fragen, Schilderungen des Himmels und der Hölle, Urteilssprüche bezüglich der Kirche und politisch Mächtiger, höchst persönliche Mitteilungen an die Adresse ihrer engsten Vertrauten, eine monastische Ordensgründung und Lebensregeln. Fast alle Visionen haben zufälligen Charakter, und nur selten erfahren wir Einzelheiten über die Umstände. In vielen Fällen sind sie auf bestimmte Ereignisse oder Unterhaltungen zurückzuführen. Obgleich ihr Inhalt häufig an eine bestimmte Person weiterzugeben ist, ist darin meist auch eine erbauliche Botschaft für alle Menschen enthalten. Oft bringt eine Vision die Lösung einer anfänglichen Unsicherheit, nicht nur in geistlichen, sondern auch in weltlichen Fragen; und nicht selten hatte Birgitta mehrere Offenbarungen zum selben Thema, was darauf hindeutet, daß Birgitta nicht immer sofort die volle Tragweite dessen, was sie sah und hörte, erfaßte. Birgitta widerfuhren ihre Offenbarungen auf unterschiedliche Weise. Es wird berichtet, daß sie halbtot wirkte, sobald sie in Verzückung geriet. Zuweilen pflegte sie Gott auch mit ihren Sinnen zu erleben: als fühlbare Bewegung in ihrer Brust oder als Bewegung gleich einem Kind im Mutterleib; manchmal fiel sie

81

einfach in ekstatisches Gebet, oder sie nahm im Beisein eines bösen Menschen einen faulen Geruch wahr.

Sobald die Vision vorüber war, schrieb Birgitta sie nieder oder schilderte sie ihren Beichtvätern auf Schwedisch, was diese dann gewöhnlich ins Lateinische übersetzten. Zu einem großen Teil blieben die Offenbarungen zu ihren Lebzeiten private Dokumente; erst kurz vor ihrem Tod bat Birgitta Alphonso, sie zu Büchern zusammenzufassen und zu veröffentlichen.

Die Alphonsische Ausgabe, der *Liber celestis,* besteht aus sieben Büchern. Sie sind nicht chronologisch geordnet, da die Visionen nicht genau datiert werden können. Die meisten in Buch I-VI fallen wahrscheinlich in die Jahre in Schweden, zwischen 1344 und 1349, ihre in dieser Hinsicht fruchtbarste Periode. Buch VII enthält Offenbarungen, die sie im Heiligen Land hatte. Weitere Bücher und Werke wurden in die späteren Ausgaben ihrer *Revelaciones* eingefügt: Ein achtes Buch, von Alphonso zusammengestellt und betitelt als *Liber celestis imperatoris ad reges,* enthält Birgittas Ratschläge und Schmähungen für bzw. gegen Könige und Kirchenfürsten, den *Sermo angelicus* (eine Sammlung täglicher Lesungen zum Gebrauch für die nächtlichen Gottesdienste im Kloster), *Quattuor oraciones* und die *Regula Salvatoris.* Schließlich finden sich in einem weiteren Buch mit dem Titel *Revelaciones extravagantes* alle Offenbarungen, die in die Ausgabe für ihre Heiligsprechung nicht aufgenommen worden waren, weil sie entweder theologisch zweifelhaft oder einfach unverständlich waren.

Insgesamt bilden die Offenbarungen eine amorphe Masse beinahe oft abstruser, ungeläuterter und sich wiederholender Äußerungen. Dennoch werden bestimmte Themen und Strukturen sichtbar.

Birgitta beschäftigt sich – wie die meisten mittelalterlichen Mystiker – ausführlich mit der Menschheit Chri-

sti. Ihre Meditationen über das Leiden unterscheiden sich jedoch deutlich von solchen ihrer Zeitgenossen und tragen sehr persönliche Züge. Ihre Auffassung vom fleischgewordenen Christus ist stark gefühlsbetont, immer auf Neues und Überraschendes aus, von keinerlei dogmatischer Reflexion in Schranken gehalten. Ihr Christus-Ideal ist ein kreuzfahrender Ritter, der ungeduldig den Kampf gegen die Ungläubigen erwartet. Seine Liebe zu Birgitta und – umfassender – zur Menschheit ist so glühend und mächtig, daß er bei einer Gelegenheit erklärt, er wäre bereit gewesen, für sie zum zweiten Mal den Tod am Kreuz zu sterben. Die Visionen des Leidens sind durch ungezügelten Realismus gefärbt und gleichsam ein Vorgriff auf ähnliche Meditationen, die unter Laien im Laufe des 15. Jahrhunderts beliebt wurden.

Birgitta wurde im 15. Jahrhundert auch wegen ihrer innigen Hingabe an die Jungfrau Maria verehrt, deren Kult in den Jahren nach Birgittas Tod einen unerwarteten Aufschwung erfuhr. Birgitta pflegte ein besonderes Verhältnis zu Maria, ja sie identifizierte sich in hohem Maße mit ihr; ihre Offenbarungen spiegeln getreu die marianische Lehre und Frömmigkeit ihrer Zeit. Maria wirkt wie ein »Sprachrohr« und bestätigt Birgittas Festhalten an der Lehre von der unbefleckten Empfängnis und der ewigen Jungfräulichkeit Mariens; Maria verdeutlicht ihre Aufgabe im Erlösungsgeschehen für die Menschheit.

Birgitta sieht in Maria nicht nur eine *Corredemptrix* (Miterlöserin) und *Mediatrix* (Mittlerin), sondern auch eine *Salvatrix* (Erlöserin) für die Menschheit, ein Titel, der ihr – recht unorthodox – einen Christus nahezu ebenbürtigen Status zuschreibt. In ihre Offenbarungen fügt sie mehrere interessante Einzelheiten ein, die von den kanonisierten Versionen des Lebens Christi oder der Jungfrau Maria abweichen. Birgitta hat z. B. ein neues, eigenes Verständnis von den Schmerzen der Jungfrau am Fuße des Kreuzes und rechnet mit sechs anstelle der traditionellen sieben Leiden. Ihre Vision von der Geburt Christi führte zu einer bedeutsamen Veränderung der Darstellung dieser Szene in der Kunst der italienischen Renaissance: Während Maria vor Birgittas Vision immer im Kindbett dargestellt wurde, kniet sie jetzt in betender Stellung vor dem Neugeborenen, und himmlisches Licht strömt auf sie hinab; das Kind liegt auf einigen Strohhalmen auf dem Boden, nicht mehr im Bett.

Ein weiteres Kennzeichen von Birgittas Spiritualität ist ihr praktisches Interesse an weltlichen Angelegenheiten. Wie bei Caterina von Siena ist ihre Mystik eine missionarische, eine Mystik des Apostolats. In den frühen vierziger Jahren des 14. Jahrhunderts – zu Beginn des Hundertjährigen Krieges (1338–1453) – hatte sie eine Vision, in der Philipp VI. von Frankreich und Edward III. von England in Gestalt wilder Tiere einander zu verschlingen suchten. Auf diese Vision hin sandte sie eine Delegation mit Bischof Hemming von Åbo zu Papst Clemens VI. nach Avignon mit der Aufforderung, Frieden durch die Befürwortung einer Heiratsallianz zwischen den sich bekriegenden Völkern zu stiften. Die Mission schlug fehl.

Birgittas politisches Interesse galt vorrangig den Päpsten in Avignon – »einem Bereich voller Hochmut, Geiz, Selbstgefälligkeit und Korruption« – und deren Rückkehr nach Rom, der wahren Hauptstadt des Christentums. Sobald sie in Rom angekommen war, begannen ihre Versuche, die »babylonische Gefangenschaft« des Papsttums aufzuheben, und sie setzte sich wiederholt für die Rückkehr Urbans V. nach Rom ein. 1367 gelang es ihr und ihren Anhängern endlich, seine Rückkehr zu sichern, und sie warnte ihn davor, jemals wieder nach Avignon zurückzukehren, da er dafür mit dem

Tode bestraft würde. Ihre Prophezeiung ging 1370 in Erfüllung.

Das Rechtsdenken Birgittas spiegelt sich in einem Zyklus von Visionen: den Gerichtsszenen mit den Seelen der Verstorbenen. Christus sitzt zu Gericht, umgeben von himmlischen Heerscharen; ein schwarzer Teufel verkörpert die Anklage und ein Ritter in Engelsgestalt die Verteidigung. Häufig tritt Maria dazwischen, um eine Seele vor der ewigen Verdammnis zu retten.

In Birgittas Stil gibt es keine Anzeichen dafür, daß sie aus einer festen kulturellen Tradition Schwedens heraus gewirkt hätte. Es macht im Gegenteil einen Teil ihrer Bedeutung für ihre Heimat aus, daß Vadstena mit seinem eindrucksvollen Skriptorium zu einem geistigen Zentrum Skandinaviens wurde; seine Gründung markiert den Beginn einer literarischen Kultur in Schweden. Viele Texte Birgittas besitzen eine gewisse Rohheit; ihre Sprache ist einerseits schlicht und einfach, andererseits wird man an den Jahrhunderte später predigenden Abraham a Santa Clara erinnert. Einmal vergleicht sie die Seele mit einem Käse, einen frommen Gedanken mit einem würzigen Wein und den Teufel mit dem bittersten Senf.

Der Birgittenorden

Birgittas Einfluß im 14. Jahrhundert war keineswegs auf Schweden begrenzt. Der Orden, den sie gründete, wurde bald zu einem der reichsten und einflußreichsten in Europa. Schon wenige Jahre nach ihrer Heiligsprechung entstanden Tochterklöster auf dem ganzen Kontinent, und auf seinem Höhepunkt zählte der Orden 79 Niederlassungen; die bedeutendsten waren in Danzig, Lübeck, Köln, Genua, Florenz, Rom und Isleworth in England.

Obgleich manchmal als Doppelorden, also für Frauen und Männer, beschrieben, war er ursprünglich hauptsächlich für Frauen gestiftet. Jedes »Doppelkloster« wurde von einer Äbtissin geleitet. Die Nonnen, höchstens sechzig an der Zahl, sollten von Geistlichen bedient werden, die in einer separaten Klausur lebten und das Nonnenkloster nur betraten, um die Sakramente zu spenden oder eine Beerdigung durchzuführen. Es sollten dreizehn Priester sein (entsprechend den dreizehn Aposteln, wobei Paulus als dreizehnter dazugezählt wurde), vier Diakone (entsprechend den vier Kirchenvätern Ambrosius, Augustinus, Hieronymus und Gregor) und acht Laien, deren Aufgabe vor allem der brüderliche Dienst für die Priester war.

Der Birgittenorden kann auf eine Geschichte der Kontinuität von seiner Gründung bis in unsere Tage zurückblicken; heute noch gibt es Häuser in Deutschland (Altomünster bei München), Holland, England, Spanien, Schweden, Mexiko, Italien und Indien.

Wie die Propheten des Alten Testaments legte Birgitta besonderes Gewicht auf Gottes strenges Gericht über alle, die sich vom Bösen leiten lassen. Sie strebte danach, die Seelen der Menschen zu retten, die kämpfende Kirche zu erneuern und den von der Geistlichkeit und den Laien gleichermaßen entwerteten Moralbegriffen wieder Geltung zu verschaffen. Birgitta war eine glühende Verfechterin universaler Reformen.

Literatur

Bergh, B. (Hg.), Sancta Birgitta, Reuelaciones, Lib. V (SSFS Ser. 2, LS 7,5), 1971/Lib. VII (SSFS Ser. 2, LS 7,7), 1967
Collijn, J. (Hg.), Acta et processus canonisacionis beate Birgitte, Uppsala 1924–1931

Eklund, S. (Hg.), Sancta Birgitta, Opera minora. Regula Saluatoris (SSFS Ser. 2; LS 8,1), 1975

ders. (Hg.), Sancta Birgitta, Opera minora. Sermo Angelicus (SSFS Ser. 2, LS 8,2), 1972

Ekwall, S., Vår äldsta Birgittavita, Stockholm 1965

Flavigny, C. de, Sainte Brigitte de Suède. Sa vie, ses révélations et ses œuvres, Paris ² 1910

Hammerich, F., Den Hellige Birgitta og Kirken in Norden, Copenhagen 1862

Höjer, T., Studier i Vadstena klosters och birgittinordens historia intill midten av 1400-talet, Uppsala 1905

Jørgensen, J., Den hellige Birgitta av Vadstena, 2 Bde., Copenhagen 1941–1943 (engl. Übers. von I. Lund, London 1954)

Klemming, G. E. (Hg.), Heliga Birgittas uppenbarelser. Efter gamla handskrifter, 5 Bde., 1857–1884

Klockars, B., Birgitta von Schweden, Sprachrohr Gottes für Kirche und Welt, Würzburg 1969

Köster, W., Birgitta als Persönlichkeit, in: Großer Entschluß 26 (1970), 135–137

ders., Birgitta som människa, in: Credo (heute: Signum) 54 (1973), 82–85

Kraft, S., Textstudier till Birgittas revelationer, Uppsala 1929

Lundén, T., Den heliga Birgitta. Himmelska uppenbarelser, 4 Bde., Malmö 1957–1959

Montag, U., Das Werk der heiligen Birgitta von Schweden in oberdeutscher Überlieferung, München 1968

Nordenfalk, C., Saint Bridget of Sweden as represented in illuminated manuscripts, New York 1961

Nyberg, T., Birgittinische Klostergründungen des Mittelalters, Lund 1965

Undhagen, C.-G. (Hg.), Sancta Birgitta, Reuelaciones, Lib. I (SSFS Ser. 2, LS 7,1), 1978

Louise Gnädinger

Caterina Benincasa von Siena (1347–1380)

Mystikerin und Politikerin

Meist verläuft die erste Begegnung mit Caterina von Siena, der heiligen Färberstochter aus dem Hause Benincasa, nicht ohne Reibung; ja, das Gespräch mit ihr entsteht oft geradezu aus dem Widerspruch zwischen mächtiger Faszination und ungehaltenem Abstandnehmen. Schon zu Lebzeiten stand ihr kaum jemand gleichgültig gegenüber: Sie übte, wo sie stand und ging, Macht aus über die Seelen, beschlagnahmte jeweils die ganze Person, wenn auch für Gott. Gott und den Menschen ganz hingegeben, stellte sie durch ihr ganzes Wesen harte Forderungen. Da sie in angestrengtem Gebet Kraft zu deren Erfüllung für sich und andere zu erwirken vermochte, ging ein starker, ein unwiderstehlicher Zauber von ihr aus. So schlossen sich ihr bald vielerlei Mitbürger aus Siena – manchmal für sie selbst unerwartet – als Mitarbeiter an, einige kritisierten sie geheim oder öffentlich, »Volksmassen« verehrten sie scheu mit Handkuß.
Im längeren Umgang mit Caterina Benincasa, besonders beim Studium ihrer umfangreichen und stets provokativen Schriften, entsteht das Bild einer Heiligengestalt, die sich auf persönlichste Weise in einen öffentlichen, gesamtkirchlichen und politischen Dienst nehmen ließ, ohne dabei ihren inneren Blick aus dem feurigen Abgrund Gottes abzuziehen. In äußerster existentieller Exponiertheit, in ungebrochenem Sen-

dungsbewußtsein, aber zugleich im Gefühl der Macht-
losigkeit und Vergeblichkeit ihrer Anstrengungen verstarb sie früh, nicht ohne ihre nächsten und geliebtesten
Jünger zu je besonderen kirchlichen Aufgaben verpflichtet zu haben.

Kindheit im Vorzeichen des künftigen Dienstes

Kurz vor der Heimsuchung ganz Europas durch die
Pest (1348) wurde Caterina nach zweiundzwanzig Kin-
dern der damals wohlhabenden Färbersfamilie Benincasa als eine von zwei Zwillingstöchtern geboren. Wäh-
rend die gleichaltrige Schwester bald verstarb, wurde
Caterina als einziges Kind unter den zahlreichen
Geschwistern von der eigenen Mutter gestillt bis in das
Alter, da sie zu sprechen anfing. Sie wuchs in der
Geborgenheit, aber auch vielfachen Dynamik einer
ausgesprochenen Großfamilie auf, wo nebst den Eltern,
den verheirateten und unverheirateten Geschwistern,
Lehrlinge, Angestellte des Färbereibetriebs, Mägde und
in den Haushalt integrierte Verwandtenkinder lebten.
Caterina genoß zudem auffallende Sympathien im gan-
zen Stadtquartier Fontebranda.
Gewiß, sie war in der Familie behütet und umsorgt,
jedoch nicht ohne frühe Kenntnis des Todes durch
Krankheit oder Gewalt, als Folge auch von blutigen
Auseinandersetzungen bei politischen Unruhen in
Siena. Zu Hause war Caterina Ohrenzeugin drastischer
Familienschicksale aus der näheren Umgebung wie von
Berichten über Empörung, Gewaltherrschaft und Krieg
in fast ganz Italien.
Caterina widerfuhr dennoch – vielleicht auch gerade
deshalb – bereits im Kindesalter nicht weit vom elterli-
chen Haus unterhalb der Dominikanerkirche eine tröst-
liche Vision: Über dem nahen Kirchenchor von San

Domenico erscheint der Erlöser Jesus Christus in päpstlichen Gewändern und mit der Tiara angetan. Er ist von Heiligen umstanden, lächelt ihr zu und segnet sie. Von da an fühlt Caterina sich Christus ganz zugehörig und verpflichtet, von ihm ganz in Anspruch genommen. Sie will für ihn unbedingt Seelen retten.

Vorbild sind ihr darin die Predigerbrüder vom benachbarten Kloster. Sie küßt deren Fußspuren, wenn sie auf dem Weg an ihrem Hause vorbeigehen. Schon jetzt wünscht Caterina, stellvertretend Schuld zu übernehmen und zu sühnen: Während andernorts Geißlerzüge zur Buße aufrufen, versammelt sie in kindlicher Nachahmung ihre Gespielinnen zur gemeinsamen Geißelung.

In einem Berufungstraum wählt Caterina unter den verschiedenen Ordenskleidern das weiße Gewand des Ordensvaters Dominikus und natürlich die damit verbundene Lebensform und Spiritualität. Die Familie Benincasa hingegen wünscht Caterina aus familienpolitischen, vielleicht auch finanziellen Gründen möglichst bald zu verheiraten. Auf Zureden der Mutter läßt Caterina sich vorübergehend zur damals üblichen Schönheitspflege junger Mädchen, speziell zum Blondieren ihrer Haare herbei. Sie empfindet dies jedoch gleich schmerzlich als Abfall von ihrer Berufung und Verrat an ihrem Versprechen Gott gegenüber. Zum nachträglichen Entsetzen der Mutter wie der Geschwister rasiert sich Caterina, von einem jungen verwandten Predigermönch so beraten, die gebleichten Haare. Sie setzt damit ein rechtsgültiges Zeichen, daß sie sich unwiderruflich für den Bräutigam Jesus Christus und den Ordensstand entschieden hat. Sie wünscht sich, möglichst rasch in die Gemeinschaft der Mantellaten von Siena aufgenommen zu werden.

Doch nicht nur die Mutter Monna Lapa steht anfangs diesem Vorhaben skeptisch gegenüber; die Mantellaten selbst zögern. Bisher gehörten dieser Gemeinschaft von Buß-Schwestern, die ohne Klausur jede in ihrem Hause leben, ausschließlich verwitwete oder ältere Frauen an. Caterina aber ist noch sehr jung und scheinbar anziehend, in mancher Hinsicht bereits extravagant. Jedenfalls weigert die Gemeinschaft sich zuerst, das Risiko eines solchen Mitglieds auf sich zu nehmen.

Zunächst jubiliert Monna Lapa über die Absage, doch da greift Caterina, wenn auch unbewußt, zur List: Sie wird schwer krank, entstellend krank, und läßt eine Genesung nur erhoffen unter der Bedingung, nachher bei den Buß-Schwestern Aufnahme zu finden. Der Widerstand der Mutter wie der verantwortlichen Mantellaten ist damit gebrochen. Caterina wird, wohl 1364, in den Drittordenszweig der Dominikaner aufgenommen.

Caterina Benincasa, Schwester von der Buße

Folgt man der Lebensbeschreibung ihres späteren geistlichen Vaters, des Dominikaners Raimund von Capua (um 1330–1399), so schloß sich im Leben Caterinas an die Aufnahme bei den Buß-Schwestern vorerst eine längere Zeitspanne strenger Zurückgezogenheit an. Im elterlichen Hause führte Caterina das Leben einer Reklusin in Gebet und Askese. Sie verließ ihr Zimmer nur für den Gang zum Gottesdienst in der nahen Kirche.

Doch selbst in der Abgeschiedenheit verstand Caterina sich als Helferin und Mitarbeiterin, auch als Lückenbüßerin der tätigen Dominikaner: Schlief der Konvent, dann wachte sie im Gebet, erwachte die Klostergemeinschaft beim Glockenzeichen zur Matutin, dann legte sie sich kurz zur Ruhe, um wiederum zu beten, wenn die Mönche ausgingen.

Während ihres zurückgezogenen Lebens verband sich
Caterina zweifellos immer enger Gott. Die in legenda-
rischer Stilisierung überlieferten Stationen ihres Innen-
lebens sind in Bildern der Gemeinschaft und der
Gemeinsamkeit festgehalten: Geistliche Vermählung
mit Jesu Christus im Glauben (*sposalizio*); Herzens-

tausch mit Jesus Christus; Leidensgemeinschaft mit Jesus Christus durch die Wahl der Dornenkrone und den Empfang der Stigmata; mystischer Tod durch die ekstatische Vereinigung mit Gott. Jede besondere Gotteserfahrung hatte sich jeweils in der Übernahme einer neuen Aufgabe zu bewähren.

Der erste »Ausbruch« aus der Zelle erfolgt auf Gottes Geheiß: Caterina soll wieder am gemeinsamen Familientisch essen. Ihr öffentliches Leben beginnt auf diese Weise mit der Teilnahme am Leben der nächsten Angehörigen.

Doch weist das *sposalizio* weiter. Durch die öffentliche Arbeit in der politisch wie kirchenpolitisch katastrophal wirren Zeit soll Caterina fruchtbar sein, in Tränen und Schweiß, wie sie selbst metaphorisch sagt, Seelen gebären. Der Marthadienst bleibt nicht auf das eigene Haus beschränkt, er wird sich im Fächer der Werke der Barmherzigkeit ungeahnt erweitern: zuerst Krankenpflege an unduldsamen Mitschwestern mit abschreckenden oder ansteckenden Übeln, eigenhändiges Begraben der Toten; dann Speisung der Armen aus der väterlichen Vorratskammer, Bekleidung eines Nackten mit dem eigenen Kleid vom Leibe weg und mit weiteren Textilien aus dem Kasten der Angehörigen. Caterina besucht Gefangene, spricht verstockten Wüstlingen zu. Ihre charismatische Gabe zu trösten und zu bekehren erscheint meist wie ein Wunder. Sie begleitet zum Tode Verurteilte bis zur Richtstätte; deren Blut will sie nicht aus ihren Kleidern auswaschen, denn sie riecht darin das Blut des Erlösers.

Caterina und ihre famiglia: Kreuzzugspropaganda und politische Tätigkeit

Kaum hat sich Caterina aus ihrer Zelle herausbegeben (um 1368), beginnt sich um sie eine geistliche Familie zu formieren. Deren Glieder fühlen sich, außer durch ihre Person, durch eine Gebets- und Lebensgemeinschaft verbunden. Verschieden im gesellschaftlichen Stand, der Veranlagung, dem Alter und dem Geschlecht nach, findet sich jeder persönlich angesprochen durch die Anwesenheit der *dolcissima mamma*, der liebreichen Mutter Caterina. Die Reform der Kirche an Haupt und Gliedern, vorerst im Kreis der *famiglia* praktiziert, schwebt ihr als verlockendes und antreibendes Ziel vor. Im Mai 1374 wurde Caterina vor das Generalkapitel der Dominikaner nach Florenz berufen. Sie sollte sich ihrer neuartigen Lebensweise wegen verantworten. Eventuell mußte sie sich ihrer Visionen und der ihr zugeschriebenen Mirakel wegen rechtfertigen, sich vielleicht einer Prüfung ihres theologischen Wissens unterziehen. Die Akten dieses Kapitels gingen leider verloren; Caterina wurde jedoch rehabilitiert, wenn nicht gar mit neuen Aufgaben und politischen Aufträgen betraut. Der Dominikaner Raimund von Capua wurde ihr als Seelenführer beigegeben; er blieb fortan ihr Mitarbeiter. Mit ihm zusammen nahm Caterinas öffentliche Tätigkeit weitreichende Formen an.

Seit dem Generalkapitel stellte sich Caterina vehement in den Dienst des heute nurmehr schwer nachvollziehbaren Kreuzzugsgedankens. Tatsächlich stand damals das kleine christliche Königreich Zypern vor dem Untergang durch die Bedrohung der islamischen Türken. 1375 erschien ein Gesandter der Königin von Zypern, um beim Papst und den christlichen Fürsten Hilfe zu erbitten. Kreuzzugsbullen ergingen nun vor allem an die Bettelorden; so eine am 1. Juli 1375.

Ebenfalls im Juli 1375 erhob sich die nationale Empörung aus Unzufriedenheit mit den päpstlich-avignonesischen Statthaltern gegen Rom: Mailand, Florenz, Siena bildeten eine Liga gegen Rom. Caterina versuchte, Pisa und Lucca vom antipäpstlichen Bündnis abzuhalten.

1375 weilten Caterina und ihre famiglia das ganze Jahr in Pisa; von dort sandte sie ihre werbenden Kreuzzugsschreiben in die ganze Welt. Caterinas Propagandatätigkeit reichte bis weit ins Jahr 1376. Die »Heilige Fahrt«, in Italien schon länger ein aktuelles Vorhaben, wird überaus dringlich: »Gott will es, und ich will es«, schreibt Caterina öfter. Das komplexe Ziel, Golgotha und das Heilige Land aus den Händen der Ungläubigen zu befreien, die Ungläubigen selbst dadurch zu erretten, Italien in diesem gemeinsamen Unternehmen zu einen, wenn nicht gar zu befrieden, indem der Kriegsschauplatz übers Meer transferiert wird – solche und ähnliche Überlegungen mögen Caterina in ihrem Briefdiktat beflügelt haben. Darüber hinaus eröffnete sich ihr im Kreuzzugsgedanken die Möglichkeit des Martyriums, die äußerste Hingabe ihres Lebens, ihres Blutes: Ihr Blut um Christi Blut, Blut um Blut! Caterinas Blut-Theologie scheint sich in diesem Zusammenhang selbst zu überschlagen.

Ohne Rückkehr des Papstes aus dem Exil in Avignon war sicher kein Kreuzzug und keine Befriedung der zerstrittenen Territorialfürstentümer in Italien möglich. Deshalb wandte sich Caterina seit Anfang Februar 1376 in kühnen, zuweilen verwegenen Briefen an Papst Gregor XI. (Pierre Roger de Beaufort, 1329–1378) in Avignon. Im selben Jahr reiste Caterina mit ihrer Begleitung als Vermittlerin zwischen dem aufständischen Florenz und dem Papst nach Avignon. Vergeblich versuchte sie, mäßigend einzuwirken: Florenz hatte Friedensabsichten nur vorgetäuscht. Immerhin kehrte auf Caterinas Drängen am 13. September 1376 das Papsttum für immer aus dem Exil in Avignon zu den Apostelgräbern von Rom zurück. Am 17. Januar 1377 zieht Gregor XI. endlich in Rom ein.

Doch der Friede ist damit keineswegs hergestellt. Florenz blieb wegen Insubordination im Bann, und Caterina übernahm bei eigener Lebensgefahr nochmals die Friedensvermittlung. Doch kaum schien sich 1378 ein Einvernehmen zwischen Gregor XI. und Florenz sowie der Liga anzubahnen, da starb der zurückgekehrte Papst plötzlich. Nun drohte nach der neuen chaotischen Papstwahl das Große Abendländische Schisma (1378–1417).

Als Stütze Papst Urbans VI. hofften Caterina und ihre famiglia erfolgreich gegen das Schisma anzugehen. Nach mancherlei kriegerischem Hin und Her drängte die Aussichtslosigkeit der kirchenpolitischen Lage Caterina zum Angebot des eigenen Lebens für den Frieden und die Einheit der Kirche. Nach ihren Worten hat Gott ihr Herz auf dem Antlitz der Kirche zerdrückt und ausgedrückt, damit sie sich im Blute reinige. Darin bestand nun Caterinas Martyrium, an dem sie am 29. April 1380 in Rom verstarb. Kurz zuvor hatte sie in einer Vision das untergehende Schiff der Kirche auf ihre Schultern fallen sehen; nun hatte es sie zerdrückt.

Verschiedene Mitglieder von Caterinas famiglia wirkten nach deren Tod in der urbanistischen Partei weiterhin für die Einheit, den Frieden und die Erneuerung der Kirche, die Caterina auf Erden nicht sah.

Caterinas Werk und Lehre

Immer schon erschien Caterinas politische Tätigkeit zwiespältig, und deren Beurteilung blieb bis heute kontrovers. Nicht nur zu keinem Ränkespiel bereit, verzichtete sie auch auf jegliche diplomatische Vorsicht: Sie betrieb eine spirituelle, rein religiös begründete Politik. Ihre Friedensbemühungen gingen alle dahin, den im Papsttum repräsentierten Christus auf Erden in seiner Integrität wiederherzustellen. Mit der Heilung des kirchlichen »Körpers« sollte eine geistige Reform und seelische Erneuerung einhergehen, damit das Erlöserblut Christi in diesem Organismus wiederum heilsam zirkuliere.

Etwa seit dem Jahre 1368 arbeiteten schreibgewandte Mitglieder der famiglia an der Korrespondenz Caterinas; in ihren letzten Lebensjahren schrieben gleich drei Sekretäre nach ihrem Diktat. Sie notierten auch die von Caterina in der Entrückung gesprochenen theologischen Meditationen mit; etwa zwei Dutzend dieser wahrhaft großartigen Gebete sind in ihrem genauen Wortlaut überliefert.

Ende 1377 bis Herbst 1378 arbeitete Caterina am »Buch«, ihrem schriftlichen Vermächtnis, das nach ihrem Tode unter dem Titel *Dialogo, Zwiegespräch über Gottes Vorsehung*, Verbreitung fand. Dieses »Buch« stellt so etwas wie eine Summa der in den ungefähr 380 erhaltenen Briefen erteilten Lehren dar. Caterinas gebethafte Ansprachen an Gott hinwiederum korrespondieren mit den intensivsten, ebenfalls gebethaften Stellen des Dialogo. Die Briefe indes wirken heute vielleicht darum wie Fragmente aus dem Lehrgebäude des »Buches«, weil von ihnen jeweils nur die unterweisenden Abschnitte, nicht aber die zumeist beigefügten persönlichen Mitteilungen überliefert wurden. Dies bedeutet sicher einen enormen Verlust an Information über das interne Leben von Caterinas famiglia, stellt aber wohl eine Beschneidung des Briefcorpus dar, wie sie im Sinne der Heiligen gelegen haben wird: Caterina kamen die rein privaten Vorkommnisse ohnehin als nebensächliche Begleitumstände vor. Das individuelle, gar persönlich geprägte Auf und Ab des täglichen Lebens erschien ihr allzu geringfügig in dem Zeiten und Räume umfassenden Heilsplan Gottes.

Sein war für Caterina, grob gesprochen, Gehorsam Gott gegenüber. In ihrer Sicht hatte sich das menschliche Leben in einem ungeheuren Spannungsfeld abzuspielen: Der Mensch, aus sich selbst ein Nichts, kann durch das Entgegenkommen Gottes das volle Sein erhalten; er kann vergöttlicht, »Gott« werden, wenn er nur will. Dieser Weg steht offen – gemäß johanneischer und paulinischer Theologie – im Gottmenschen Jesus Christus.

Caterinas »Buch« stellt Fragen an Gott, die diesen Heilsweg betreffen, Fragen auch, die sich auf Kirche und Welt beziehen. Sie übermittelt die ihr in der Schau zugekommenen Antworten Gottes. Caterinas Fragen entstammen alle ihrem Leiden am bestehenden Unheil und der Hoffnung auf das Heil für alle. In schlichten und dennoch überwältigenden und großartigen Bildkomplexen berichtet sie von ihren Einsichten in Gottes Heilsstrategie. Diese beruht auf Gottes Liebe, die dem Menschen stets über alles Erwarten zuvorkommt, die nach einem sie rechtfertigenden Grund nicht fragt, auf Gegenliebe nichts abstellt. Caterinas Lehre von der Gottes- und Selbsterkenntnis – auf den Bekenntnisschriften des Kirchenvaters Augustinus beruhend – soll als Beispiel in kurzen Zügen zusammengefaßt werden. Eine willentlich vollzogene, die ganze Existenz ergreifende Kehrtwendung des Menschen bildet den Anfang seines Heilswegs. Insgeheim freilich hat Gott den Menschen »überlistet«: Er lockt ihn auf den oft beschwerlichen Weg, indem er jedem einzelnen in einem Akt menschlicher Selbsterkenntnis nicht nur die Begrenztheit und das Elend des irdischen Daseins, sondern gleichzeitig die Würde und Schönheit von Gottes Geschöpf aufscheinen läßt. In seiner Einkehr bei sich

selbst erfahren, nach Caterina, des Menschen Geist und
Gemüt, daß ihrem Seligkeits- und Glücksverlangen nur
Gott selbst entsprechen kann. Doch entdeckt nach
Caterinas Lehre der Mensch im Haus und in der Zelle
der Selbsterkenntnis beim Abstieg in den Brunnen der
Selbsterkenntnis, daß Gott bereits persönliche Liebes-
zeichen gegeben hat. Die Wohltat des eigenen persönlichen Daseins kann man nur Gott, dem ursprünglichen
und absoluten Sein verdanken, niemals sich selbst. Ein
solches Geschenk kann seine Erwiderung vom
Geschöpf nur in Dank und Lob an den Schöpfer finden.
Die erkannte Wohltat des eigenen Lebens ist es eigentlich, die Gottes Größe und Schönheit aufzeigt. Hat nun
Gott zuerst geliebt, so soll der Mensch hinwiederum
lieben, wenn auch immer nachträglich und spät.
Caterina leitet aus der Entdeckung von Gottes unge-
schuldeter, grundloser, vom Anspruch auf Gegenliebe
freier Liebe eine merkwürdige Weise der Nachahmung
Gottes ab. Kommt Gott immer zuvor und liebt er,
seinem Wesen entsprechend, unendlich, ist er auf
direkte Gegenliebe auch gar nicht angewiesen. Doch
will er vom Menschen nachgeahmt sein: Wie er zuvor-
kommend, ohne Anspruch auf Gegenliebe oder auch
nur Dank liebt, so soll jeder seinen Mitmenschen lieben.
In solcher Imitation Gottes erfüllt sich das Gebot der
Gottes- und Nächstenliebe. Durch solche Nachahmung kehrt aber auch der Liebesstrom und mit ihm der
Mensch an seinen Ursprung zurück, gelangt er an sein
Ziel.
Trotz der Schwierigkeit, dieses Ziel zu beschreiben,
versäumte es Caterina nicht, in ihren Briefen und
übrigen Schriften eine Vorstellung von Gott zu geben.
Sie sah wohl in besonderen Schauungen »den feurigen
Abgrund« und »das ruhige Meer«, in denen sie Gott
erkannte. Redend, schreibend und handelnd versuchte
sie, sich dem offenbaren Geheimnis Gottes anzuglei-

chen, sich erkenntlich zu zeigen, sich darin zu verlieren, ohne dabei Gott gegenüber vermessen zu sein, aber auch ohne in der Anstrengung nachzulassen, die konkreten Gegebenheiten entsprechend der Einsicht in Gottes Liebe zu ordnen.

Noch viel bliebe über Caterinas »Theologie« zu sagen. Die Gemeinschaft der famiglia, die Caterinati, blieb überzeugt, daß ihre Lehrmeisterin – sie trägt heute den seltenen Titel Kirchenlehrerin – einzig durch Gott belehrt war. Zwar schulte sich Caterina an theologischen Vorbildern – der Apostel Paulus, der Evangelist Johannes, der Kirchenvater Augustinus, der Kirchenlehrer Thomas von Aquin, die Erbauungsschriftsteller Domenico Cavalca und Ubaldino von Casale gehören zu ihnen –, doch sprach und handelte sie aus eigener Gotteserfahrung. Ihr Reden und Schreiben davon hätte nach ihrem Willen die Welt zugleich befrieden und in Brand stecken sollen. In dieser Hinsicht bleiben Werk und Lehre Caterinas unvollendet bis heute.

Literatur

Barth, H. M. (Hg.), Caterina von Siena. Meditative Gebete, Einsiedeln 1980

Cavallini, G. (Hg.), S. Caterina da Siena. Il dialogo della divina Provvidenza ovvero Libro della divina Dottrina, Roma 1968

dies., S. Caterina da Siena. Le Orazioni, Roma 1978

Dupré Theseider, E. (Hg.), Epistolario di Santa Caterina da Siena, Roma 1940

Falassi, A., La Santa dell'Oca. Vita, morte e miracoli di Caterina da Siena, Milano 1980

Ferretti, M. L. (Hg.), Lettere di S. Caterina da Siena, 5 Bde., Siena 1918

Gertz, B., Mehr sage ich nicht. Die prophetische Kirchenkritik der Caterina von Siena, in: Internationale katholische Zeitschrift Communio 3 (1974) 132–148

Getto, G., Letteratura religioso del Trecento, Firenze 1967 (109–

267: L'intuizione mistica e l'espressione letteraria di Caterina da Siena)

Gnädinger, L. (Hg.), Caterina von Siena. Briefe und andere Texte, Olten 1980

dies., Feuertränen. Caterina von Sienas Tränen-Lehre und Tränen-Erfahrung, in: Geist und Leben 54 (1981) 85—98

Meattini, U. (Hg.), Santa Caterina da Siena. Epistolario, Roma ³1979

Misciattelli, P. (Hg.), Le Lettere di S. Caterina da Siena, 6 Bde., Firenze ²1970

Nigg, W./Loose, H. N., Katharina von Siena. Die Lehrerin der Kirche, Freiburg 1980

Schenker, A. (Hg.), Das Leben der heiligen Katharina von Siena (Legenda maior des Raimund von Capua), Düsseldorf 1965

Maria Keller

Caritas Pirckheimer
(1467–1532)

Eine Ordensfrau in der Zeit des Humanismus und der Reformation

»Jungfrau, hervorragend geschult in der römischen Sprache,
Glanzlicht und Krone der Jungfrauen, . . .
Du bist eine seltene Zier unter den Deutschen, . . .
Als Gelehrte folgst Du dem gelehrten Vater nach, . . .
Als Gelehrte folgst Du, die Keusche, Deinem gelehrten Bruder Willibald in der Stadt Nürnberg nach, . . .
Jungfrau, höchste Zier Deutschlands,
Caritas, die ich in meinem Herzen immer verehren werde als Jungfrau« (Katalog, 136).
Solches Lob, aus der Feder des fränkischen Philosophen und »Dichterfürsten« Conrad Celtis, galt 1502 der Nürnberger Ordensfrau Caritas Pirckheimer. Ungewöhnlich gebildet für eine Frau ihrer Zeit, zog sie das Interesse vieler großer Denker und Neuerer auf sich, besonders aus dem Kreise der Humanisten. Zwei Jahrzehnte nach der Ode des Poeten Celtis rückte sie unfreiwillig in den Brennpunkt der reformatorischen Bewegung in der Freien Reichsstadt Nürnberg. Unerwartet stießen die Reformatoren bei der Äbtissin Caritas auf fundierten Widerstand. Die bitteren Jahre des Ausharrens im heimlichen Zentrum der Reformation offenbarten ihre Größe.

103

Am 21. März 1467 wurde Barbara – »Caritas« war ihr späterer Klostername – als ältestes von neun Kindern der Bürgerfamilie Johannes Pirckheimer in Eichstätt geboren. Beide Eltern entstammten vornehmen und reichen Nürnberger Patrizierhäusern. Barbara zeichnete sich als erwachsene Frau durch eine selten harmonische Verbindung von intellektueller Bildung, tiefer Frömmigkeit und Zuneigung zu ihren Mitmenschen aus. Die Wurzeln ihrer Persönlichkeit liegen in ihrer Familie.

Der Pirckheimer-Linie entstammten viele hochgelehrte Frauen und Männer: so der Vater, Bischöflicher Rat und Doktor beider Rechte, der Großvater Hans, Kaufmann und Nürnberger Ratsherr, und der Bruder Willibald, der als Nürnberger Ratsherr eine bedeutende Rolle im deutschen Humanismus spielte. Sie alle, die bei ihren langjährigen Studien in Italien die Renaissance der antiken Gedankenwelt erlebt, verinnerlicht und reiche Büchersammlungen mit nach Nürnberg gebracht hatten, übten auf Barbaras geistige Entwicklung besonderen Einfluß aus.

Auffällig innerhalb der Familie ist die Neigung zum geistlichen Beruf: Neben Barbara erwählten sechs ihrer sieben Schwestern das Ordensleben, später drei der fünf Töchter Willibalds und, nach dem Tode der Mutter, sogar ihr Vater.

Das Mädchen Barbara wuchs sowohl im Geiste des katholischen Glaubens als auch im Geiste des deutschen Humanismus heran. Dieser wollte – so der »Erzhumanist« Celtis – als eine intellektuelle Bildungs- und moralische Erziehungsbewegung verstanden sein, die den Menschen der göttlichen Vollendung und Vollkommenheit annähert. Viele der bildungsmäßig aufstrebenden Bürger widmeten sich damals dem Studium der Klassiker und entnahmen der antiken Popularphilosophie Anregungen zur Gestaltung ihres privaten und öffentlichen Lebens. So konnte der humanistischen Bewegung eine Fülle von Reformansätzen entspringen, immer unter dem Vorzeichen des Dienstes am wahren und edlen Menschsein. Ursprünglich gründet diese Geistesströmung also nicht in einer antikirchlichen oder antichristlichen Haltung, wie manche Entwicklungen des 16. Jahrhunderts vermuten lassen.

Es ist nicht ganz gesichert, doch lassen ältere Forschungsergebnisse dies vermuten, daß Barbara 1475 als Achtjährige in die Obhut des großelterlichen Patrizierhauses nach Nürnberg kam – mitten hinein in eine Atmosphäre, die ihren Fähigkeiten überaus förderlich war. Große Herzlichkeit und mütterliche Zuneigung, Fundament der seelischen Entwicklung eines Kindes, brachte ihr die Stiefgroßmutter Walburga entgegen. Eine mütterliche Lehrerin war die gebildete und fromme Großtante Katharina. Der Großvater vermittelte ihr wohl die ersten Kenntnisse der lateinischen Sprache und führte sie zur lebendigen Begegnung mit der neuen humanistischen Bildung und Literatur; das Pirckheimer-Haus bot eine große Bibliothek und Begegnungen mit dem gebildeten Bürgertum Nürnbergs.

Die Freie Reichsstadt zeichnete sich damals durch eine ungewöhnlich große geistige Offenheit aus. Als zentraler Verkehrsknotenpunkt, Umschlagplatz eines regen Fernhandels und Ort qualifizierten Handwerks galt sie als Mittelpunkt des Reiches und Nachrichtenbörse. Luther nannte sie einmal »Auge und Ohr Deutschlands«.

Neben der ersten Konfrontation mit Ideen des Humanismus erfuhr das Mädchen im Patrizierhaus Pirckheimer noch eine Prägung anderer Art: Die Ratsherren besaßen eine unbeugsame, selbstbewußte Haltung gegenüber jeglicher Obrigkeit; sie »wollten keinen Zwingherren über ihr Gewissen anerkennen« (Imhoff, in: Imhoff/ Deichstetter, 9).

Die Erziehung im Kloster St. Klara

Mit zwölf Jahren, 1479, kam Barbara zur weiteren Ausbildung ins bedeutendste Frauenkloster Nürnbergs, nach St. Klara. Mangels öffentlicher Schulen, besonders für Mädchen, war klösterliche Bildung die einzige Chance für die Töchter wohlhabender Eltern. Nach einer grundlegenden Selbstreform im 15. Jahrhundert galt der Klarissenkonvent weithin als Musterkloster inmitten einer allgemein stark zerfallenden Kirchlichkeit. St. Klara zeichnete sich durch eine radikale Besinnung auf die ursprünglichen christlichen Werte und die klösterliche Ordnung aus: Der Lebensrhythmus orientierte sich streng am Vorbild des hl. Franziskus und der hl. Klara. Das Leben war geprägt von Stundengebet, Fastenregeln und vielfältiger manueller und geistiger Arbeit. Die geistliche Auseinandersetzung wurde vertieft durch tägliche lateinische Schriftlesungen, das Studium der Kirchenväter, Meditationen und vor allem durch Predigten bedeutender Franziskanerpatres. Im Zuge des Humanismus war auch antike Literatur zentraler Bildungsgegenstand geworden.

Aus der ersten Zeit Barbaras in dieser geistig und spirituell anregenden Atmosphäre weiß man nur Weniges. Vermutlich trat Barbara bereits 1483, mit sechzehn Jahren also, in die Schwesterngemeinschaft ein und erhielt daraufhin den Namen »Caritas« (= Liebe).

»Ein milder Brunnen der Liebe«

Caritas pflegte von der Klausur aus eine Reihe von herzlichen und vertrauensvollen Kontakten – schriftlich, oft auf lateinisch, und mündlich, am verhängten Redefenster des Klosters. Die ersten Dokumente, die Licht werfen auf ihr Wesen, ihre Schwächen und Stärken, ihre geistige und menschliche Haltung, sind die »Vierzig Sendbriefe« (1498–1506) des Propstes von St. Lorenz, Sixtus Tucher, die zwar für den Konvent bestimmt, jedoch beinahe alle an Caritas adressiert sind. Leider sind die Antworten von Caritas nicht erhalten. Hauptinhalt der Korrespondenz waren Fragen des geistlichen Lebens. Man begegnet darin dem vom Humanismus geprägten Bemühen der Klarissen, formale Bildung des Geistes mit einer mystischen Tiefe der Religiosität harmonisch zu vereinen. Sixtus Tucher gab geistliche Orientierung.

Man begegnet in den Briefen einer tiefen und offenen Freundschaft. Immer wieder warnte der Propst die sich selbst gegenüber so konsequente Klosterfrau vor übermäßiger Askese. Caritas neigte nämlich dazu, auf Kosten ihrer Gesundheit das Fasten zu übertreiben. Für Tucher selbst waren die Briefe von Caritas stets außerordentlich »süß und lieb« (Brief 12); sie bedeuteten ihm nicht nur Freude, sondern darüber hinaus »einen Trunk lebendigen Wassers« (Brief 38).

Das freundschaftliche gegenseitige Geben und Nehmen in der Verbindung mit Sixtus Tucher ist ein Beispiel für die Kontakte zu vielen anderen Männern, die bei Caritas herzliches Mitgefühl, tiefes Verständnis, geistlichen Trost und innere Förderung suchten, wenn sie im Leben hart gefordert wurden. Vor allem aber war sie ihren Mitschwestern ein »milder Brunnen der Liebe«, wie sie Tucher in einem an sie gerichteten Brief nennt. Im Klosterleben galt Caritas als vorbildlich; ihre Aufgabe als Novizenmeisterin erfüllte sie mit Güte und Fleiß. 1503 wurde sie daher einstimmig in das verantwortungsvolle Amt der Äbtissin gewählt.

In enger und ehrender Verbindung mit Caritas stand ihr Bruder Willibald, der seit 1495 in Nürnberg ansässig war. Neben Albrecht Dürer war sie sein vertrautester Gesprächspartner für persönliche Sorgen und Nöte. Er wiederum diente seiner Schwester als eine Art geistiger Vater; er versorgte sie mit Büchern und Anregungen und beriet sie in weltlichen Angelegenheiten.

Ohne Zweifel war der Ratsherr Pirckheimer maßgeblich daran beteiligt, daß verschiedene seiner humanistischen Freunde auf die ungewöhnlich eigenständig denkende Klosterfrau Caritas aufmerksam wurden; denn Nürnberg war einer der zentralen Treffpunkte des europäischen Humanistenkreises, und im Hause Pirckheimer liefen viele Fäden zusammen. Der englische Humanist Thomas Morus, von dem das Bekenntnis stammt: »Ich habe nie daran gedacht, einer Sache zuzustimmen, die gegen mein Gewissen gewesen wäre«, schätzte die Klosterfrau als »Unbequeme und Eigenwillige«.

In ihrer unaufdringlichen und bescheidenen Art wuchs Caritas allmählich in den weiteren Kreis der Humanisten hinein, dem u. a. Männer wie Conrad Celtis, Johannes Reuchlin, Erasmus von Rotterdam und Christoph Scheurl angehörten. Nach der Jahrhundertwende wurde es üblich – so schreibt C. Scheurl –, »daß jeder, der hohen Geistes oder besonderen Ansehens war, die Äbtissin von St. Klaren aufsuchte, ihre Gelehrsamkeit, ihre Humanität, Beredsamkeit, Weisheit und Lauterkeit verehrte, denn diese bedeutende Frau ist in Wahrheit eine Zierde ihres Geschlechts« (Krabbel, 56).

Man spürt beim Lesen der in Latein geschriebenen Briefe Caritas Pirckheimers die Klarheit und Bewußtheit ihres Glaubens, Denkens und Handelns; die Briefe spiegeln Augenblicke voller Heiterkeit, zeugen von mitfühlender Nähe und echter Anteilnahme an Gesundheit und Seelenheil der Brief- und Gesprächspartner.

Mitunter sah sich Caritas veranlaßt, den einen oder anderen Gelehrten, der sich in ihren Augen der antiken Philosophie und heidnischen Gedanken zu sehr verschrieben hatte, sanft, aber doch entschieden auf die richtige Rangordnung der Werte hinzuweisen und ihn aufzufordern, ein angemessenes Verhältnis zur Wissenschaft herzustellen. In ihrem Brief an Conrad Celtis (1502) lesen wir, wovon sie zutiefst überzeugt war: »Deshalb bitte ich Euch auf das dringlichste, die weltliche Philosophie zwar nicht aufzugeben, sie aber höher zu entwickeln, das heißt von den Schriften der Heiden zu den heiligen Büchern, von dem Irdischen zum Himmlischen, vom Geschöpfe zum Schöpfer Euch zu erheben. Denn wohin würden alle Kreaturen geraten, wenn der Schöpfer sie preisgäbe? Dies könnte leicht geschehen, wenn wir – was ferne von uns sei – die Geschöpfe dem Schöpfer vorzögen. Obgleich daher keine Wissenschaft noch irgendeine Kenntnis von einer Sache, welche gut und Gott selbst angeordnet, zu verwerfen ist, so muß doch stets die mystische Theologie und ein tugendhaftes Leben den Vorrang bedeuten« (Briefe, 107).

Die tiefste Wurzel ihres Lebens und des Lebens des ganzen Konvents war – Caritas betonte dies immer wieder – die Heilige Schrift. Allein in der Orientierung an ihr und in der freien Entscheidung des Gewissens sah Caritas ihr Leben verankert. Ihre Entscheidung für das Leben in klösterlicher Gemeinschaft ist zu verstehen als Ergebnis ständiger Auseinandersetzung mit der theologischen und kirchlichen Überlieferung. Kirche war für sie *der* Ort, in dem die Schrift auszulegen sei; in lebendiger Tradition wirke die frühe Kirche in ihr fort.

109

Daraus resultierte auch das Festhalten der Äbtissin an der Notwendigkeit der Weihe und des Amtes. Die apostolische Sukzession der Bischöfe war für sie ein unverzichtbares Moment für die Wahrheit des Glaubens, der *geschichtlich* von Jesus Christus und seinem Jüngerkreis herkommt. Der Glaube ist nicht nur ein unmittelbares Geschehen zwischen Gott und Mensch.

Zwanzig Jahre erfüllte Caritas auf dieser Basis ihre Aufgaben als allseits geliebte Äbtissin in Ruhe und Hingabe: die Erziehung der Mädchen, die Sorge für das geistige und leibliche Wohl des Konvents, die wirtschaftliche Verantwortung, die Durchführung einiger Bauvorhaben und vieles andere. Eine ihrer Mitschwestern schreibt von ihr: »Ich habe eine getreue, freundliche, liebe Würdige Mutter an ihr, mehr als ich sagen oder schreiben kann, und wünschte niemals in meinem Leben einen Wechsel« (Krabbel, 54).

Die reformatorische Kontroverse in Nürnberg

In Nürnberg außerhalb der Mauern von St. Klara gärte es unterdessen schon lange. Die humanistische Bildungsbewegung hatte zu einer Verlagerung der Macht von der Kirche auf das Bürgertum geführt. Durch geschicktes Agieren des Rates der Stadt war eine weitgehende Unabhängigkeit von den Bischöfen entstanden: Beide Hauptkirchen Nürnbergs, St. Lorenz und St. Sebald, unterstanden längst der weltlichen Jurisdiktion patrizischer Pröpste. Ein kirchlichen Reformen aufgeschlossener Kreis – er hatte sich um den Professor und Generalvikar des Augustinerordens Johannes von Staupitz gebildet, und ein großer Teil der einflußreichen Nürnberger Ratsherren wie etwa Willibald Pirckheimer gehörte dazu – konnte beinahe ungehindert die Ausbreitung der Gedanken Luthers durchsetzen.

1525 begannen die Religionsgespräche in Nürnberg. Das Ziel war klar: Der Rat der Stadt wollte die bisherige geistliche und kirchliche Ordnung umstoßen und durch neue Bestimmungen ersetzen. Die Aufhebung aller Klöster galt als beschlossene Sache. Dies geschah nicht nur in böser Absicht; Klöster machten z. T. durch ihren Reichtum und ihren aufwendigen Lebensstil die christliche Botschaft unglaubwürdig. Mißstände und Verweltlichung hatten Einzug gehalten.

Unter Berufung auf die christliche Freiheit, die sich nur an der Heiligen Schrift (sola scriptura) zu orientieren habe, ließ der Rat die Klöster wissen, »die Gesetze der Kirche und auch die Gelübde der Geistlichen hätten keine Geltung und niemand sei schuldig, sie zu halten« (Krabbel, 88). »Und so kam es«, schreibt Caritas weiter, »daß viele Nonnen und Mönche, die von dieser Freiheit Gebrauch machten, aus den Klöstern liefen, ihren Orden und ihr Habit hinwarfen, etliche sich verheirateten und taten, was sie wollten« (Krabbel, 88). Lediglich vier Klöster leisteten den neuen Ideen und den bald einsetzenden Repressionen wirklich Widerstand. Schließlich waren es nur noch die Klarissen, die eindeutig gegen das Stadtregiment Stellung bezogen. Geschlossen beharrte der Konvent unter der Leitung seiner Äbtissin auf der Entscheidung, das Kloster nicht zu verlassen.

Der Rat der Stadt hatte Sorge, das Beispiel der Klarissen könnte Schule machen. Die Ratsherren wußten: Wenn sie Caritas »auf ihrem Standpunkt hätten, so hätten sie die ganze Landschaft« (Krabbel, 118). Entsprechend intensiv bemühten sich die Stadtväter, die Äbtissin umzustimmen. Gespräche, Unterrichtungen, Drohungen und Beschimpfungen lösten einander ab.

Den konsequenten Widerstand der Schwestern – zunächst verließ keine einzige das Kloster – führte man nicht zuletzt auf die Haltung der Franziskanerpatres zurück, die die Schwestern geistlich betreuten. Im Anschluß an die Religionsgespräche vom März 1525 mußten jene folglich ihren Dienst als Priester und Beichtväter quittieren. »Laienpriester« und Prediger neuen Geistes sollten an ihre Stelle treten. Dies bedeutete für die Schwestern: Verbot der Messe, Entzug der Sakramente und aufgezwungene Predigtzyklen von prominenten Männern wie Osiander, Poliander, Schleupner und Koberer. Nie habe sie, so berichtet Caritas, ein seltsameres Evangelium mit soviel Schimpfen und Schmähen gehört.

Der Nürnberger Pöbel drohte den Schwestern, sie aus dem Kloster zu treiben und dieses zu zerstören. Drei Patriziergattinnen holten ihre Töchter gegen deren Willen aus dem Kloster. Der Rat wollte massiv in die Ordensregeln eingreifen; seine Forderungen lauteten: Entbindung der Schwestern von allen Gelübden, Erlaubnis des Ordensaustritts, Ablegen der Ordenstracht, Umwandlung der verhängten Redefenster in Gesichtsfenster, Erstellung eines Inventars über allen Besitz und alle Einkünfte. Der Konvent erfüllte nur die beiden letzten Forderungen.

Die Kontroversen dieser Zeit waren für die Schwestern außerordentlich aufreibend und bitter. Eindrucksvoll dokumentiert Caritas in ihren »Denkwürdigkeiten« die Dramatik der Jahre 1524—28: »Viele der Mächtigen und Geschlechter kamen tagsüber zu ihren Freunden, die sie bei uns im Kloster hatten; sie . . . sprachen von der neuen Lehre und disputierten unaufhörlich, wie der Klosterstand zu verdammen, ja eine Verführung sei, daß es nicht möglich sei, darin selig zu werden, denn wir seien alle des Teufels« (Krabbel, 88). Der Vorwurf bestand darin, daß die Ordensleute letztlich nicht auf Gott vertrauten, sondern durch den Eintritt in den Stand der Vollkommenheit, durch eigene gute Werke, getreues Befolgen von kirchlichen Gesetzen, Reliquienverehrung etc. sich ein *Recht* auf Gnade und Heil zu erwerben meinten.

Man darf heute noch staunen, wie Caritas und ihre Mitschwestern der ganzen Stadt standhielten. Theologisch versiert trat die Äbtissin allen Angriffen entgegen. Dabei handelte sie in völliger Übereinstimmung mit ihrer Gemeinschaft. Es war ihr ein Anliegen, die Spaltung der Christenheit zu vermeiden. Sie setzte sich ein für die »eine, allgemeine Kirche«. Den Vertretern der »Neuen Lehre« gegenüber bewies sie stets ein Höchstmaß an religiöser Toleranz. Gewissensfreiheit, auf die sie sich bezog, hieß für Caritas: die Achtung des eigenen Gewissens und des Gewissens anderer als jeweils unersetzbare letzte Instanz. Daher begegnete sie ihren Gesprächspartnern mit großer Dialogbereitschaft, ohne dabei ihr eigenes Gewissen zu verraten, stets offen für die gemeinsame Suche nach der je größeren Wahrheit.

Caritas war eine Vorkämpferin für jene Gewissensfreiheit, auf die sich die Reformatoren beriefen. Sie hielt den Vorwürfen die biblische Fundierung des Ordenslebens entgegen; sie wisse, daß durch die Werke allein kein Mensch gerechtfertigt werden kann, sondern durch den Glauben an unseren Herrn Jesus Christus. Ihr Ruhm sei allein Christus, der Gekreuzigte; ihre freie Entscheidung für das Ordensleben gründe in seiner Nachfolge, nicht im eigenmächtigen Glauben an elitäres Erwähltsein. Wer dieser Lebensform nicht zuneige, der solle sie auch nicht wählen, denn »der Glaube und das Gewissen eines Menschen ist ja nicht zu nötigen, denn Gott, unser Herr, will selber die Gewissen frei haben und nicht zwingen« (Krabbel, 125).

Als die heftigen Angriffe des Nürnberger Stadtregiments nicht nachließen, bat Willibald Pirckheimer seinen Freund Philipp Melanchthon nach Nürnberg. Ihm glückte bei seinem Besuch Ende November 1525 die

Vermittlung eines Dialogs; die Wogen zwischen Stadt und Kloster glätteten sich. Caritas notierte: »Als er hörte, daß wir unsere Hoffnung auf die Gnade Gottes und nicht auf die eigenen Werke setzten, sagte er, wir könnten ebensowohl im Kloster selig werden als in der Welt, wenn wir nur nicht allein auf unsere Gelübde vertrauten ... Es war ihm sehr zuwider, daß man die Leute mit Gewalt nötigte.«

Trotz der Vermittlung Melanchthons war St. Klara jedoch zum Aussterben verurteilt: Neuaufnahmen und Sakramentenempfang blieben verboten. Dennoch verließ nur eine einzige Schwester (1527) freiwillig das Kloster; alle übrigen – über 50 Schwestern – blieben ihren Gelübden treu.

Das letzte Lebensjahrzehnt der Äbtissin war überschattet von diesen bitteren Ereignissen und eigener schwerer Krankheit. Dennoch ließ sie sich nicht die Freude nehmen, ihr 25jähriges Jubiläum als Äbtissin (1529) mit einem glänzenden Fest zu feiern.

Caritas Pirckheimer starb am 19. August 1532. Zum Zeitpunkt ihres Todes war es um das Kloster und seine Äbtissin ruhig geworden. Bis zum Schluß aber blieb sie ihren Gesprächspartnern und besonders ihren Mitschwestern »ein spiegel aller geistlichkeit und ein liebhaberin aller tugent«, wie es im klösterlichen Totenkalender heißt.

Das Grab der Äbtissin wurde 1959 wiederentdeckt. Sie ist heute in der St. Klara-Kirche zu Nürnberg bestattet.

Literatur

Deichstetter, G. (Hg.), Caritas Pirckheimer. Ordensfrau und Humanistin – ein Vorbild für die Ökumene. Festschrift zum 450. Todestag, Köln 1982

Imhoff, C. von/Deichstetter, G., Caritas Pirckheimer und die Reformation in Nürnberg, Nürnberg 1982

Krabbel, G., Caritas Pirckheimer. Ein Lebensbild, Münster ⁵1982

Kurras, L./Machilek, F. (Hg.), Caritas Pirckheimer 1467–1532. Katalog zur Ausstellung der Katholischen Stadtkirche Nürnberg, Nürnberg 1982

Pfanner, J., Das Gebetbuch der Caritas Pirckheimer, Landshut 1961

Pirckheimer, C., Briefe der Äbtissin (hg. v. J. Pfanner), Landshut 1966 (=Briefe)

dies., Die Denkwürdigkeiten (Originaltext; Erstveröff. v. J. Pfanner, Neuaufl. v. F. Renner), St. Ottilien 1983

dies., Die Denkwürdigkeiten (übertr. v. B. Schrott, hg. v. G. Deichstetter), St. Ottilien 1984

Angela Veit

Angela Merici
(ca. 1474–1540)

Der christliche Sendungsauftrag an der Schwelle
der Neuzeit

»Die Sehnsucht nach Heiligkeit kann auf vielfache Weise geweckt werden, aber selten kommt es vor, daß ein Heiliger seinen Weg zu Gott fand, indem er den Fußstapfen eines anderen folgte«. So schreibt Sigrid Undset treffend über Angela Merici, die an der Schwelle vom Mittelalter zur Neuzeit im oberitalienischen Raum lebte und auf die sich heute die Gemeinschaften der Ursulinen und Angelinen, Klöster und Säkularinstitute als ihre Gründerin berufen.

Zeithintergrund

Angelas Kindheit fällt noch in das ausklingende Quattrocento, also eine Periode hoher kultureller und künstlerischer Entwicklung in der Geschichte der Apenninenhalbinsel, die aber in den unabhängigen Städten und Fürstentümern politisch begleitet ist von rücksichtslosem Streben nach Macht und Reichtum. Darüber hinaus weiten Entdeckungen und Erfindungen im europäischen Raum die geistige und geographische Welt der Menschen jener Zeit und bereiten gewaltige soziokulturelle Veränderungen vor. Kopernikus entwickelt in seinem Werk »De revolutionibus orbium coelestium« die Lehre vom Planetensystem mit der Sonne als Mittelpunkt. Der Buchdruck ermöglicht in bisher nicht vorstellbarem Ausmaß den Austausch von Gedanken. Kolumbus bricht auf, um neue Seerouten zu entdecken. Luthers Lehre wird für das theologische Denken und das religiöse Leben jener Epoche nicht ohne Einfluß bleiben.

Leben und Werk

In dieser Zeit wird Angela Merici zwischen 1470 und 1475 in Desenzano am Südwestufer des Gardasees geboren. Ihr Vater, Giovanni Merici, besitzt in der Nähe der kleinen Stadt ein Landgut. Aufgrund seiner Vermögensverhältnisse führt er den Titel »Civis Brixiae«, der ihn als Landedelmann und Bürger der bedeutenden oberitalienischen Stadt Brescia ausweist. Seine Frau stammt aus dem vornehmen Haus der Biancosi. Im Kreis der Eltern und ihrer Schwester verlebt Angela eine glückliche Kindheit. Die Heiligenlegenden, aus denen der Vater den beiden Töchtern vorliest, beeindrucken bereits die Fünfjährige. Doch wird dieses harmonische Leben bald zerstört durch den Tod ihrer Schwester und beider Eltern. Vor allem der Verlust der Schwester erschüttert Angela sehr, bis sie diese plötzlich in einer Vision inmitten einer Schar von Jungfrauen als gerettet erkennt – eine Schau, die so prägend für sie wird, daß für sie keine andere Lebensform mehr in Frage kommt als die der Jungfräulichkeit.
Doch zunächst nimmt der Bruder der Mutter die Waise zu sich nach Salò am Westufer des Gardasees. Dort, wohin die vornehme Gesellschaft des Landes zur Erholung geht, führt man ein angenehmes Leben, das für einen jungen Menschen durchaus seinen Reiz hätte. Angela muß in ihrem Innern bereits sehr gefestigt sein, denn sie übernimmt diesen Lebensstil nicht. Völlig

gegen die Gepflogenheiten der Zeit fühlt sie sich bereits in ihrer Jugend hingezogen zum Gebet und besonders zur Eucharistie, die sie später in der Regel ihren Töchtern als das beste Mittel »zur innigen geistigen Verbindung« mit Christus empfehlen wird.

Diese Liebe zur Eucharistie und der Wunsch, öfter die hl. Kommunion zu empfangen, bewegen Angela auch, sich dem Dritten Orden des hl. Franziskus anzuschließen. Als Terziarin dieser Gemeinschaft verpflichtet sie sich zu einem einfachen Leben im Gehorsam gegenüber der Kirche. Vor allem aber sollen die Mitglieder die Werke der tätigen Nächstenliebe üben, einander helfen und trösten in Zeiten persönlicher Not.

Als Angela erwachsen ist, kehrt sie nach Desenzano zurück und lebt dort zwanzig Jahre lang im Kreise ihrer Mitmenschen das schlichte Leben, das ihr die Terziarenregel vorschreibt – eine Zeit, in der sie aber auch bereits die vornehmen Bürger der Stadt Brescia kennenlernt. Zu diesen gehört besonders die Familie Patengola, die in der Nähe des Städtchens große Güter besitzt. Als Caterina de Patengola innerhalb kurzer Zeit den Gatten und beide Söhne verliert, wendet sie sich in ihrem Schmerz an die Franziskaner. So bitten diese Angela, nach Brescia zu gehen, um der Witwe in ihrem Leid beizustehen.

In diesen Monaten lernt die inzwischen vierzigjährige Frau eine Stadt kennen, in deren Mauern ein anderes Leben pulsiert als in Desenzano. Seit 1509 ist Brescia immer wieder in die Kriege zwischen Franz I. von Frankreich und Kaiser Karl V. verstrickt. Auch die Spuren der schweren Plünderung von 1512 durch die Truppen von Gaston Foix sind keineswegs restlos beseitigt. Trotzdem steht Brescia als Schnittpunkt der Handelswege zwischen Italien und Deutschland, Mailand und Venedig den großen Städten Italiens an Reichtum und Hunger nach Lebensgenuß in keiner Weise

nach. Unter der Oberherrschaft Venedigs haben seine Bürger gelernt, was die Mode der Zeit diktiert: Reichtum, Bankette, Vergnügen. Kein Wunder, daß Werte wie Religiosität, Würde der Frau, Achtung der Ehe keine Hochschätzung mehr erfahren. Zwar weist die Stadt zu diesem Zeitpunkt elf Frauenklöster auf, doch leben viele Religiosen mehr nach der allgemeinen Konvention der Zeit als nach einem geistlichen Ideal; ganz zu schweigen von der religiösen Unwissenheit im Volke. Was sich im einzelnen Lebensschicksal an Leid, Unerfülltheit, Enttäuschung mit einem solchen Lebensstil verbindet, erzählen die Chronisten nicht.

Angela, die bis zu ihrem Tod in dieser Stadt bleiben wird, gewinnt bald Einblick in die Zeitverhältnisse, da sie im Hause Patengola vornehme Bürger kennenlernt, die in den karitativen Einrichtungen Brescias mitwirken. Durch diese erhalten wir auch Kenntnisse über das Leben der Heiligen. So rühmt Antonio Romano 28 Jahre nach ihrem Tod vor allem ihren äußerst einfachen Lebensstil. »Die vierzehn Jahre, die sie in meinem Hause wohnte, . . . schlief sie auf einer Matte. Ich kann mich nicht erinnern, je gesehen zu haben, daß sie Fleisch aß, nur Obst und Gemüse. Auch trank sie nur Wasser.« Agostino Gallo, den die Stadt Brescia wegen seiner wissenschaftlichen Tätigkeit noch heute zu ihren bedeutendsten Söhnen zählt und dessen Schwester eine enge Freundschaft mit Angela verbindet, hat eine hohe Wertschätzung für sie. Zwei Jahre wohnt sie in seinem Hause. Er erinnert sich, daß sie wenig schlief und den größten Teil der Nacht im Gebet zubrachte (vgl. Documentation, Nr. 16/11). Der Tag gehört offensichtlich ihren Mitmenschen, wie die Zeugenaussagen vielfach betonen. »Schätzt einander, helft einander, ertragt einander« (Letztes Gedenkwort), wird Angela selbst kurz vor ihrem Tod ihren Töchtern sagen.

Doch ist diese Forderung zuerst Maxime in ihrem

eigenen Leben. Frei von der Sorge um eine eigene Familie und unabhängig von ständischen Konventionen, die für die verheiratete Frau in der Renaissance gelten, kann sie sich allen zuwenden, die in Not sind, sei es der junge Herzog Franz Sforza II. von Mailand, der vor seinen Feinden in das Barnabiterkloster in Brescia flüchtet, oder die Waise Barbara Fontana, mit der Angela die letzten Jahre ihres Lebens die kleine Wohnung bei San Afra teilen wird. Ständig hilft sie Menschen, die in den verschiedensten Situationen ihren Rat erbitten. Auch muß sie immer wieder Versöhnung stiften, so zwischen Don Filip und Don Francesco, zwei vornehmen Bürgern. Da selbst der Herzog von Urbino, die Regierenden und Adligen der Stadt deren Streit nicht schlichten können, wenden sich die Frauen der beiden Feinde an sie, der es mit wenigen Worten gelingt, die zerstrittenen Gegner zu versöhnen.

Über Jahre hin ist dies Angelas Leben in Brescia, das sie nur viermal unterbricht, um nach dem Brauch der Zeit zum Pilgerstab zu greifen. 1524 nimmt sie mit Antonio Romano und ihrem Vetter Biancosi an einer Pilgerfahrt in das Heilige Land teil – kein leichtes Unterfangen für die inzwischen fünfzigjährige Frau. Abgesehen von der Gefährlichkeit der Reise infolge des Piratenunwesens im Mittelmeerraum, bedeutet die Pilgerfahrt fünf Monate schwerer körperlicher Anstrengung, die sich bei Angela bis zur vorübergehenden Erblindung auswirkt, so daß sie die hl. Stätten nur aus der Beschreibung der Begleiter erlebt. Nach der glücklichen Rückkehr und Landung in Venedig nimmt sie mit ihren Freunden für einige Tage in dem von Gaetano da Tiene errichteten »Hospital der Unheilbaren« Wohnung, wohl auch, um Bekannte zu treffen. Da bitten die Mitglieder des Senates von Venedig Angela, in der Lagunenstadt zu bleiben und bei der Betreuung der Kranken in den Spitälern mitzuarbeiten. Sie lehnt

122

jedoch ab, um nach Brescia zurückzukehren zu den Menschen, unter denen sie bisher gelebt hat.

Ebenso handelt sie im folgenden Jahr, 1525, als Papst Clemens VII. sie mit dem gleichen Angebot an Rom binden möchte. Mit zwei Priestern ist sie anläßlich des Heiligen Jahres dorthin gepilgert. Der päpstliche Kämmerer Pietro della Puglia, der sie von der Wallfahrt nach Palästina her kennt und schätzt, hat sie dem Papst vorgestellt. Aber Brescia braucht ihr Beispiel; dorthin weiß sie sich von Gott gerufen. Als zwei Jahre später Luthers Lehre die Bevölkerung dieser Stadt zu blasphemischen Litaneien und Spottprozessionen verführt, zählt sie zu denen, die die Bindung an die Kirche und an Rom getreu leben und so den unsicher Gewordenen Orientierung geben.

Die dritte Wallfahrt führt Angela 1529 in die Alpen zum Sacro Monte in der Nähe des Städtchens Varallo, wo das Leiden Christi verehrt wird. Mit 15 Gefährten geht sie dorthin. Auf dem Rückweg besucht sie ihre geistliche Freundin Stefana Quinzani, die das St. Paulskloster in Sonzino nach der Regel des hl. Dominikus gegründet hat. Angela jedoch wählt für ihre Zeit eine andere Lebensform; das Schicksal ihrer Mitmenschen wird sie dazu bewegen.

Noch im gleichen Jahr zwingen erneute Kriegswirren die Bevölkerung Brescias, die Stadt zu verlassen. Auch Angela flieht mit Freunden nach Cremona und bleibt dort, bis die Flüchtlinge im August 1529 wieder in die Stadt zurückströmen, nachdem Kaiser Karl V. mit dem Senat von Brescia Frieden geschlossen hat. In dieser immer wieder von Kämpfen heimgesuchten Stadt lebt inzwischen eine über Jahre hin verwahrloste und verwaiste Jugend, welche dringend die Hilfe und Fürsorge der Gesellschaft braucht. Während die Witwe Isabetta de Prato sowie andere vornehme Frauen und Männer Brescias Waisenhäuser errichten, kümmert sich Angela

um die Mädchen und jungen Frauen, die sie kennengelernt hat. Daher bezieht sie unmittelbar neben der
Kirche San Afra eine kleine Wohnung, um ungehindert
für diese da sein zu können. Außerdem stellt ihr Isabetta
de Prato in ihrem Haus gegenüber dem Dom einen
großen Raum zur Verfügung, wo sie sich täglich mit
ihnen treffen kann. Auf diese Weise gewinnt sie eine
kleine Gemeinschaft von zwölf Mädchen und jungen
Frauen. Fast sechzigjährig unternimmt sie mit diesen
noch einmal die beschwerliche Wallfahrt zum Monte
Varallo.

Dann kehrt Angela mit ihren Töchtern, so nennt sie die
Gefährtinnen, nach Brescia zurück, um ihr bereits
begonnenes Werk nun endgültig auszuführen. Nicht
die Mitarbeit an den karitativen Aufgaben, wie man sie
ihr in Venedig und Rom angeboten hat, sondern die
religiöse und humane Erneuerung der Gesellschaft wird
ihr Ziel. Sie wendet sich hierbei besonders jenen Frauen
und Mädchen zu, für die die damalige Gesellschaft
keinen eigenen Rang in ihrem sozialen Gefüge kennt, da
sie nur die verheiratete Frau und die Nonne akzeptiert
und wirtschaftlich sichert. Wer keinem dieser beiden
Stände angehört, findet auch kein Vorbild für eine
vertiefte christliche Lebensorientierung.

Von Anfang an gehören zu Angelas Gefährtinnen Mädchen und unverheiratete Frauen der vornehmen Gesellschaft; vor allem aber schließen sich ihr Töchter von
Handwerkern, Bedienstete bei Familien, Mädchen, die
aus der ländlichen Umgebung in die Stadt gekommen
sind, an. Diese ermutigt Angela nun, wie sie selbst,
bewußt und beispielhaft in ihren jeweiligen Lebensver-
hältnissen ein eheloses Leben nach dem Evangelium zu
führen. Sie wird dabei nicht müde, auf ihre persönliche
Würde als jungfräuliche Menschen hinzuweisen; denn
nicht ein gesellschaftliches Ständeideal, sondern die
Hingabe ihres Lebens an Christus gibt diesen jungen

Frauen ihren menschlichen Wert, der sie »über Kaiserinnen, Königinnen, Herzoginnen . . .« erhebt (Regel, Kapitel 1). Diese neue Lebenshaltung übt Angela mit ihren Töchtern ein. Der tägliche Besuch der hl. Messe, Gebet und Fasten sollen ihnen helfen, inmitten einer zügellosen Umgebung eine lebendige Glaubens- und Christusbeziehung aufzubauen. Da die geistig völlig anders orientierte Gesellschaft ihnen kein erfüllendes Lebenskonzept bietet, kann im wahrsten Sinne nur Christus ihre Hoffnung und ihr gemeinsames Lebensideal sein, wie Angela für ihre Töchter immer wieder betont.

So wird das »Oratorium« im Hause Isabettas zum geistlichen Zentrum, von dem aus Angela mit ihren Töchtern die neue Lebensform entwickelt. Die Idee zündet. Der kleine Kreis ist offen und zieht weitere Mitglieder an. Am 25. November 1535, dem Fest der hl. Katharina von Alexandrien, trifft sie sich schließlich mit 28 Mädchen in ihrem Oratorium. Nach der gemeinsamen Feier der hl. Messe versprechen sie, ehelos zu leben, tragen sich in das »Buch der Gesellschaft« ein und kehren dann wieder in ihre Familien zurück. Damit hat Angela ihre »Gesellschaft« gegründet, die sie unter den Schutz der frühchristlichen Märtyrerin Ursula stellt – auf den Tag genau 10 Jahre nach ihrer Rückkehr aus dem Heiligen Land.

Die neue Gemeinschaft wächst schnell. Um die Betreuung ihrer über die Stadt verstreuten Töchter fortführen zu können, bittet Angela die vornehmen Frauen der Stadt um ihre Hilfe. Darauf teilt sie Brescia in vier Bezirke ein, in denen je eine ihrer ersten Töchter als Oberin die geistliche Führung und Bildung der dort wohnenden Mädchen übernehmen soll. Die Sorge für die wirtschaftlichen Verhältnisse überträgt sie vier vornehmen Frauen, die sie »Mütter« der Gesellschaft nennt. Auf diese Weise sichert sie die persönliche

Betreuung ihrer Töchter, die die Oberinnen oft besuchen sollen, um sie zu trösten und ihnen in der begonnenen Lebensweise Mut zu machen.

1537, nur eineinhalb Jahre nach der Gründung, da sich ihr bereits 76 Gefährtinnen angeschlossen haben, übergibt ihnen Angela die Regel, die sie in manchen Punkten in deutlicher Anlehnung an die Terziarenregel des hl. Franziskus erstellt hat, freilich ausdrücklich erweitert in der Forderung, ein Leben der Jungfräulichkeit zu führen. Nachdem sie ihre junge Gemeinschaft noch drei Jahre als Mutter der Gesellschaft geleitet hat, stirbt sie am 27. Januar 1540. Mehr als 130 Mädchen und junge Frauen nennen sich ihre Töchter.

In der Chronik der Stadt Brescia schreibt Nassino über sie: »Sie war eine magere Frau von mittlerer Größe und trug ein aschgraues Kleid. Sie hatte eine helle Gesichtsfarbe und ein heiteres Wesen. Die Reinheit ihrer Seele zeigte sich in der Heiterkeit ihres Antlitzes. Auch im hohen Alter machte es Vergnügen, sie anzuschauen. Ihre Gesellschaft erfreute jeden und war angenehm. Ihre Reden waren liebenswürdig und gefällig, voll Weisheit und Geist, dabei demütig und einfach, aber wirksam. Die äußeren Bewegungen und Sitten waren so, wie es sich für eine Frau geziemte, die zugleich Jungfrau und magistra war. Sie verband ungezwungene Umgangsformen mit jungfräulicher Bescheidenheit, so daß alle, die mit ihr verkehrten, zugleich erbaut und durch ihre sanfte Erscheinung zur Tugend hingezogen wurden« (zit. bei Seibel-Royer, 82 f.).

Spiritualität

Stellen wir rückschauend die Frage, was das Neue an Angela Merici war, so können wir sagen: eine exemplarische christliche Lebensform der unverheirateten Frau inmitten der Gesellschaft der damaligen Zeit, getragen von einer bis dahin nicht gekannten Menschlichkeit. Bedenken wir die Zeitumstände, so staunen wir um so mehr, wie Angela Menschen für ein Lebensideal begeisterte, das den Vorstellungen der Renaissancegesellschaft völlig entgegengesetzt war. Offensichtlich gewann sie durch ihre leuchtenden menschlichen Züge das Vertrauen der vielen, mit denen sie lebte.

So wie sie ihnen begegnete, will sie auch ihre Töchter geleitet wissen: »mit Liebe, Behutsamkeit und Milde, nicht mit Härte« (3. Vermächtnis). Ihre beiden Schriften, das »Testament« für die Mütter der Gesellschaft und die »Gedenkworte« für die Oberinnen, sind Zeugnisse dieser Menschlichkeit. Mit Liebe, Geduld und Achtung vor der geringsten Tochter der Gesellschaft, durch Ermutigung und Trost sollen Oberinnen und Mütter die ihnen Anvertrauten führen und ihnen so zur Entfaltung einer Menschlichkeit verhelfen, in der sich Reinheit des Lebens, sicheres Gottvertrauen und echte Menschlichkeit verbinden.

Wirkungsgeschichte

Angela Merici konnte wohl nicht abschätzen, für welches apostolische Werk sie den Grundstein legte; denn in zunehmendem Maße erkennt die neuzeitliche Gesellschaft, daß Bildung, auch die der Frau, ein elementares Gut jedes einzelnen ist. Angelas Töchtern fällt hierbei die wichtige Aufgabe zu, schon bald an der Verwirklichung dieser Einsicht mitzuwirken.

Carl Borromäus gewinnt die Ursulinen 1566 für den Katechismusunterricht bei der Durchführung der tridentinischen Reform in seiner Diözese Mailand. Noch am Ende des 16. Jahrhunderts entstehen die ersten Gründungen von Ursulinengemeinschaften in Frankreich. Auf Verlangen der Kirche erfolgt hier die Umwandlung der bisher lockeren Gemeinschaft in einen Orden, wobei die einzelnen Gemeinschaften bald Schulen und Mädchenpensionate eröffnen. Bereits in der ersten Hälfte des 17. Jahrhunderts ziehen die Töchter der hl. Angela von Frankreich nach Deutschland, mit den französischen Jesuitenmissionaren nach Kanada, mit den europäischen Auswanderern in die Vereinigten Staaten. Heute wirken Ursulinen, Angelinen und weitere Zweige dieser großen Gemeinschaft in aller Welt mit am Kultur- und Sendungsauftrag der Kirche. Die Mitarbeit der Frau an diesem Auftrag in der neuzeitlichen Gesellschaft vorbereitet zu haben, ist das Charisma Angela Mericis.

Literatur

Barsotti, D., La spiritualità di sant' Angela Merici, Brescia 1980
Eichmann, J., Die Erziehungsweisheit der hl. Angela Merici, Gründerin der Gesellschaft der hl. Ursula, und das erzieherische Wirken der Ursulinen, Dorsten 1982
Fossati, L., L'opera e la personalità di S. Angela, Brescia 1981
Hopmann, M., Das Erbe der Gesellschaft der hl. Ursula. Der Geist und die Absichten der Gründer (Ms.), Dorsten o. J.
Jarell, L., Shaping a Charism into a Religious Institute: Angela Merici's Contribution to the Law of the Church, (Diss.), Washington 1983
Ledochowska, T., Angela Merici and the Company of St. Ursula, Rom 1968
Sainte Angèle et les premières Ursulines – Documentation, hrsg. von Ursulinen der Römischen Union, Rom 1982 (= Documentation)
Seibel-Royer, K., Die heilige Angela Merici – Gründerin des ersten weiblichen Säkularinstitutes, Graz 1966
Undset, S., Die hl. Angela Merici, Freiburg 1933
Weisungen der hl. Mutter Angela an die Gesellschaft Ursula (Regel – Gedenkworte – Testament), hrsg. im Auftrag des Verbandes der selbständigen deutschen Ursulinenklöster, Werl o. J.

Erika Lorenz

Teresa von Avila
(1515–1582)

Durch Kontemplation zur Aktion

Teresa Sánchez de Cepeda y Ahumada, die sich nach
ihrer, altkastilischem Adel entstammenden Mutter de
Ahumada nannte, wurde am 28. März 1515 in Avila
geboren. Ihr Vater kam aus einer hochgebildeten jüdischen Konvertitenfamilie, christlich schon in der zweiten Generation. Sein Adel und sein Prestige wurden ihm
freilich nicht fraglos zuerkannt; (Zwangs-)Konvertiten
waren im damaligen, sich gerade aus einer großen
maurisch-jüdischen Vergangenheit lösenden Spanien
grundsätzlich verdächtig »bis ins dritte und vierte
Glied«. Wenn es jedoch Teresa im späteren Leben
gelegentlich mit der Inquisition zu tun bekommt, so hat
das seinen Grund eher in persönlichen Anfeindungen
und in mystischen Schriften, die zunächst zu überprü-
fen waren; gab es doch im gegenreformatorischen Spanien ein blühendes, mystisch getöntes Sektenwesen im
Untergrund. Die manchmal langwierigen Prüfungen
ergaben allerdings stets, »daß hier zur Ader gelassen
werden sollte, wo kein Blut war«: Teresas mystische
Erfahrung zeichnet sich durch einzigartige Übereinstimmung mit der Heiligen Schrift, mit dem Glauben
der Kirche aus.

Teresas Jugend, die Regierungszeit Karls V., war noch
geprägt vom christlichen Reichsgedanken der »katholi-
schen Könige« und vom Jahrtausendereignis der Ent-
deckung Amerikas. Die Möglichkeiten und Probleme
des gewaltigen Kontinents mit seinen zahllosen
»Ungläubigen« überdeckten den Fall des maurischen
Königreichs Granada (1492). Wie so viele, wanderte
auch Teresas Lieblingsbruder nach Peru aus. Ganz neue
Glaubensfragen führten Spaniens Theologen bis zur
Grundlegung der Menschenrechte. Als in Wittenberg
Luther seine Thesen-Wandzeitung anschlug, war
Teresa gerade zwei Jahre alt.

Ihre weltbejahende, fröhliche Jugendzeit zeigte immer
wieder starke Einbrüche des Religiösen. Auch der
Klostergedanke wurde zunächst spielerisch erwogen;
ernst wurde er nach dem Tode ihrer Mutter, nach einer
schlimmen Höllenvision, nach Erschütterungen durch
Krankheit und Trennung. Am 2. November 1536 trat
Teresa in das karmelitische »Menschwerdungskloster«
zu Avila ein, ein Jahr später legte sie Profeß ab.

Freilich glich dieser »Convento de Nuestra Señora de la
Encarnación« damals noch weitgehend einem frommen
Damenstift mit Dienerschaft und geselligem Leben.
Teresa fand fast zwanzig Jahre lang nicht aus dieser
angenehm-beunruhigenden Halbherzigkeit heraus.
Zugleich wurde ihr das Leben durch eine sehr labile
Gesundheit schwer gemacht – was sich auch später
inmitten all der ungeheuren Leistungen nicht änderte.
Daß die Heilige nicht so oberflächlich war, wie sie uns
in ihrer dem Augustinus nachempfundenen Autobiographie (»das Buch von der Barmherzigkeit Gottes«,
sagte sie) glauben machen möchte, beweisen ihre Gna-
denerfahrungen in jenen Jahren. Aber erst 1554 wurde
ihr vor einer wundenbedeckten Christusstatue (nicht

vor »Christus an der Säule«, wie manchmal behauptet wird) jenes »Damaskuserlebnis« zuteil, das – wie beim Apostel Paulus – die Lebenswende herbeiführte. Tief erschüttert warf sie sich Christus zu Füßen und wollte von da an nicht mehr sich selbst, sondern ihm vertrauen und Gottes Willen tun.

In der wachsenden Gottverbindung beschäftigte sie zunehmend das Heil der Mitmenschen: »Ich fühlte, ich würde tausendmal mein Leben geben zur Rettung einer einzigen Seele«, und sie möchte »das Wenige tun, das mir (als Frau) möglich ist, nämlich den evangelischen Räten nach bestem Vermögen folgen und auch die paar Nonnen hier zu Gleichem bewegen« (CE, 1,2).

Reformerin aus Liebe

Das braucht nun freilich Zeit. Doch in Teresa erwächst Kraft zu großem Entschluß, und es ist charakteristisch, daß sie ihn konkret, d. h. wirklichkeitsentsprechend, und bescheiden ins Werk setzt: Sie beschließt die Reform des Karmelitenordens und gründet 1562 ein kleines Karmelitinnenkloster dort, wo sie lebt: in Avila.

Einfach war sie nicht, diese Gründung von San José, ist doch Reform immer schwieriger als Neuschaffung, weil sie Gewohntes aufhebt und Feindschaften erzeugt. Auch war der altehrwürdige Orden der Karmeliten nicht »verlottert« – er folgte nur aus historisch bedingten Veränderungen (statt eremitischer Kontemplation auf dem Berge Karmel Missionsarbeit in europäischen Städten) einer seit 1432 gewährten »gemilderten Observanz«. Und der weibliche Zweig, neu in Spanien, verharrte noch in Kompromissen.

Aber Teresa hatte in ihrer schwer erworbenen Gebetsfähigkeit – ihr »Meister« war das Buch des Franziskaners Osuna – eine Entdeckung gemacht: Beten ist ein

Tun, das gleichermaßen Gott und den Mitmenschen dient. Es ist nur möglich bei entsprechender Reinheit und Entschlossenheit des christlichen Lebens (Askese), und es gründet nicht in der Tatsache des Bittens, sondern in der Tiefe der erfahrenen Gottverbindung. Entsprechend dem Gebot der Bibel, aber ganz aus der Lebendigkeit ihres inneren Wissens, erweist Teresa ihre Gottesliebe durch Nächstenliebe. So sehr, daß auch der tiefste persönliche Kern, die Wurzel der Liebe davon betroffen wird, da sie sagt:

»O mein Jesus, so groß ist Deine Liebe zu den Menschenkindern, daß man Dir den größten Dienst erweist, wenn man sich nicht Dir, sondern ihnen zuwendet, denn dann ist man Dir am tiefsten verbunden« (E, 2). Diese Zuwendung heißt praktisch: stellvertretendes Leben und Beten für alle alten und neuen Ungläubigen ihrer Zeit. Dazu bedarf es einer grundlegenden Qualität des durch Askese geförderten Gebets.

Also wünschte Teresa Klöster, die wieder der alten Strenge folgten, um in der Tiefe der Kontemplation jene gelöste Offenheit zu finden, die sich ganz von Gott ergreifen läßt. Der so auf Gott hin Geöffnete und von ihm Ergriffene wird auch ganz Seinen Willen tun, Seine Liebe auf die Mitmenschen übertragen. Dieses ist der Sinn der Reform. Um der neuen asketischen Strenge willen führte die Gründerin im Karmel symbolhaft den Namen der »Unbeschuhten« ein – man ging barfuß in Hanfsandaletten.

Nun erst nimmt Doña Teresa de Ahumada einen Klosternamen an: Sie nennt sich Teresa de Jesús, was ein »Programm« bedeutet. Ihre Christozentrik bestimmt ihr Beten wie ihr Tun.

Teresa erfuhr bald die Unterstützung des italienischen Ordensgenerals Rossi (span. Rubeo) und gründete mit Hilfe des 1563 in den Orden eingetretenen Johannes vom Kreuz die ersten reformierten Männerkonvente

132

(1568/69). Sie schätzte Johannes vom Kreuz als »Heiligen, der er schon immer war« (Cta, 208), doch neigt er nicht so stark wie Teresa dem Praktischen zu. Seine von der Ordensmutter unabhängige geistliche Formung trug zu einer achtungsvollen, aber erheblichen Distanz zwischen diesen beiden Großen bei.

Teresa, weiter auf der Suche nach Mitarbeitern, gründete zunächst bis 1571 noch sieben Nonnenklöster und reformierte ihr Mutterkloster in Avila, dessen Unmut sie mit Geschick überspielte. Aber die Gründungen brachten zunehmend Kämpfe mit sich. Der Widerstand im alten Karmelitenorden wuchs, zumal die Mönche sich nicht gern von einer Frau reformiert sahen. Hinzu kam, daß Teresa inzwischen ihren idealen, aber sehr jungen Mitarbeiter gefunden hatte: Pater Jerónimo Gracián, der 1572 als 27jähriger den Habit ihres Ordens nahm, unter Verzicht auf eine große Universitätskarriere, die man ihm voraussagte. (In der Literaturgeschichte ist er ein anerkannter mystisch-asketischer Schriftsteller.)

Sowohl die heilige Teresa, die ihn erst drei Jahre später persönlich kennen- und lieben lernte, wie auch der Heilige Stuhl muteten diesem kaum dem Noviziat Entwachsenen sofort hohe Ämter im Orden zu – keineswegs zu seiner Freude. Aber Teresa drängt, und es fand sich kein anderer. Jerónimo Gracián, dem eine fast kindliche Unbeschwertheit Schwung verlieh, begab sich aus der gleichen Eigenschaft heraus leicht in Gefahren. Er konnte es aus einer Lauterkeit des Herzens, die ihm das der Ordensmutter ganz gewinnt. Sie unterstellt sich ihm im Gehorsam, wählt ihn zum Beichtvater auf Lebenszeit. Dieses alles gesellte zum Unmut über die Reform bei vielen auch den Neid. Mißgunst und üble Nachrede tun das ihre. Der General verliert sein Vertrauen, das Kapitel in Piacenza verbietet Teresa de Jesús ab Mai 1575 weitere Gründungen.

Teresa aber durchlebte ihre glücklichste Zeit. Gerade erst hatte sie ihren jungen Mitarbeiter Gracián persönlich kennengelernt. Sie sagte: »Die besten Tage meines Lebens!« (Cta, 79). Und gern zog sie sich nach Toledo zurück, schrieb hier im Kloster ihr lang gewünschtes und größtes Werk, das Pater Jerónimo ihr »aufträgt«: »Die Wohnungen der inneren Burg« (Las Moradas del Castillo interior, 1577). Es ist Teresas systematischstes Werk, schildert den Weg der Seele zu Gott in sieben Etappen, die auch Gefahr und Rückschlag einbeziehen. Das System ist eher ein Symbol; Teresas einmalige Fähigkeit, mystische Erfahrungen ins Wort zu bringen, macht dieses Werk zu einem Ratgeber für alle, die sich auf den Weg des Gebets begeben haben, der, wie Gracián sagt, so gefahrvoll ist, daß man wohl eines Führers bedarf, der ihn kennt. Wie auch Teresas andere Werke war dieses Buch vor allem für ihre »Töchter« gedacht, die Unbeschuhten Karmelitinnen, denen die ganze Liebe der Heiligen galt. Sie dachte nicht an Veröffentlichung und Druck, sie schrieb, was sie, die große Kennerin der Seele, auch in Gesprächen weitergab.

Die Schriften spiegeln Teresas inneren Weg. Ihrer Autobiographie (Vida 1560–62), der ersten der spanischen Literatur, folgt der »Weg der Vollkommenheit« (Camino de Perfección), an dem sie bis 1565 schreibt, um den neuen Klöstern Anleitung zu Gebet und christlichem Leben im Sinne der Reform zu geben. Zugleich beginnt sie mit der Aufzeichnung ihrer eigenen inneren Gebetserfahrung, den »Cuentas de Conciencia«, die als »Gewissensberichte«, wörtlich übersetzt, nicht ganz die Spannweite von Rechenschaft und Selbstfindung treffen. In diesen Berichten datiert Teresa auch den durch eine Vision bestätigten Eintritt in die Unio mystica, in die nicht mehr zu unterbrechende Gott-einung: am 16. November 1572. So konkret verstand sie die »geistliche Vermählung«, die während ihrer Grün-dungsreisen, inmitten der Aktivität erfolgte. Ein Jahr später beginnt Teresa mit humorvollem Realismus das Buch der Klostergründungen (Libro de las Fundacio-nes), das auch ihre letzte Reise nach Burgos (1582) noch einschließt. Drei Kapitel widmet sie in diesem Buch ihrem Pater Jerónimo Gracián, den sie auch sonst nennt, wo immer es möglich ist. Schrieb sie ihm doch fast täglich! Die hundert an ihn erhaltenen Briefe geben Zeugnis von der Reife einer Liebe, die »von Gott kommt und zu Gott führt«, wie man später auf der Trauerfeier für Gracián gesagt hat. Im Grunde leuchtet hier das tiefe Geheimnis der Unio mystica auf, die den Menschen nicht isoliert, sondern ihn seinen Mitmen-schen mit einzigartiger Aufgeschlossenheit und Liebe begegnen läßt. Teresa sagt es in der »fünften Wohnung« der Inneren Burg: Daß »alles Wollen und Lieben sich einzig an das Wollen und Lieben Gottes bindet« (5 M 3,3). Gott liebte offensichtlich diesen Pater, in dessen Arglosigkeit Teresa Heiligkeit erkannte. Während nach ihrem Tode seine Umwelt ihn verdammte, wurde er durch Leiden in hohem Maße der Nachfolge Christi würdig; seine Autobiographie »Die Pilgerreise des Anastasio«, in der er auch viel von der »heiligen Mutter Teresa« berichtet, bezeugt dies.

Letzte Jahre

Nach fünf Jahren erzwungener Pause erhielt Teresa wieder Gründungserlaubnis, so daß sie insgesamt 19 Konvente gründen konnte (Avila, Medina del Campo, Malagón, Valladolid, Toledo, Pastrana, Salamanca, Alba de Tormes, Segovia, Beas de Segura, Sevilla,

Caravaca, Villanueva de la Jara, Palencia, Soria, Granada, Burgos – Männerklöster in Duruelo und Pastrana). Das Blatt hatte sich inzwischen zugunsten der »Reform« gewendet: Teresa gewann in König Philipp II. einen Freund, die »Unbeschuhten« erhielten eine eigene spanische Provinz unter Graciáns Leitung.

Aber Teresas Jubel war nur von kurzer Dauer. Dunkle Wolken zogen auf, überschatteten ihr Leben und das des Ordens – untrennbar beide! Neunzehn Klöster hat Teresa persönlich gegründet; es ist verständlich, daß die Sechzigerin müde ist, gern alles in Graciáns Hände legen würde. Aber der Erfolg überholt sie: Der Orden wächst so schnell, daß die Notwendigkeit einer Verteilung der Arbeitslast und Verantwortung in der Führung ihr und anderen erkennbar wird.

Ein weiterer tüchtiger Mönch war inzwischen in den Orden eingetreten: Nicolás Doria, ein gebürtiger Genuese. Der geniale ehemalige Geschäftsmann entwickelt sich zu einem buchstabentreuen strengen Asketen. Teresa wünschte seine Zusammenarbeit mit Gracián, aber Jerónimo konnte sich mit diesem ihm so wesensfremden Menschen nicht befreunden. Die Spannungen, die dem Wunsche Teresas und ihrer Sorge um den Orden im Wege standen, führten auch zu einer gewissen Entfremdung zwischen ihr und Gracián, jedenfalls im äußeren Leben. Immer häufiger war Gracián auf weiten Reisen abwesend, die Klagen Teresas erreichten ihn nur brieflich.

Während ihr »Lebenserfolg« sich anbahnte – der Orden wuchs von 1581–1592 um 300 Prozent – vereinsamte die alternde Teresa. Ein Krebsleiden alarmierte niemanden, weil die Heilige, die seelisch so urgesunde, körperlich kaum je ganz gesund war. Aber auf die abnehmenden Kräfte antworteten automatisch Selbstherrlichkeiten von Priorinnen, ja, man versuchte sogar, Teresa ihr Verdienst als Ordensgründerin abzusprechen.

Teresa ging diesen Kreuzweg in gewohnter Tapferkeit zu Ende. Der Tod holte sie ein in Alba de Tormes, wo sie am 4. Oktober 1582 inmitten ihrer weinenden Nonnen die Seele Gott übergab. So sehr man ihr Liebe zeigte in ihren letzten Stunden, war sie doch einsam. Der erwählte Beichtvater weilte nichtsahnend fern in Andalusien – die Todesnachricht wurde wenig später für ihn »der schlimmste Schlag meines Lebens, vor dem ich mich immer gefürchtet hatte« (R).

Teresa starb in glücklich ruhigem Gottvertrauen. In der Nacht hält die Zeit den Atem an; der gregorianische Kalender tritt in Kraft. Schon Monate vor ihrem Tod hatte die Heilige aufgezeichnet: »Ich empfinde keine Notwendigkeit mehr, mit Gelehrten umzugehen, noch irgendetwas mit irgend jemandem zu besprechen. Ich brauche keine Betrachtung anzustellen, um zu wissen, daß der dreifaltige Gott in mir wohnt« (CC, 66).

Gottmenschliches

Diese Einwohnung der Heiligen Dreifaltigkeit, die ihren Weg über die Menschheit Christi nimmt, ist die Grunderfahrung der heiligen Teresa. Sie machte es ihr möglich, die Menschwerdung Gottes in solcher Radikalität zu bejahen, daß sie auch einen ihrem Herzen zwar nahen, aber keineswegs vollkommenen Menschen (Gracián) als »Stellvertreter Christi« in ihr Leben aufnehmen konnte, wie sie in den »Cuentas de Conciencia« schreibt (CC 29,3). Diese Annahme erfolgte nach ihrem eigenen Zeugnis »im Heiligen Geiste«. Auch war sie niemals freiwillig bereit, nicht einmal in der tiefsten kontemplativen Versenkung, die »Menschheit Christi« zu vergessen – es sei denn, daß Gott selbst ihr alle Erinnerungsmöglichkeit nahm. Teresa ist nicht die »Frauenrechtlerin«, zu der man sie manchmal machen möchte. Zwar schwimmt sie kühn gegen den Strom der

Zeit und verteidigt den Wert der Frauen: »Herr meiner Seele! In Deinem Erdenwandel schenktest Du stets den Frauen Deine besondere Gunst und verstehende Liebe« (CE, 4,1). Und humorvoll-kriegerisch schreibt sie ihrem General: »Wenn wir Frauenspersonen uns auch nicht zum Ratgeben eignen, treffen wir doch manchmal das Rechte. Im Angesichte Gottes werden Euer Wohlehrwürden dereinst erkennen, wie viel Sie ihrer wahren Tochter Teresa de Jesús verdanken« (Cta, 98).

Dieses weibliche Selbstbewußtsein ist nicht männerfeindlich. Aber es sieht Gott gleichermaßen in Mann und Frau wirken. Die Gotteserfahrung bestimmt Teresas Menschenbild. Darum ist für sie Menschenrecht Gottesrecht, und eine Verletzung der Menschenwürde schwere Kränkung Gottes. Lebt doch Gott »im Herzen der Seele« – das Leben ist nur der Prozeß, dieses zu erkennen oder zu verkennen. Womit dann freilich auch das ewige Schicksal entschieden ist. Für diese Erkenntnis wirkt und betet Teresa. Den nahen Tod schon vor sich, schreibt sie, daß »nur noch der Wunsch bleibt, nach Gottes Willen zu leben, ihm immer besser zu dienen und ihm, wenn möglich, eine weitere Seele zu gewinnen, die ihn durch meine Vermittlung liebt und preist. Dieses, auch wenn mir dafür nur wenig Zeit gegeben ist, bedeutet mir mehr als alle Herrlichkeit des ewigen Lebens« (CC, 66).

Trotz ihrer schwachen Gesundheit verbrachte Teresa den größten Teil ihrer Nächte schreibend. Kein Hilfesuchender blieb ohne Antwort, keine Schwester, kein Ordensbruder ohne Rat. Sie verströmte Liebe, Wissen und Erfahrung an alle, die Gott ihr über den Weg sandte. Von Kontemplation bis Küche wurde alles mit gleicher liebevoller Aufmerksamkeit bedacht. Die etwa 500 erhaltenen Briefe zeugen nicht von Teresas »Weltzugewandtheit«, sondern von der alltäglichen Realität der Nachfolge Christi.

Kannte sie auch die Dunkelheit, die »Nächte« eines Johannes vom Kreuz mit ihrer Qual scheinbarer Gottferne? Sie kannte sie, viele Aussagen, wie z. B. »gekreuzigt zwischen Himmel und Erde« (V, 20,11), bezeugen es. Aber nie verlor Teresa die Hoffnung auf Gottes Barmherzigkeit, getragen von der Erkenntnis: »Meines Erachtens ist die Liebe das Maß für die Größe des Kreuzes, das jemand tragen kann« (CV, 32,7). Teresas Liebe war Gottes Liebe, darum grenzenlos.

In contemplatione activa

Hatte man von Ignatius von Loyola gesagt, er lasse sich als »in actione contemplativus« charakterisieren (vgl. Henrici, 281 f.), so gilt für Teresa das Umgekehrte. Der Kern ist bei beiden Heiligen derselbe: Ohne Gott ist alles nichts. Soziales Engagement, so will Teresa uns Heutigen sagen, ist nur wirksam, wenn es – ob nun bewußt oder unbewußt – aus dem Quellgrund der Gottesliebe Kraft und Richtung erhält.

Diese Gottesliebe aber aufzuspüren, zu erwecken, in ihr trotz aller Schwierigkeiten zu wachsen, ist die mitteilbare »Lehre« dieser Kirchenlehrerin, denn als solche hat endlich unser Jahrhundert sie als erste Frau erkannt (1970). So schnell auch ihre Heiligsprechung erfolgte (1622), so lange dauerte die Anerkennung einer Erfahrung, die *mystisch* genannt wird und nichts anderes will, als Christen den rechten Weg des Gebetes zu zeigen, der sich als »vertraute Zwiesprache und Umgang mit dem Freunde« erweist, »von dem wir wissen, daß er uns liebt« (V, 8,5). Leben in der Gegenwart Gottes wird bei Teresa zu Leben in der Hinwendung zum Menschen – Fülle aus Stille, Aktivität aus Hingabe. So lebendig war ihr Vorbild, so hinreißend ihre auf Erfahrung beruhende Lehre, daß sie ihre Zeitgenossen immer wieder zu Gleichnissen des Lichts und Feuers anregte. Gracián schrieb: »Sie entflammte ihr Herz nicht im Verborgenen, sondern setzte es auf einen Leuchter, um allen Licht zu geben« (G, II). Ein anderer Theologe seiner Generation nannte die Heilige einen Seraphen, dessen Worte alles entflammen, was sie berühren. Teresa selbst bevorzugte die Symbolik des Wassers: schlichte Verbundenheit von Himmel und Erde, Bedingung für Werden und Leben und Wachsen.

Literatur

Efrén de la M. de Dios/Steggink, O., Tiempo y vida de Santa Teresa, Madrid 1977

Francisco de Osuna, Tercer Abecedario Espiritual, 1527 (dt. Übers. v. E. Lorenz, Francisco de Osuna: Versenkung, Freiburg 1982)

Gracián, J., Obras completas, 3 Bde., Burgos 1932–1933 (G II = Obras completas, Bd. II)

Henrici, P., »Bei allem Tun Andacht finden«. Aus dem geistlichen Tagebuch des seligen Peter Faber, in: Geist und Leben 36 (1963) 281–293

Lorenz, E., »Nicht alle Nonnen dürfen das«. Teresa von Avila und Pater Gracián – die Geschichte einer großen Begegnung, Freiburg 1983

dies., Teresa von Avila. »Ich bin ein Weib und obendrein kein gutes«, Freiburg 1982

Teresa de Jesús, Obras completas, Madrid 1977 (V = Vida, CV = Camino de Perfección, Ms Valladolid; CE = Camino de Perfección, Ms Escorial; E = Exclamaciones; M = Moradas del Castillo interior; CC = Cuentas de Conciencia; Cta = Carta)

Henriette Peters

Maria Ward
(1585 — 1645)

Die Gründerin der »Englischen Fräulein«

Raum und Zeit sind mitbestimmend bei der Prägung einer menschlichen Persönlichkeit. Maria Ward lebte in einer Epoche großer religiöser Auseinandersetzungen, die auch in ihrer Heimat blutig ausgetragen wurden.

Jugendjahre

Sie wurde am 23. Januar 1585 als ältestes Kind des Gutsherrn Marmaduke Ward und seiner Gattin Ursula Wright zu Mulwith in der Grafschaft York geboren. Wie viele Familien dieser oft sehr vermögenden Gesellschaftsschicht waren auch die Wards nach dem Abfall König Heinrichs VIII. von Rom den kirchenfeindlichen Gesetzen preisgegeben. Unter Heinrichs Tochter Elisabeth I. wurden ihnen als Katholiken hohe Geldstrafen auferlegt; Marmaduke Ward mußte einen großen Teil seiner Besitzungen abgeben.

In diesen Jahren, in denen die Treue der Katholiken so sehr auf die Probe gestellt wurde, wuchs Maria Ward heran zu einem frommen, aber sehr schüchternen Mädchen. Den größten Teil ihrer Jugend verbrachte sie aus verschiedenen Gründen bei Verwandten und Bekannten, obgleich die Eltern und ihre sechs Kinder ein sehr glückliches Familienleben führten.

Es war damals üblich, Kinder sehr jung zu vermählen,

aber Maria zeigte keine Neigung, einem diesbezüglichen Wunsch ihres Vaters nachzukommen. Sie war vielmehr in sich gekehrt, und ihr bereits früh gepflegtes, reifes Gebetsleben führte sie zur Erkenntnis ihrer Berufung; auch äußere Begebenheiten, wie religiöse Gespräche und Lektüre, mögen dazu beigetragen haben. Die Gesellschaft Jesu war führend in der englischen Mission, und auch Maria hatte von den Jesuiten ihre erste geistliche Anleitung erhalten.

Als sie fünfzehn Jahre alt war, stand ihr Entschluß fest, dem inneren Ruf zum Ordensleben Folge zu leisten. Ihr Vater, mancher ihrer Verwandten und Bekannten, ja selbst ihr Beichtvater meinten, es sei vernünftiger für ein Mädchen, eine standesgemäße Ehe zu schließen und dadurch dem bedrohten Glauben in England die Stütze einer katholischen Familie zu schenken. Aber Maria bestand den Kampf um ihre Berufung. Als der Versuch einiger Katholiken aufgedeckt wurde, das Parlament während einer Sitzung im Beisein des Königs in die Luft zu sprengen (»Pulververschwörung«, 5. November 1605), ging eine Welle von Verhaftungen und Hinrichtungen über England. Kurzfristig gefangengenommen, gab Marmaduke Ward seiner Tochter endlich die Erlaubnis zum Eintritt in ein Kloster und somit zur Auswanderung, denn England besaß seit 1536 keine Klöster mehr.

Die wallonische Klarissin

Im Mai 1606 verließ Maria Ward ihre Heimat und begab sich nach Saint-Omer (heute Frankreich), dem Zentrum für viele Engländer, die aus Glaubensgründen auf das Festland ausgewichen waren. Die Stadt gehörte damals zu Flandern, einer der wichtigen Provinzen der Südlichen Niederlande (heute Belgien).

Zunächst ging Maria zum Seminar der englischen Jesuiten, um ihre Empfehlungsschreiben abzugeben. Dort erhielt sie nicht nur den Rat, bei den Armen Klarissen in Saint-Omer einzutreten, sondern auch den Hinweis, daß das der Wille Gottes für sie sei. Jahrzehnte später schrieb Maria Ward als reife Frau, die Worte »der Wille Gottes« hätten sie zum Eintritt in dieses Kloster veranlaßt, obgleich manches in ihr sich dagegen gesträubt habe. Die Ordensgemeinschaft nahm nämlich keine Engländerin mehr als Chorfrau auf, wohl aber noch eine Ausgehschwester.

Für die doch wenig beschauliche Lebensweise einer Franziskaner-Tertiarin, die täglich Lebensmittel für die Chorfrauen bei den Bürgern der Stadt erbetteln mußte und die andere Vorschriften befolgen sollte als die strenge Regel der hl. Klara, hatte Maria Ward jedoch schlechthin keine Berufung. Dazu kamen noch Schwierigkeiten, die sich aus nationalen und sprachlichen Gründen ergaben. Die junge Novizin – zu zartgliedrig für die schwere Arbeit und zu schüchtern für die täglichen Bettelgänge – fand überdies bei ihrer Novizenmeisterin wenig Verständnis für ihre Schwierigkeiten.

Die Entscheidung fiel 1607 am Festtag des hl. Gregor. An jenem 12. März betete Maria Ward, während sie schweigend mit den anderen Schwestern arbeitete, zum hl. Papst Gregor, dem großen Förderer der angelsächsischen Mission im frühen Mittelalter; sie hatte ihn zu ihrem besonderen Fürsprecher erwählt, damit er ihr in ihrer inneren Not beistehen möge. An diesem Tag befand sich der Ordensvisitator im Kloster. Er lud Maria zu einer Aussprache ein und sagte ihr, daß sie für das Leben einer Ausgehschwester nicht geeignet sei, sie möge sich vor ihrer Profeß alles noch einmal gründlich überlegen. Zu ihrer Arbeit zurückgekehrt, nahm sie ihr Gebet zum hl. Gregor wieder auf. Dabei kam ein starkes und unwiderstehliches Verlangen über sie, ein eigenes Kloster für Engländerinnen zu gründen. (Mehrere ihrer Landsleute in diesem Kloster dürften wohl unter den gleichen Schwierigkeiten gelitten haben.) Sie bat Gott um Mithilfe zur Findung der Entscheidung, die seinem Willen entsprechen würde. Als auch ihre Novizenmeisterin ihr den Rat gab, auszutreten, verließ sie das Haus.

Die englische Klarissin

Die folgenden zwei Jahre bemühte sich Maria Ward, eine Niederlassung für englische Klarissen zu gründen. Sie erhielt die Unterstützung der englischen Jesuiten in Saint-Omer, die ihr wohl auch den Weg zu den kirchlichen Würdenträgern und zum Hof in Brüssel bahnten, wo sie die Genehmigung zur geplanten Gründung erhielt. Zwar hatte sie vom Gouverneur von Gravelines ein Haus in Esquelbeck erhalten, doch erhob der Bischof von Ypern, in dessen Diözese die Ortschaft lag, Einwände, da der kleine, unbefestigte Ort den Satzungen des Konzils von Trient nicht entsprach. Schließlich ließ der Gouverneur ein Haus in Gravelines bauen.

Maria Ward und einige zum Eintritt bereits eingetroffene Engländerinnen bezogen in der Zwischenzeit ein gemietetes Haus in Saint-Omer und führten dort das strenge Leben der Klarissen. Schwierigkeiten bereitete der Umzug einiger Klarissen aus dem Mutterhaus, da diese die Klausur verlassen mußten – ein unerhörtes Ansinnen in jener Zeit –, denn die vorläufige Unterkunft in Saint-Omer war ja kein Kloster im kirchenrechtlichen Sinn. Sowohl der Bischof von Saint-Omer als auch der Nuntius in Brüssel halfen jedoch, diese Schwierigkeiten zu überwinden und die päpstliche Erlaubnis zur Gründung einzuholen.

Als Einführung zur Neugründung machten alle Schwestern die ignatianischen Exerzitien. Das darf nicht wundern; auch andere Orden machten die erprobten geistlichen Übungen des hl. Ignatius unter der Leitung eines Jesuiten.

Maria Ward sollte jedoch ihre Gründung nicht betreten. Als sie am Festtag des hl. Athanasius (2. Mai 1609) mit den anderen Schwestern betend arbeitete, erhielt sie die innere Gewißheit, daß sie nicht für das Leben einer Klarissin berufen sei. Später schrieb sie:

»Es wurde mir dabei gezeigt, daß ich nicht im Orden der hl. Klara zu verbleiben hätte; ich sollte etwas anderes tun, doch was und welcher Natur das wäre, das sah ich nicht und konnte ich nicht erraten. Ich verstand nur, daß es etwas Gutes und der Wille Gottes sein würde.«

Zurück nach England

Ihr Austritt fand diesmal nirgends Verständnis, auch nicht bei ihrem Beichtvater. Sie fuhr nach England zurück, nachdem sie das Gelübde der Ehelosigkeit und des Gehorsams ihrem Beichtvater gegenüber abgelegt hatte. Ein drittes Gelübde, in England gute Werke zu verrichten, bis zur Klarheit darüber, was Gott von ihr wollte, nahm Maria Ward ebenfalls sehr genau. Später konnte sie bezeugen, sie habe ihre Zeit dort gut verbracht. Ihre Tätigkeit bestand in der äußerst gefährlichen Priesterhilfe, in Gefangenenbesuchen, der Hilfeleistung an verfolgten Katholiken und der Glaubensverbreitung durch religiöse Gespräche. Diese Tätigkeit konnte in der Zeit der Katholikenverfolgung nur unter Einsatz der persönlichen Freiheit, ja des eigenen Lebens geleistet werden, denn noch immer war England ein »Polizeistaat«, der eine Unzahl von Spitzeln und Aufpassern beschäftigte.

Eines Morgens, während sie die Möglichkeiten erwog, einem jungen Mädchen die Mitgift für den Eintritt in ein Kloster zu verschaffen, zeigte Gott Maria, daß ihre Lebensaufgabe nicht in einem beschaulichen Orden lag. Später schrieb sie: »Ich konnte nicht erkennen, worin das mir zugesicherte hohe Gut bestünde, aber die Ehre, die Gott daraus zukommen sollte, erschien so unaussprechlich und überfließend, daß meine Seele ganz davon erfüllt wurde und ich geraume Zeit nichts anderes fühlen oder hören konnte als den Klang der Worte: Gloria! Gloria! Gloria!«

Das »Institut der Englischen Fräulein«

In qualvoller Unsicherheit über den Weg, dem sie folgen sollte, verließ Maria Ward mit einigen gleichgesinnten jungen Engländerinnen ihre Heimat und fuhr wiederum nach Saint-Omer, wo sie sich der geistlichen und wohl auch der materiellen Not ihrer geflüchteten Landsleute widmeten und bald eine Schule für englische Mädchen eröffneten.
Zwei volle Jahre strengsten Bußlebens sollte es noch dauern, bis ihr, Ende 1611, die Sicherheit geschenkt wurde über den Weg, dem die noch kleine Gemeinschaft folgen sollte. Später schrieb sie an den Nuntius von Köln: Die Worte: »Nimm das gleiche (Institut) der Gesellschaft (Jesu)« hätten ihr so viel Licht gegeben, ihre ganze Seele so verwandelt, daß ihr kein Zweifel mehr blieb; sie verstand diese Worte als Auftrag Gottes. Es war die Geburtsstunde einer Gemeinschaft von Frauen, die nach der Art und Weise der Gesellschaft Jesu leben und wirken sollten, d. h. ein Leben nach den Regeln und Konstitutionen der Jesuiten mit den zwei gleichwertigen Aufgabenbereichen der Erwachsenen-Seelsorge und der Erziehung der Jugend.

In jener Zeit bedeutete das für Maria Ward das weite Wirkungsfeld in der englischen Mission und die Erziehung von englischen Mädchen in Schulen und Pensionaten auf dem Festland Europas. Die Erleuchtung war faktisch die Bestätigung der bisherigen Lebensweise und Lebensaufgabe Maria Wards, doch war nun auch die geistliche Fundierung dazugegeben worden.

Es ist nur mehr schwer vorstellbar, welchen Umbruch dieser Auftrag für die gesellschaftliche Struktur jener Zeit bedeutete. Der Frau war nur ein geringes Maß an Bewegungsfreiheit gestattet; dem Mann waren alle Rechte, die meistens Vorrechte bedeuteten, eingeräumt. In der Kirche hatte die Frau – gemäß dem Wort des hl. Paulus an die Gemeinde in Korinth – zu schweigen. Die Gemeinschaft Maria Wards aber sollte ohne die damals neu eingeschärften Gesetze der Klausur leben; sie sollte nicht schweigen in der Kirche, sondern religiöse Gespräche führen mit Häretikern, den Priestern in ihrer Aufgabe helfen. Ihre Vorgesetzte sollte nur dem Papst unterstellt sein und nicht, wie das bisher üblich gewesen war, einem Bischof oder dem Vorgesetzten eines männlichen Ordens.

Dennoch wäre es falsch, in Maria Ward eine verfrühte Feministin zu sehen. Das an sich schüchterne Mädchen ist erst an seinem Auftrag zu einer mutigen und entschlossenen Frau herangewachsen, die eher für die *Würde* ihres Geschlechtes eintrat als für dessen Rechte. Auch ist es bedenklich zu sagen, sie sei ihrer Zeit vorausgeeilt. Wir brauchen dabei nur an die Gründungen des hl. Vinzenz von Paul (1581–1660) und des hl. Franz von Sales (1567–1622) zu denken, die in der gleichen Zeit ihre großen, ursprünglich ebenfalls klausurfreien Gemeinschaften für Frauen errichteten. Insbesondere in Belgien gab es damals viele kleinere Gemeinschaften von Frauen, die Mädchen unterrichteten oder sich der Krankenpflege widmeten. Mehrere von ihnen wurden von Jesuiten gegründet und geleitet; sie erhielten dadurch zwar ein jesuitisches Gepräge, ohne aber die Konstitutionen der Gesellschaft Jesu zu befolgen.

Die erste Ablehnung der »Englischen Fräulein«, wie sie bald in Flandern genannt wurden, kam aus den Reihen der Jesuiten. Vor allem wurde ihre Mitarbeit in der Englandmission kritisiert. Nur wenige Patres erkannten die ungeheuren Möglichkeiten, welche die Zusammenarbeit mit diesen mutigen Frauen geboten hätten. Die meisten Jesuiten verwiesen auf ihren Gründer, den hl. Ignatius, der keinen weiblichen Ordenszweig zugelassen hatte; die Dekrete ihrer Ordensleitung untersagten eine Betreuung weiblicher religiöser Gemeinschaften, auch wenn die »Englischen Fräulein« eine eigenständige, von der Gesellschaft Jesu unabhängige Gemeinschaft bleiben sollten.

Als Ende 1615 P. Roger Lee SJ, der als geistlicher Begleiter Maria Wards viele Anfeindungen seiner Mitbrüder aufgefangen hatte, starb, stand sie bald allein einer geschlossenen Opposition gegenüber. Die Ablehnung der Jesuiten wurde noch vertieft, als die zweite Niederlassung ihres Institutes in Lüttich durch unredliche finanzielle Transaktionen eines Engländers materiell zugrunde gerichtet wurde; dabei entstand auch dem neugegründeten Noviziatshaus der englischen Jesuiten dort ein erheblicher Schaden. Die Englischen Fräulein in Saint-Omer und Lüttich sowie die beiden Neugründungen in Köln und Trier lebten fortan in bitterster Armut.

Fruchtlose Verhandlungen in Rom

Jeglicher Hilfe beraubt, begab sich Maria Ward Ende 1621 nach Rom, wo sie und ihre kleine Reisebegleitung am Weihnachtsabend, nach einer Fußreise von nahezu zehn Wochen, eintrafen. Bereits am 28. Dezember erhielt sie auf Intervention der Landesfürstin von Belgien eine Audienz bei Papst Gregor XV. Sie wurden zwar freundlich aufgenommen, aber ihr Anliegen – die Bestätigung ihres Institutes – wurde der langsam arbeitenden Kongregation der Bischöfe und Regularen zugewiesen. Obgleich die Engländerinnen große Not litten, eröffneten sie noch im Jahr 1622 eine unentgeltliche Schule für Mädchen in Rom, 1623 eine in Neapel und 1624 eine in Perugia.

Die Bestätigung des Institutes wurde nicht gegeben. Vor allem die Klausurfreiheit erregte Bedenken; sie wurden noch erhöht durch Anfeindungen, die mitunter die Form von Pamphleten erreichten. Diese kamen aus den Reihen des englischen Weltklerus, der in einen unerquicklichen Streit mit der Gesellschaft Jesu verwikkelt war. Die englische Geistlichkeit sah in diesem »jesuitischen« Institut, das völlig neue Wege der Glaubensverbreitung und Glaubensverteidigung durch Frauen in England ging, zu Unrecht einen neuen Vorstoß der Jesuiten in ihrem Land.

Auch der Nachfolger Gregors XV., Urban VIII., zeigte zwar eine hohe Achtung für die Persönlichkeit Maria Wards, deren Tugend ihm bekannt war, doch überließ er das Anliegen ihres Institutes der Kongregation De Propaganda Fide, deren Sekretär der einflußreichste Gegner des Institutes war. 1625/26 setzte dieser die Schließung der Häuser in Italien durch.

Im November 1626 verließ Maria Ward Rom und zog mit ihrer Begleitung nach München, wo Kurfürst Maximilian I. ihrer Gemeinschaft ein Haus schenkte.

Zur gleichen Zeit, als die Aufhebung des Institutes in Rom bereits beschlossen war, konnte Maria Ward noch einige Erfolge erzielen. 1627 gründete sie eine Niederlassung in Wien, 1628 eine in Preßburg. Eine geplante

Niederlassung in Prag kam nicht zustande. Das ursprünglich auf England ausgerichtete Institut erhielt dadurch einen kontinentalen Charakter. Die Erwachsenen-Seelsorge in England, der befruchtenden Impulse aus den darniederliegenden Häusern in Flandern und Lüttich beraubt, verlor an Bedeutung zugunsten der Lehr- und Erziehungstätigkeit in Mitteleuropa.

Am 7. Juli 1628 erließ die Kongregation De Propaganda Fide ein Dekret zur Unterdrückung der »Jesuitinnen«. Zum dritten Mal überquerte Maria Ward im Winter die Alpen, um dem Papst nochmals ihr Anliegen vorzulegen. Es war umsonst. Im Sommer 1630 kehrte sie nach München zurück.

Am 31. Januar 1631 hob Papst Urban VIII. mit der Bulle »Pastoralis Romani Pontificis« das Institut auf. Nur die Niederlassung in München konnte, dank der Unterstützung des Kurfürsten, weitergeführt werden. Maria Ward, der Häresie verdächtigt, wurde gefangengenommen und über zwei Monate im Klarissenkloster »Am Anger« in München eingesperrt. Auf Befehl des Papstes freigelassen, zog sie im Herbst 1631 wiederum nach Rom und erreichte dort die Befreiung von der ungerechten Beschuldigung und die Erlaubnis zum gemeinschaftlichen Leben mit ihren Gefährtinnen. Bis 1637 blieb sie in Rom und kehrte dann, schwerkrank, nach England zurück. Die letzten Jahre ihres Lebens verbrachte sie in Heworth bei York, wo sie am 30. Januar 1645 im Alter von 60 Jahren starb.

Das neue Institut

Die noch verbliebenen Gemeinschaften standen zwar in einem persönlichen, nicht aber in einem rechtlichen Zusammenhang mit dem aufgehobenen Institut. Die Entwicklung zum »Institutum Beatae Mariae Virginis der Englischen Fräulein« war langwierig. 1877 wurde das Institut als Kongregation päpstlichen Rechtes approbiert; 1909 genehmigte Papst Pius X. die Anerkennung Maria Wards als seine Gründerin. Auch die Konstitutionen waren einem grundlegenden Wandel unterworfen. Erst 1978 erhielt das Institut die kirchliche Erlaubnis zur Annahme der Satzungen des heiligen Ignatius.

Literatur

Maria Ward und ihr Institut, hrsg. IBMV Rom, München 1957

Chambers, M. C. E. IBMV, Leben der Maria Ward (1585−1645), hrsg. von H. J. Coleridge SJ, 2 Bde., Regensburg 1888−1889

Egenter, R., Wagnis in Christo. Maria Ward und die Idee der christlichen Selbständigkeit, Regensburg 1936

v. Gagern, E., IBMV, Nur Frauen. Die Ordensidee Maria Wards, München 1949

Görres, I. F., Das große Spiel der Maria Ward, Frankfurt/M., 1952

Grisar, J. SJ, Maria Ward auf dem Weg zu einem neuen Frauentum in: Stimmen der Zeit, 152 (1953), 20−34

ders., Maria Wards Institut vor römischen Kongregationen (1616−1630). Misc. Hist. Pont. Bd. XXVII/1966

Gutberlet, H. IBMV, Maria Ward, Gründerin des Institutes der allerseligen Jungfrau, 1585−1645, Hildesheim 1934

Klug, J., Maria Ward. Lebensbild, Paderborn [3]1933

Köhler, M., Ein Frauenschicksal des 17. Jahrhunderts, München 1984

Nigg, W., Mary Ward. Eine Frau gibt nicht auf, München 1983

Riesch, H., Maria Ward, die Stifterin der Englischen Fräulein, Innsbruck 1921

Rubatscher, M. V., Maria Ward. Ein kleines Buch von einer großen Frau, Speyer [3]1955

Wetter, I. IBMV, Maria Ward. Vertrauen auf die Stunde Gottes. Gedanken für jeden Tag, Kevelaer 1981

Pauline Thorer

Luise von Marillac
(1591 – 1660)

Ein Beispiel christlicher Nächstenliebe

Luise von Marillac kennen im deutschen Sprachraum nur wenige. Bekannt aber ist ihr Werk, das weiterlebt in den Gemeinschaften, die sie zusammen mit Vinzenz von Paul gegründet hat. Die Bedeutung dieser Frau liegt nicht in ihren Lehren, sondern in ihrem Tun.

Luise von Marillac wurde 1934 von Papst Pius XI. heiliggesprochen und 1960 von Papst Johannes XXIII. zur Patronin der sozial Tätigen erhoben.

Ihr Leben war gekennzeichnet von persönlichem Leid. Es war geprägt von harter Arbeit an sich selber. Nicht von Anfang an war sie die kluge, verantwortungsbewußte Frau, als die sie von Vinzenz nach ihrem Tode geschildert wurde. Sie mußte viele Prüfungen und viele innere Qualen durchstehen. Das alles schien oft über ihre Kräfte zu gehen. »Das Schwache in der Welt hat Gott erwählt, um das Starke zuschanden zu machen« (1 Kor 1,27b). Das gilt wohl besonders für Luise von Marillac, ebenso wie das andere Pauluswort: »Meine Gnade genügt dir« (2 Kor 12,9). Das erlebte sie in Augenblicken mystischer Erfahrung, und dieses Bewußtsein, daß sie sich auf die Kraft Gottes verlassen kann, hat auch immer mehr ihr Leben durchdrungen.

Man kann das Leben der heiligen Luise nicht beschreiben ohne ihre »Geschichte« mit Gott, der sowohl unmittelbar in ihr Leben eingriff, wie auch mittelbar – durch die Bekanntschaft mit großen Persönlichkeiten,

besonders mit dem heiligen Vinzenz – ihr den Weg
zeigte, auf dem sie ihr Leben vollenden sollte. Es war
ein Leben, das im Dienste der Kirche stand, ein Leben,
das seine Spuren in dieser Kirche hinterließ, ein Leben
für die Menschen.

Leben und Werk

Luise stammt aus dem Adelsgeschlecht der de Marillac,
das im Frankreich des 15. und 16. Jahrhunderts eine
bedeutende Rolle spielte. Michael, der Onkel von
Luise, stieg bis zu den höchsten Ämtern am königlichen
Hof empor. Mit ihm blieb Luise immer in Verbindung;
eine gewisse mystische Veranlagung verband sie mit
ihm.

Luise ist die außereheliche Tochter des Ludwig von
Marillac, dessen erste Frau, Marie de la Rozière, 1589
gestorben war. Am 12. August 1591 wurde Luise in
Ferrières-en-Brie geboren; unbekannt blieb, wer ihre
Mutter war. Als der Vater 1595 zum zweiten Male
heiratete (die erste Ehe war kinderlos geblieben), traf er
vorsorgliche Verfügungen zugunsten seiner »natürlichen« Tochter, wie er Luise nannte. Aus der neuen Ehe
ihres Vaters entstammte ihre Halbschwester Innocente.
Über Luises Kindheit wissen wir sehr wenig. Sie selbst
sprach später kaum davon, wenn sie auch deutlich
geprägt war durch die Entbehrungen in ihrer Jugend.
Schon früh wurde sie in das königliche Kloster von
Poissy (ein Dominikanerinnenkloster, in dem Luises
Tante als Nonne lebte) gegeben, um ihr eine auserlesene
Bildung zu gewährleisten. Dort lernte sie, die Bibel zu
lesen, befaßte sich mit Philosophie und konnte auch
ihre künstlerische Veranlagung (Malerei) fördern.

Luises Vater starb, als sie dreizehn Jahre alt war.
Daraufhin mußte sie das Kloster verlassen. Ob finan-

zielle Gründe dafür ausschlaggebend waren, wissen wir nicht. Eine Heimkehr schien nicht in Erwägung gezogen worden zu sein. So wurde sie bei einer »armen Demoiselle« untergebracht, wo sie alles das lernen sollte, was ein heranwachsendes Mädchen wissen muß. Aus dieser Zeit stammen auch einige Bilder (Aquarelle) von ihr, die meist religiöse Motive zeigen.

Allmählich wuchs in Luise das Verlangen, Gott in einem Kloster zu dienen. Sie legte sogar diesbezüglich ein Gelübde ab, das sie später schwer belasten sollte. Ihre schwächliche Gesundheit verhinderte ihren Eintritt bei den Kapuzinerinnen, von dem sie die Lösung aller sie bedrängenden Probleme erhofft hatte.

Aus Gehorsam gegen die Verwandten – so sagte sie später selber – ging Luise die Ehe mit Anton Le Gras, Sekretär bei Maria von Medici, ein. War ihr Gemahl auch nicht sehr reich, so genoß sie es doch zum ersten Male, etwas zu gelten, zum Haus der Königinmutter zu gehören. Aber auch hier sollte sie bald wieder Leiden und Schwierigkeiten erfahren: Michael, ihr Sohn, entwickelte sich sehr langsam; er blieb zeitlebens ihr »Sorgenkind«. Dazu kam noch eine langwierige Krankheit ihres Gatten, die das Zusammenleben sehr erschwerte.

Luise empfand dies als Strafe für ihr gebrochenes Gelübde. In ihrer Qual und in ihren Skrupeln entschloß sie sich zu einem weiteren Gelübde: Sie gelobte, in ewiger Witwenschaft zu leben, falls ihr Gatte sterben sollte. Aber damit war ihre verzweifelte Seele nicht beruhigt. Sie erfuhr eine tiefe Verlassenheit, in der sie an allem zweifelte: an sich selbst, an der Unsterblichkeit der Seele, ja sogar am Dasein Gottes.

Die Befreiung aus diesem furchtbaren Zustand erlebte Luise an einem Pfingstsonntag (1623) während der Messe. Nach ihrem eigenen Bericht wurde ihr dabei klar, daß sie bei ihrem Gatten bleiben solle. Es werde aber eine Zeit kommen, wo sie imstande sein würde, Armut, Keuschheit und Gehorsam zu geloben, und dies werde in Gemeinschaft mit einigen anderen Personen geschehen, die das gleiche Leben führten. Dies alles werde geschehen, damit sie den Nächsten helfen könne (vgl. Briefwechsel, 332).

Gestärkt durch dieses »Pfingstereignis« pflegte Luise nun ihren Gatten mit großer Liebe, bis dieser im Jahre 1625 starb. In diese Zeit fiel die erste Begegnung mit

Vinzenz von Paul. Dies sollte nicht nur für sie von entscheidender Bedeutung werden, sondern weltweite Auswirkungen haben durch die Werke, die Vinzenz und Luise gemeinsam ins Leben riefen. Und zwar gilt dies sowohl für die Caritas als organisierte Nächstenliebe als auch für die Möglichkeiten der Frau im Hinblick auf die Caritas. Waren die bis dahin bestehenden Frauenorden kontemplativer Natur oder konnten ihrer caritativen Tätigkeit nur innerhalb des Klosters nachkommen, z. B. durch dem Kloster angeschlossene Schulen, so durfte sich von nun an das Leben des klösterlichen Ideals der Frau mit dem aktiven Leben außerhalb der Klostermauern verbinden.

Ihr Sich-zur-Verfügung-Stellen im Dienste des Nächsten begann für Luise mit einer geistigen Einkehr (Exerzitien). Vinzenz gab genaue Anweisungen für ihre Betrachtungen und forderte auch Rechenschaft darüber. So fühlte sich Luise gerüstet für ihr neues Leben, in dem sie nun aus ihrer Einsamkeit heraustreten sollte. Gleich wurde sie auch mit einer Aufgabe betraut, die viel Kraft von ihr – der stets kränklichen Frau – forderte: Sie sollte die von Vinzenz gegründeten Caritas-Bruderschaften besuchen, diese ermuntern, zurechtweisen, wieder aufbauen. In den vier Jahren, in denen sie diese Aufgabe versah, lernte die junge Witwe, was sie sich zutrauen konnte. Sie mußte selbständig Entscheidungen treffen und erfuhr die Auswirkungen ihres Wortes.

Die Schwierigkeiten, die Luise in den Bruderschaften antraf, ließen in ihr immer deutlicher die Überzeugung reifen, daß es einer stabilen Gemeinschaft von Dienenden bedürfe, um auf die Dauer wirksam helfen zu können. Sie sprach mit Vinzenz über die Notwendigkeit, eine Gemeinschaft von Menschen ins Leben zu rufen, die sich ganz einem solchen Dienst zur Verfügung stellen sollten. Dieser zögerte zunächst, aber nachdem die Vorbereitungen getroffen waren und sich Mädchen freiwillig für einen solchen Dienst gemeldet hatten, stand der neuen Gründung im Jahre 1633 nichts mehr im Wege. Luise wurde die erste Oberin dieser »Filles de la Charité« – Töchter der (christlichen) Liebe – genannten neuen Gemeinschaft (im deutschen Sprachraum heute als Barmherzige Schwestern oder Vinzentinerinnen bekannt) und sollte es auch bis zu ihrem Tode bleiben. Vinzenz bestand darauf, obwohl sie ihn des öfteren um Absetzung bat, weil sie fürchtete, durch ihre Schwächen die Ursache für manche Schwierigkeiten innerhalb der Gemeinschaft zu sein. Sie bildete selbst die Schwestern für ihre Aufgabe aus und förderte viele neue Werke, die in der Folge von den Schwestern übernommen wurden: Werk der Findelkinder, Versorgungsheime für alte Arbeiter, ein Heim für Geisteskranke und anderes mehr. Daneben gab es noch die offene Alten- bzw. Krankenbetreuung.

Mit dem Anwachsen der Gemeinschaft wuchsen auch Luises Aufgaben als Organisatorin, als Visitatorin. Dabei fiel ihr oft die Rolle des Vermittelns zu. Ihre Klugheit in dieser Hinsicht kommt in ihren Briefen, die sie an einzelne Schwestern und an ganze Gemeinschaften schrieb und von denen viele heute noch in Abschriften erhalten sind, zum Ausdruck. Als Luise 1660 stirbt, hinterläßt sie eine geistliche Gemeinschaft, die über ganz Frankreich verbreitet ist. Auch in Polen existierten zu dieser Zeit bereits einige Kommunitäten.

Luise von Marillac und Vinzenz von Paul

Die freundschaftliche Beziehung, die Luise und Vinzenz verband, wird für uns erfahrbar in den vielen Briefen, die sie einander schrieben. So sind uns 207 Briefe von Luise an Vinzenz und 410 Briefe von Vinzenz an Luise – zumindest in ihren Abschriften – erhalten. Sie stammen aus der Zeit zwischen 1626 und 1660 (beide starben im gleichen Jahr).

Ihr Kennenlernen fiel in die Zeit, in der Luise als junge Witwe versuchte, ein neues Leben aufzubauen. Für Vinzenz war es die Zeit, in der er die »Genossenschaft der Mission« (Lazaristen genannt) gründete.

Luise klammerte sich in ihrer inneren Not ganz an Vinzenz. Geistliche Führung bedeutete für sie, den Willen Gottes im Willen des Seelenführers zu erkennen. Zuviel hatte sie an Skrupeln und Ängsten ausgestanden, als daß sie jetzt von allein fähig gewesen wäre, ihr Inneres zu ordnen. Dazu kam noch die Sorge um ihren Sohn, der ganz und gar nicht ihren Erwartungen entsprach. Wie beruhigend war es für sie, als Vinzenz sich seiner annahm. Aber auch dann noch mußte Vinzenz sie immer wieder ermahnen, daß ihr Vertrauen auf Gott größer sein müsse als die Mutterliebe.

Die Briefe, die Luise an Vinzenz schrieb, geben uns Zeugnis von ihren inneren Kämpfen, vom Bewußtsein um ihre Armseligkeit (»Ich sehe nichts in mir, was nicht verbrecherisch wäre, außer einen ganz schwachen Willen, besser zu werden« – Briefwechsel, 345). Sie klagt über ihre Unbeständigkeit (»Meine Unpäßlichkeit dauert an, und ich habe gedacht, unser guter Gott will, daß ich mich dieses so häufigen Wechsels zwischen etwas besser und schlechter bediene, um Ihrer Liebe die Unbeständigkeit meiner Leidenschaften zu zeigen, von denen ich so abhänge, daß (sie), welchen Vorsatz immer ich auch fasse, mir nicht die Freiheit geben, sie der Vernunft zu unterwerfen. Kaum bin ich einige Tage hergestellt, und schon vergesse ich mich wieder« – Briefwechsel, 388). Sie leidet an Skrupeln und Furcht, wenn sie an das Gericht Gottes und die Ewigkeit denkt: »Ich fürchte den Geist und habe Angst vor dem Zustand der Seele, dazu das Leid, mich in diesem Punkt der

ewigen Gerechtigkeit zu unterwerfen« (Briefwechsel,
330). Ihre Selbstbeschuldigung nimmt zu, wenn ihre
Gemeinschaft Versagen aufzuweisen hatte: »Wahrlich,
mein hochgeehrter Vater, diese arme Versammlung
leidet sehr unter meiner nichtsnutzigen Leitung. Daher
denke ich, daß Gott sie bald von dieser Sklaverei
befreien wird, die ein so großes Hindernis ist für die
Vollkommenheit seines Werkes« (Briefwechsel, 374).
Vinzenz erlebte sie aber auch als eine Frau, die Großes
zu vollbringen imstande war. Er wußte, zu welchen
großen »Leistungen« sie durch das Ineinander von
Gottvertrauen und eigener Willenskraft fähig war. Er
kannte ihre Stärken, und so gelang es ihm allmählich,
ihre Kräfte freizulegen für einen Dienst, der etwas ganz
Neuartiges für die damalige Zeit darstellte.

Stand am Anfang der Beziehung zwischen Luise und
Vinzenz Gott bzw. ihre Suche nach dem Weg zu Gott
im Mittelpunkt, so kam allmählich die gemeinsame
Sorge für die ins Leben gerufene Gemeinschaft als
weiteres Element dazu. Viele Passagen aus Luises Briefen klingen zunächst sehr persönlich und eigennützig,
sie entspringen jedoch einem echten Bemühen um das
Vorankommen auf dem Weg zu Gott. Dies zeigt sich
sowohl im Zusammenhang mit ihrem eigenen Streben
als auch im Hinblick auf die Gemeinschaft, für die sie
Verantwortung trägt. Manchesmal kann man sich des
Eindrucks nicht erwehren, daß sie Vinzenz förmlich die
Verantwortung für ihr Seelenheil überträgt. Unter seiner Leitung machte sie Exerzitien, und unter seiner
Führung gelang es ihr wenigstens bis zu einem gewissen
Grad, in ihrem religiösen Leben nicht mehr so sehr die
Forderungen eines strengen Gottes zu sehen, denen sie
dann doch nicht entsprechen konnte und daher immer
wieder Skrupeln ausgesetzt war.

Vinzenz war für Luise fast wie ein Vermittler zwischen
ihr und diesem strengen, fordernden Gott, von dem sie

sich nie ganz zu befreien vermochte. Als solcher sah Vinzenz sich auch selbst, und es gelang ihm, Luise Schritt für Schritt wegzuführen von ihren eigenen Sorgen zu einem Leben für die Armen. Vielleicht konnte ihr eigenes »Barmherzig-Sein« ihr ein wenig den Blick öffnen für einen barmherzigen Gott. Dazu war es auch notwendig, daß Vinzenz sie zur Begegnung mit Jesus Christus führte. So konnte sie später selbst sagen: »Leben wir also wie Tote in Jesus Christus und als solche setzen wir Jesus keinen Widerstand mehr entgegen, keine Handlung mehr als nur für Jesus, keine Gedanken mehr als nur in Jesus, endlich kein Leben mehr als für Jesus und den Nächsten, so daß ich in dieser einigenden Liebe alles liebe, was Jesus liebt« (Écrits spirituels, 778).

Die Einheit, die sich in der Beziehung zwischen Luise und Vinzenz zeigt, gründet in einer geistigen Vertrautheit. Es war dies nicht eine einseitige Beziehung, sondern ein gegenseitiges Sich-Brauchen: Vinzenz braucht Luise als Mitarbeiterin für seine Werke – dadurch, daß er die Werte ihrer Persönlichkeit kennt, war es ihm möglich, sie auch entsprechend einzusetzen. Luise braucht Vinzenz in erster Linie als ihren Seelenführer, aber auch als Berater für Schwierigkeiten in ihrem eigenen Leben und immer mehr auch im Zusammenhang mit der Gemeinschaft bzw. mit dem Armendienst.

Luise von Marillac und ihr mystisches Leben

»Wenige Menschen ahnen, was Gott aus ihnen machen könnte, wenn sie sich ganz seiner Führung überließen.« Dieses Wort des heiligen Ignatius von Loyola muß dem, der den Weg der heiligen Luise von Marillac verfolgt, unwillkürlich in den Sinn kommen. Es war ein mühsamer – von der Führung Gottes deutlich gekennzeichneter – Weg, den Luise zu beschreiten hatte, bis sie sich dieser Führung dann auch überlassen konnte. Wegen der Unvollständigkeit ihrer Schriften und dem oftmaligen Fehlen der Datumsangabe, ist es schwer möglich, ihre innere Entwicklung zu verfolgen. Aber auf einige ihrer Lieblingsthemen in der Betrachtung soll näher eingegangen werden. An ihnen läßt sich die Richtung aufzeigen, in der ihre gequälte Seele den Frieden gefunden hat.

Der Heilige Geist: Der Heilige Geist ist es, dem sie ihr ganzes Leben ausliefert. Ihm überläßt sie sich in ihrer Armut und ihrer Ohnmacht, damit der göttliche Plan in ihr voll zur Ausführung komme. Ihr Leben ist getragen von dieser engen Beziehung zum Heiligen Geist. Der Grund dieses Lebens in und mit dem Geist mag wohl in der »finsteren Nacht« liegen, in der sie 1623 (zwei Jahre vor dem Tode ihres Gatten) von Zweifeln und Skrupeln heimgesucht wurde und aus der sie der Heilige Geist am Pfingstfest desselben Jahres befreite. Sie selbst erfuhr dies als ein »Gesetz« – so sagt sie selber –, das ihr Gott am Pfingstsonntag ins Herz legte und das »nie darin ausgelöscht wurde« (vgl. Briefwechsel, 397).

Der Wille Gottes: In Luises Schriften ist sehr oft die Rede vom Willen Gottes. Ihn sucht sie in allen Situationen ihres Lebens zu entdecken. Die Erfüllung dieses Willens geht ihr über alles: »Er weiß, dieser gute Gott, daß ich durch seine Barmherzigkeit nichts will als seinen heiligsten Willen, daß ich aber wünsche, daß seine Macht alle Hindernisse für die Ausführung dieses heiligsten Willens wegräume« (Briefwechsel, 354). Die Erfüllung des göttlichen Willens ist auch ihr Ziel im Zusammenhang mit der Gründung der neuen Gemeinschaft. Luise weiß: Gott hat von aller Ewigkeit her einen Plan mit ihr. Ihr kommt es nur zu, an seiner

Verwirklichung mitzuarbeiten. Das gleiche gilt dann auch für diese Gemeinschaft. Sie hat sich in allem am göttlichen Willen zu orientieren.

Die Inkarnation – ein Werk der Liebe: Die Inkarnation ist für Luise nicht nur ein Thema der Weihnachtszeit, sondern grundlegend für ihre Spiritualität. Das Ziel, dem die Menschwerdung Gottes dient, sieht Luise allein in der Vereinigung des Menschen mit Gott, also in unserer Erlösung und in unserem Heil. Überwältigt von einer solchen Erniedrigung wird ihr bewußt, daß ein derartiges Herabsteigen Gottes auch ein Hinaufsteigen unsererseits erfordert, um diese Vereinigung zu vervollkommnen. Eng verknüpft sieht sie in diesem Zusammenhang die beiden Tugenden, die sie selbst zu verwirklichen sucht und auch von ihren Mitarbeitern erwartet: Demut und Armut. In ihnen sieht sie die Möglichkeit, dieser Selbstentäußerung Gottes zu entsprechen.

Gott als »Besitzer« ihrer Seele: Mehr und mehr wird Luise bewußt, daß Gott der Handelnde in ihrem Leben ist, und mehr und mehr gelingt es ihr, sich dieser Führung anzuvertrauen.

In der Kommunion erlebt sie eine Vereinigung mit Gott durch Jesus Christus, die einer mystischen Vermählung gleicht. Gott ergreift Besitz von ihrem Leben. In diesem Zusammenhang steht unter anderem ihr Wunsch nach dem öfteren Empfang der heiligen Kommunion, was zu jener Zeit ja nicht üblich war. Kommunion ist für sie wirklich etwas Gegenseitiges: Von Gott her als Geschenk, vom Menschen her als Hingabe. In dieser Verbindung wird auch ihre wiederholte Aufforderung an die Schwestern, sich Gott hinzugeben, deutlich.

Die reine Liebe Gottes: Dieser Begriff hat bei Luise eine zweifache Bedeutung: Einmal ist es die Verehrung der reinen Liebe, die sie in der Menschwerdung Gottes restlos verwirklicht sieht. Zum anderen ist ihr ganzes Bemühen darauf gerichtet, diese reine Liebe in ihrem Leben so zu verwirklichen, daß es frei werde von jeder Selbstsucht. In diesem Wunsch geht sie sogar so weit, daß sie in ihrem Tun selbst vom Verlangen nach dem Himmel oder der Furcht vor der Hölle unabhängig sein möchte. In einer Betrachtung über die reine Liebe schreibt sie: »Zu Füßen dieses heiligen Kreuzes bete ich an und opfere ich alles, was die Reinheit der Liebe hindern könnte, die du von mir willst, und ich kann niemals eine andere Freude beanspruchen, als deinem Wohlgefallen unterworfen zu sein und den Gesetzen deiner reinen Liebe« (Écrits spirituels, 816). Luise meint dieses Angebot ganz ernst. Sie schließt sogar das Entziehen der Tröstungen der Gegenwart Gottes ein, um sich ganz leer zu machen für diese Liebe.

Gott ist in Luises Leben immer mehr zu einer lebendigen Wirklichkeit geworden, von der aus sie vieles neu zu sehen vermochte. Alle erwähnten Themen ihres geistlichen Lebens kreisen einzig um die Sehnsucht, ganz in diesem Gott aufzugehen. Es gelang ihr wohl nie ganz, sich von ihrem strengen Gottesbild und von einem übertriebenen Bewußtsein ihrer Armseligkeit vollständig zu befreien. Mag sein, daß sie zunächst vor diesem Gott nur in einer restlosen Hingabe bestehen zu können meinte, so erlebte sie aber auch schrittweise eine Befreiung, die sie zu einer liebenden Vereinigung mit Gott führte, eine Befreiung, die sie zu all den großen Werken befähigte, die heute noch die Kirche mitprägen und die sie sich selber wohl nicht zugetraut hätte.

Literatur

Barmherzige Schwestern in Salzburg (Hg.), Vinzenz von Paul und Luise von Marillac. Briefwechsel (zusammengest. und ins Deutsche übertr. v. V. Wimmer), Salzburg 1960

Baunard, M., La vénérable Louise de Marillac, Ch. Poussielgue 1898

Calvet, J., Louise de Marillac – Portrait, Aubier 1958

ders., Luise von Marillac (ins Deutsche übers. v. A. Rozumek), Luzern 1962

Flinton, M., Sainte Louise de Marillac, Desclée 1953

Grüße aus dem Mutterhaus und aus unseren Provinzen, Nr. 1f, Ms.-Druck, Paris 1983 (erhältlich über: Provinzhaus der Barmherzigen Schwestern, Salzachgäßchen 3, A-5020 Salzburg-Mülln).

Luise von Marillac, Veuve de M. Le Gras. Sa vie, Ses vertus, Son ésprit, 4 Bde., Gobillon 1886

Regnault, V., Sainte Louise de Marillac – La passion du Pauvre, S.O.S. 1974

Sainte Louise de Marillac. Écrits spirituels, Tours 1983

Josef Schmidt

Marie de l'Incarnation
(1599–1672)

Mystikerin und Missionarin

Marie de l'Incarnation wurde erst 1980 seliggesprochen; zur Zeit werden für ihre Heiligsprechung die entsprechenden Vorarbeiten durch das Centre Marie de l'Incarnation in Quebec geleistet. Marie ist eine bedeutende Mystikerpersönlichkeit. In Kanada steht sie als erste in einer Reihe großer Ordensfrauen, die in der französischen Kolonie von La Nouvelle France das Schul- und Krankenpflegewesen begründeten und aufbauten.
Einem genaueren Blick auf die Biographie enthüllt sich ein Leben, dessen Stationen die Neuzeit in ihrer Dynamik und Widersprüchlichkeit erstaunlich »modern« widerspiegeln: Maries Berufung erforderte das zähe Überwinden weltlicher und geistlicher Konventionen. Und immer wenn sie sich in einen neuen Lebensabschnitt hineingefunden hatte, erwies sich dies als Vorstufe zu weiterem, noch unbekanntem Handeln. Die Außerordentlichkeit ihres Lebens, das in späteren Jahren reich an Rückschlägen und einschneidenden Veränderungen war, liegt wohl in der existentiellen Einheit von tiefer gläubiger Schau und unbeirrbarem praktischem Willen – von Contemplatio und Actio. Darin ist das Leben Maries dem monastischen Erneuerungsauftrag einer Teresa von Avila oder dem missionarischen Impetus eines Franz Xaver durchaus vergleichbar.

Marie Guyart wurde 1599 als viertes von acht Kindern
in Tours (Loire-Tal) geboren. Ihre Eltern, der Bäcker-
meister Florent Guyart und seine Frau Jeanne (geb.
Michelet), führten ein religiös geprägtes bürgerliches
Familienleben. Tours, das während der Religionskriege
in Frankreich königstreu und katholisch geblieben war,
erfreute sich als Provinzstadt mit rund 25 000 Einwohnern eines soliden Wohlstandes durch Handel und
Gewerbe.

Die Familie Guyart erzog ihre Kinder zu praktischer
Wohltätigkeit, und auch die junge Marie mußte des
öfteren Bedürftigen innerhalb oder außerhalb des häuslichen Kreises Unterstützung bringen. Abgesehen von
einer Vision, in der ihr im Alter von sieben Jahren
Christus erschien und sie fragte, ob sie sich ihm auf
immer verpflichte – was sie bejahte –, weist ihr frühes
Leben die typischen Stationen und Probleme einer
bürgerlich-städtischen Frau der Spätrenaissance auf.
Später schämte Marie sich ihrer Jugendbegeisterung für
weltliche Lektüre (Ritterromane). Seine religiöse
Unterweisung scheint das fröhliche Kind hauptsächlich
durch den Predigtbesuch bekommen zu haben.

Den Wunsch, Ordensschwester zu werden, erfüllten
die Eltern nicht; sie fanden, ihr lebenslustiger Sprößling
sei geeigneter als Familienmutter. Und so heiratete
Marie standesgemäß 1617 den Seidenweber und -händ-
ler Claude Martin. Plötzlich stand die junge Frau einem
großen Haushalt vor und erlernte die für das Gewerbe
ihres Mannes unumgänglichen Fertigkeiten des Stickens
und Spitzenwebens. Nach anfänglicher Freude über die
Freiheit, die sie als jungverheiratete Frau nun genoß,
verdüsterte sich das Eheleben schnell aus nicht ganz
geklärten Gründen; wahrscheinlich hatte sich ihr Mann
gegenüber einer seiner Kundinnen unklug verhalten.

Als sie im Frühjahr 1619 ihren Sohn Claude gebar, stand ihr Mann vor dem Bankrott. Doch bevor es soweit kam, starb er im gleichen Jahr. Mit äußerster Mühe vermochte seine Witwe, das Geschäft zu liquidieren; nachdem kurze Zeit später auch ihre Schwiegermutter verschied, kehrte Marie ins väterliche Haus zurück.

Mystische Erweckung – Ordensberuf

Die wirklich formende Zeit im Leben der Marie de l'Incarnation waren die Jahre 1620–1633. Sie legte in den frühen zwanziger Jahren die Gelübde der Keuschheit (zukünftige Ehelosigkeit) und (später) der Armut und des Gehorsams bei ihrem geistlichen Leiter, Dom François de St.-Bernard, ab. Ihre kinderlose Schwester nahm Marie als eine Art Dienstmädchen in das Transportunternehmen ihres Mannes, Paul Buisson, auf. Dieser, ein Analphabet, übergab ihr bald die Administration des ziemlich umfangreichen Unternehmens (königlicher Kurierdienst, Schiffsabfertigung).

Einer Vision im Jahre 1620 folgten Kasteiungen und verborgene Bußübungen. Ihr Beichtvater befahl ihr Mäßigung. An Pfingsten 1625 erfuhr Marie die erste von drei überwältigenden Dreifaltigkeitsvisionen, die ihr unaussprechlichen Einblick in das Wirken der Dreifaltigkeit gaben und zur unerschöpflichen geistlichen Quelle im späteren Leben wurden. Danach entschied sie sich für den Namen, unter dem sie heute bekannt ist. Zunächst folgten jedoch Perioden schrecklicher Ängste und Versuchungen, die noch beklemmender wurden durch die scheinbare Unmöglichkeit, bei den Feuillantinnen, zu denen Marie regelmäßigen Kontakt unterhielt, eintreten zu können. Neben ihrer Mutterschaft war es das Fehlen jedweden Vermögens, das einen Klostereintritt unerreichbar zu machen schien.

Auch einer zweiten Pfingstvision (1627) folgten Zweifel und Unsicherheit am eigenen Vermögen. Ihr Trost war die sichere Führung durch einen verständnisvollen neuen geistlichen Berater, Dom Raymond de St.-Bernard, der sich energisch dafür einsetzte, daß die Oberin der neu nach Tours gekommenen Ursulinen, Françoise de St.-Bernard, die Zulassung von Marie ernstlich erwog. Dieser kaum 100 Jahre alte Reformorden hatte sich ein kontemplatives Leben und die Erziehung heranwachsender Mädchen zum Ziel gesetzt.

Am 25. Januar 1631, dem Fest Pauli Bekehrung, trat Marie in das Ursulinenkloster ein. Sie ließ einen verstörten Sohn, der noch von Verwandten vorsätzlich aufgehetzt worden war, vor der Klosterpforte zurück. Sie lächelte, denn so wollte sie in der Erinnerung ihres Kindes bleiben; die fünfundfünfzigjährige Nonne schrieb später in Quebec, daß sie zu Christus gebetet hatte: »Meine keusche Liebe, ich will diesen Kelch nicht trinken, wenn Du es nicht willst« (Oury, I, 158).

Unter der kundigen Führung des Jesuiten Georges de la Haye entfaltete sich nun ein abgründiges Ringen um die Erfüllung der Berufung. Einer mehrstündigen ekstatischen Dreifaltigkeitsvision folgten wieder zwei Jahre tiefster Unsicherheit, aber auch des Reifens. Maries erste – unvollständig erhaltene – Autobiographie von 1633 erzählt davon.

An Weihnachten des gleichen Jahres zeigte sich Marie in einer neuen Vision ein wüstes, großes Land, und die Mutter Gottes erschien ihr mit einem Missionsauftrag; erst zwei Jahre später erkannte sie das Land als Kanada/La Nouvelle France. Gleichzeitig hatte sich jedoch auch ihr klösterliches Leben gefestigt: Sie wurde Exerzitienmeisterin (für die Jahre 1634/35 sind die Betrachtungen erhalten) und auch Novizen-Vizemeisterin (ein Hohelied-Kommentar ist ebenfalls erhalten).

Die Erfüllung der Missionsberufung erfolgte auf ungewöhnliche und unerwartete Weise. Die Jesuiten – zuständig für die Kanada-Mission – suchten Ordensfrauen, welche die jungen Indianerinnen betreuen konnten. Daß Marie – mit 40 Jahren nach den Maßstäben der Zeit eine bejahrte, wenn auch »stattliche« Frau – noch dafür berufen werden konnte, erschien ziemlich unmöglich. Doch die junge Witwe Madame de la Peltrie, eine energische, aber eigenwillige Frau, ent-

schloß sich, ihr ganzes Vermögen für die Kanada-
Mission zu bestimmen und auch selbst dahin zu ziehen.
Von mehreren Schachzügen, mit welchen sie die Ver-
hinderungsmanöver ihrer Familie zu durchkreuzen
wußte, war die Scheinheirat mit einem Laienmystiker
der spektakulärste. Sie war dadurch von ihrer Familie
frei und konnte sich eine Begleiterin suchen. Sie wurden
nach Tours verwiesen, wo Marie von ihrer Klostergemeinschaft für das abenteuerliche Unternehmen auser-
sehen wurde.

Quebecer Mission und Klostergründung

Nach einer turbulenten Überfahrt – das Schiff zer-
schellte beinahe an einem Eisberg kurz vor der Landung
– setzte Marie am 1. August 1639 mit ihren zwei
Begleiterinnen den Fuß auf kanadischen Boden. Regie-
rungssitz war Quebec, das aus einem kümmerlichen
Fort und einem halben Dutzend Steinhäusern bestand;
die Bevölkerung zählte kaum 200 Seelen.
Das Pionierleben stand im Spannungsfeld ständiger
Indianerkriege; im heutigen Kanada führten die Iroke-
sen mit britischer Hilfe einen Bruderkrieg gegen die
Huronen (die von Frankreich unterstützt wurden) –
nicht etwa nur, um alle Routen des Pelzhandels unter
Kontrolle zu bekommen, sondern auf diese Weise
wurde vor allem der Konflikt zwischen Franzosen und
Briten auf dem Rücken der Indianer ausgetragen. Nach
dem Regierungsantritt Ludwigs XIV. wurde die Kolo-
nie energisch gefördert; doch gerieten Jesuiten und
Ursulinen oft in Konflikt mit dem weltlichen Herr-
schaftsanspruch.
Marie hatte ihren Missionsauftrag als Bekehrung der
Indianer verstanden. Und anfangs ließ sich dies überraschend gut an. Die Eingeborenen zeigten sich »unter-

würfig und gelehrig« (Marshall, 19 ff.), und abgesehen davon, daß die Töchter im Sommer wieder zur Jagd weggeholt wurden, gedieh die Missionsstation bescheiden, aber stetig. Eine unerwartete Hilfe war die teilweise matriarchalische Gesellschaftsordnung der Indianerstämme (z. B. das Erb- und Familienrecht); die Bekehrung von Mädchen erwies sich daher als erfolgreiche Missionsstrategie. Besonders der Musikunterricht der Ordensschwester Marie de St.-Joseph begeisterte die jungen Huroninnen. Sie waren auch äußerst geschickt mit Handarbeiten. Die Ursulinen lernten den huronischen Dialekt; Marie schrieb später neben einem Indianerkatechismus auch ein Wörterbuch.

Die Indianerinnen fanden das in ihren Augen emanzipierte Leben der »jungfräulichen Schwestern« sehr attraktiv, auf jeden Fall viel angenehmer als das harte Leben im Busch, wo sie als Familienmütter zwar große Rechte genossen, aber auch die »Arbeitstiere« waren. Außerdem zeigte sich immer mehr, daß das Seßhaftmachen von Nomaden eine Sache von Generationen sein würde.

Die Huronen erlitten 1650 eine entscheidende Niederlage durch die irokesisch-britische Allianz. Einige Jesuitenpatres und -brüder starben am Marterpfahl, nicht wenige wurden skalpiert. Die Indianermission brach bald danach zusammen. So räumten die verbliebenen Jesuiten offiziell ihren Missionsposten und gingen nach Quebec zurück.

Verschiedene Pockenepidemien, Erdbeben und ein immer weiter wachsender Schnapshandel verschärften die Spannung zwischen Weißen und Roten. Marie konnte zwar am Ende ihres Lebens auf eine erfolgreiche Klostergründung zurückblicken, doch war der ursprüngliche Auftrag der Indianerbekehrung ein Mißerfolg. Die Kolonisation von »La Nouvelle France« und der Krieg hatten das Wirkungsfeld der Ursulinen völlig auf die Kinder französischer Siedler – die Nachkommen von Soldaten und aus dem Mutterland herbeigeholten heiratsfähiger Waisen – beschränkt. Ein sehr fähiger Regierungsverwalter, Jean Talon, hatte eine Reihe von Kleinindustrien entwickelt, die Quebec auf eine Stadt von mehreren Tausend Einwohnern hatte anwachsen lassen.

Obwohl die Nonnen in Klausur lebten, war ihr Kloster ein offenes Haus. Der Kontakt zu den Jesuiten war intensiv. Um die Integration von Ordensnachwuchs aus dem Mutterland kümmerte sich Marie mit viel Geschick. Als der neue Bischof Laval den Klosterfrauen immer neue Vorschläge und Vorschriften machte, setzte sie ihm kühl und energisch auseinander, daß die hart erworbene Praxiserfahrung den Vorrang haben müsse.

Die Beziehung von Mutter und Sohn

Das einzige wirkliche Opfer, das Marie nach eigenem Verständnis ihrem Seelenbräutigam darbrachte, war der durch den Ordenseintritt bedingte Verzicht auf den Sohn. Die Trennung war am Anfang traumatisch. Der verunsicherte junge Claude wurde nicht nur von der Familie angestachelt, die Mutter zum Wiederaustritt zu nötigen; auch ihre Schwester benutzte ihn später, um Marie an der Ausführung ihres Missionsauftrags zu hindern. Auf dem Weg zur Einschiffung sah die Mutter ihren Sohn zum letzten Mal, als er ihr mitteilte, die reiche Schwester habe ihn enterbt und werde nicht mehr für seinen Lebensunterhalt aufkommen.

Während der ersten Quebecer Jahre war der Sohn eine zusätzliche Sorge, weil alles schiefzugehen schien. Die Jesuiten nahmen den Zögling nicht als Ordenskandidaten auf. Doch die Mutter ermutigte ihn brieflich, den geistlichen Weg weiterzugehen. Nach einem schweren Krankheitsanfall schrieb sie ihm 1646: »Da meine Schriften Dich so zu trösten scheinen und Du sie unbedingt haben willst, werde ich, sobald ich etwas mehr Zeit habe zum Niederschreiben, Anweisung geben, daß Du alles bekommst, wenn mir etwas passieren sollte« (Marshall, 164). Claude trat bei den Benediktinern in Saint-Maur ein und wurde bald nicht nur ein geschätzter Mönch, sondern ein bekannter geistlicher Schriftsteller.

Der Briefwechsel zwischen Mutter und Sohn ist in Inhalt und Ton um so erstaunlicher, als die Eltern-Kind-Beziehung in jener Zeit viel distanzierter war, als dies heute der Fall ist. Neben ihren beiden Autobiographien von 1633 und 1654 gehören diese Briefe zum schönsten, was Marie geschrieben hat. Es ergreift auch einen heutigen Menschen, wenn man verfolgen kann, wie sich im Laufe der Jahre die Rolle der mütterlichen Ratgeberin allmählich zurückbildet und es zum Gespräch Ebenbürtiger kommt; schließlich wird der Sohn selbst geistlicher Ratgeber für die erfahrene Mystikerin. Ihm haben wir es zu verdanken, daß sie die zweite Autobiographie (deren erste Fassung beim Klosterbrand von 1650 vernichtet wurde) verfaßte. Er schrieb später nicht nur die erste Biographie seiner Mutter, sondern betrieb auch unermüdlich die Publikation ihres Hauptwerkes.

Ein tieferes Akzeptieren der Ordensberufung der Mutter durch das Kind kann man sich nicht vorstellen; aus der problematischen Trennung war eine Bindung entstanden, deren religiöse und menschliche Dimensionen nahtlos ineinander übergingen. »Mein geliebter Sohn«, schrieb sie knapp drei Jahre vor ihrem Tode, als sie für die Zusendung seiner zweibändigen Betrachtungen dankte, »ich danke Ihnen für die schönen und ausgezeichneten Bände. Ihre Meditationen fand man hier

unter uns Nonnen bestürzend einleuchtend; wir staunen, wie Sie es vermögen, verborgene Lichter im Evangelium erstrahlen zu lassen« (Oury, Correspondance,
867).

Kulturhistorisch sind Maries Briefe interessant, weil sie
an den Sohn mit einer Direktheit schrieb, die in der
offiziellen Korrespondenz aus jener Zeit nicht zu finden
ist. Bis kurz vor ihrem Tod berichtete sie, was in der
kleinen Siedlung und im mächtigen Hinterland, in dem
sich die Indianer bekriegten, geschah. Auch tiefste
Sorgen vertraute sie ihm an, wie etwa die um die
Zukunft ihres Lebenswerkes (1650): »Natürlich werden
wir immer europäischen Nachwuchs brauchen, denn
die Natur des amerikanischen Wilden – sei er auch noch
so heiligmäßig und spirituell – ist so, daß er kirchlicher
Funktionen nur fähig ist, wenn er geleitet und sanft auf
dem richtigen Pfad zum Himmel geführt werden kann«
(Marshall, 25). Diese Sorge erwies sich allerdings als
unbegründet.

Die Mystikerin

Die mystische Erfahrung von Marie war trinitarisch,
christologisch und kirchlich. Seit ihrer Vision 1620,
deren Bildlichkeit ganz in die Verehrung des Blutes
Christi eingetaucht war, stand die Menschwerdung des
göttlichen Wortes im Mittelpunkt ihres religiösen Erlebens. Später wurde dieses erweitert durch die mehrfach
vertiefte Schau des dreieinig strömenden Gottes. Sie
hatte einen kontemplativen, aber durchaus biblisch-
konkreten Glaubensbegriff. Viele Motive ihrer Visionen finden sich ähnlich in den Schriften der Caterina
von Siena. Ob es eine unmittelbare Beeinflussung durch
deren Schriften auf Marie de l'Incarnation gibt, ist nicht
ganz geklärt. Die Tatsache, daß die theologisch nicht

ausgebildete Nonne mühelos sublimste Brautmystik und das Geheimnis der Dreifaltigkeit in sich aufnehmen konnte, gehört zu den wunderbaren Ereignissen christlicher Frömmigkeitstradition. Ihre Hauptunterweisung erfuhr sie nachweisbar im Rahmen der Liturgie des Kirchenjahres.

Marie betont immer wieder die Unaussagbarkeit des mystischen Erlebens – eine durchaus übliche Haltung bei Mystikern. Was ihre christliche Existenz exemplarisch macht, ist ihre Fähigkeit, Missionspraxis, Alltag, ein entbehrungsreiches Pionierleben und ihre Hinwendung zu den Mitmenschen beständig aus den Quellen ihrer mystischen Erfahrung zu speisen. Frühe Ehe, Mutterschaft, Verwaltungsarbeit, Ordensberufung, Missionsberufung – all dies findet im Leben der späteren Ursuline seine Erfüllung.

Literatur

Brémond, H., Histoire littéraire du sentiment religieux en France, tom. VI, Paris 1922, [2] 1967

Boucher, G., Du centre à la croix. Marie de l'Incarnation . . . Symbolique spirituelle, Sillery-Quebec 1976

Groulx, L., La grande Dame de notre histoire, Montréal 1966

Jamet, A., Marie de l'Incarnation. Écrits spirituels (tom. I: Relation de 1633. Entretien spirituel sur l'Épouse des Cantiques; tom. II: Retraites. Relation de 1654), Paris-Quebec 1929/1930

ders. (Hg.), Zeugnis bin ich Dir, Luzern 1961, [2]1981

L'Heureux, M. A. G., The mystical Vocabulary of V. M. Marie de l'Incarnation and its Problems, Washington 1956

Marshall, J. (Hg.), Word from New France. The Selected Letters of Marie de l'Incarnation, Toronto 1967

Martin, C., Vie de la Vénérable Mère Marie de l'Incarnation, première Supérieure des Ursulines de la Nouvelle-France, tirée de ses lettres et de ses écrits, Paris 1677

Michel, R., Vivre dans l'Esprit. Marie de l'Incarnation, Montréal 1975

Oury, G.-M., Ce que croyait Marie de l'Incarnation, Solesmes 1972

ders., Marie de l'Incarnation (1599–1672), Quebec-Solesmes 1973

ders., Marie de l'Incarnation. Correspondance, Solesmes 1971

ders., Marie de l'Incarnation, in: Dictionnaire de Spiritualité X, Paris 1980, 487–507

ders., Dom Claude Martin, le Fils de Marie de l'Incarnation, Solesmes 1983

Relations des Jésuites, contenant ce qui s'est passé de plus remarquable dans les missions des Pères de la Compagnie de Jésus dans la Nouvelle-France, 3 Bde., Quebec 1858

Rollet, H., La Condition de la femme dans l'Eglise. Les femmes qui ont fait l'Eglise, Paris 1975

Streng, J.-J., Marie de l'Incarnation van Tours en Québec. De H. Schrift en de Liturgie en haar mystieke leven, Rome 1966

Thwaites, R.-G., The Jesuit Relations and allied documents, 73 Bde., Cleveland 1891–1901

Paul Imhof

Maria Theresia
(1717—1780)

Eine katholische Herrscherin zur Zeit des Aufgeklärten
Absolutismus

Es war die Zeit des Aufgeklärten Absolutismus, als
Maria Theresia – mit 23 Jahren – 1740 an die Regierung
kam. Die Pragmatische Sanktion (1713), mittels der ihr
Vater, Kaiser Karl VI., von den europäischen Höfen die
Anerkennung des Erbrechts seiner Tochter bezüglich
aller seiner Länder gesichert glaubte, hatte nicht viel
genutzt. Denn schon im Jahr ihres Regierungsantritts
wurde die junge Herrscherin angegriffen. Zunächst fiel
der Preußenkönig Friedrich II. mit fadenscheinigen
Rechtsansprüchen in Schlesien ein. Damit begann der
Österreichische Erbfolgekrieg (1740—1748). Denn
auch die Kurfürsten von Sachsen und Bayern (Bayern
hatte der Pragmatischen Sanktion nicht zugestimmt)
sowie der König von Frankreich und der König von
Spanien erhoben Ansprüche auf Teile des Habsburger
Erbes. Zeit ihres Lebens wird die prinzipiell friedlich
gesonnene Maria Theresia, die nur ihr Recht und nicht
mehr als ihr Recht wollte, immer wieder in Kriege
verwickelt werden. Man denke an den 1. Schlesischen
Krieg (1740—1742), den 2. Schlesischen Krieg (1744/
45), den Siebenjährigen Krieg, der erst durch den
Frieden von Hubertusburg (1763) beendet wurde.
Allerdings darf man auch die Polnische Teilung (1772)
nicht vergessen, durch die Österreich in den Besitz von
Galizien und Lodomerien gelangte. In Briefen an ihren

Sohn Ferdinand, den Statthalter in der Lombardei, klagte Maria Theresia »über diese ›unglückliche Teilung, die einen Schatten wirft auf meine ganze Regierung‹. Nur um einen Krieg gegen Rußland und Preußen zu vermeiden, habe sie mitgemacht: ›Ich finde über diese Sache kein Ende, so liegt sie mir am Herzen, verfolgt mich und vergiftet meine ohnedies nur zu traurigen Tage‹« (Propyläen-Weltgeschichte, Bd. 6, 299).

Maria Theresia liebte den Frieden und wollte ihrem Vielvölkerstaat eine gute »Landesmutter« sein. Zwei Jahre vor ihrem Tod schrieb sie ihrem Sohn Joseph: »Was für ein abscheuliches Gewerbe ist doch der Krieg, gegen die Menschlichkeit und gegen das Glück! . . . Vergesset niemals: besser ein mittelmäßiger Frieden als ein glorreicher Krieg« (Rothe, 77/83).

Geboren wurde Maria Theresia am 13. Mai 1717. Sie war die erstgeborene Tochter von Kaiser Karl VI. und seiner Gemahlin Elisabeth Christine von Braunschweig-Blankenburg. Die junge Prinzessin wuchs in der Atmosphäre des spanischen Hofzeremoniells auf, dessen strenge Etikette im Laufe der Jahrzehnte durch ihre Menschlichkeit und Herzlichkeit immer mehr gelockert wurde: »Man kann auch fehlen durch allzuviel Strenge und Eifer in den Pflichten. Die Menschlichkeit legt uns nicht geringe Nachgiebigkeit auf. Ich habe mich immer gut dabei befunden« (Katalog, 196).

Die Ehefrau und Mutter

Im Jahre 1736 heiratete Maria Theresia Franz I., Stephan von Lothringen. Es war eine Liebesheirat; aus der überaus glücklichen Ehe gingen sechzehn Kinder hervor. Freiherr von Fürst und Kupferberg schrieb über die Mutter so vieler Kinder: »Die Kaiserin ist eine der schönsten Prinzessinnen von Europa. Aller ihrer Nachtwachen und Wochenbetten zum Trotz hat sie sich sehr gut konserviert. Sie hat einen majestätischen und doch zugleich freundlichen Blick, selten verschwindet die Heiterkeit von ihrem Gesicht ... Die Kaiserin wendet nicht die Sorgfalt anderer Frauen auf ihren Putz. Ihre Kammerfrauen entscheiden über ihren Anzug. An dem, was man Zerstreuung nennt, findet sie kein Vergnügen. Früher liebte sie Jagd, Spiel und Theater; das einzige, woran sie jetzt Geschmack findet, ist die Regierung ihres Staates und die Erziehung ihrer Kinder« (Fussenegger, 159).

Schon ein erster Blick in die recht zahlreichen Briefe Maria Theresias zeigt, daß sie ihre Kinder zu frommen Fürsten erziehen wollte.

Im »Reglement alle Monate zu lesen« an die Tochter Marie Antoinette heißt es: »So sehr ich wünsche, daß Ihr es mit dem Gebet und der frommen Lektüre ernst nehmt, so wenig möchte ich freilich, daß Ihr etwas anderes tut oder einführt, als was in Frankreich Brauch ist. Ihr habt Euch in allem den Sitten des dortigen Hofes anzupassen. Aller Augen sind auf Euch gerichtet, also gebt kein Ärgernis« (Rothe, 363).

Die Kaiserin erließ detaillierte pädagogische Anweisungen an die jeweils zuständigen Erzieherinnen und Erzieher. Ein Beispiel aus dem Brief an Feldmarschall Batthyány, den Ajo (Erzieher) ihres Sohnes Joseph: »Es ist der Tag allzeit mit dem Gebet anzufangen, und das Erste und Nothwendigste für meinen Sohn, von der Allmacht Gottes in einem demüthigen Herzen überzeugt zu sein, ihn zu lieben und zu fürchten, und aus den wahren christlichen Übungen und Schuldigkeiten alle übrigen Tugenden zu schöpfen« (Rothe, 45). Ihrem Sohn Ferdinand schrieb sie recht deutlich: »Noch immer muß ich das schlechte Beispiel für Eure Umgebung tadeln, diese Lauheit, die Euch in vierundzwanzig

Stunden nicht eine kleine halbe Stunde für die Messe oder ein geistliches Buch finden läßt. Das kommt nur davon, weil Ihr Euch nicht einteilen könnt und keine Ordnung haltet . . . So fangen die Lasterhaften an, indem sie Gott und seine Gebote mißachten. Die Gnade wirkt nicht mehr in ihnen, weil sie unnütze und faule Knechte sind, ohne Gottes Segen sind alle unsere Werke eitel. Ich will Euch nicht länger damit kommen, aber Ihr seid gefährdeter als Ihr glaubt« (Rothe, 280 f.). Auch Marie Caroline wird ins Gewissen geredet: »Vor allen Dingen muß Dein Inneres, Dein Gewissen in guter Ordnung sein . . . Sooft Euch untertags möglich ist, denket an die Gegenwart Gottes, wie es Euer unvergleichlicher Vater auch getan hat. Vor allem tut es mittags, wenn man den Angelus domini betet. Sonntags und zur Vesperstunde gehet zur Vesper und zum Salve« (Rothe, 217. 227). Die Erziehung der Kinder zu Frömmigkeit, Pflicht- und Standesbewußtsein war im Hause Habsburg eine Selbstverständlichkeit.

Ganz überraschend starb am 18. August 1765 der Mann Maria Theresias, Kaiser Franz I., in Innsbruck. Fürst Khevenhüller schrieb von ihr in seinem Tagebuch: Sie »hat die ersten Schmertzen mit der übrigen durchlauchtigsten Familie getheilet. Jedoch wolte sie die Nacht hindurch niemanden bei und um sich leiden« (Katalog, 197). Am nächsten Morgen mußte man ihr das lange Haar abschneiden; ihren Schmuck verteilte sie an ihre Töchter; die Kammerfrauen erhielten ihre Kleider. »Nie hat sich Maria Theresia in den 15 Jahren, die sie noch lebte, anders gezeigt als in Witwentracht, mit der schwarzen, unter dem Kinn zusammengebundenen Witwenhaube . . . Wie groß ihre Trauer um den geliebten Gatten war, zeigt ihre Antwort auf den Neujahrswunsch ihres vertrauten Beraters, Graf Silva-Tarouca: ›Ich kenne mich selbst nicht mehr. Ich lebe dahin wie ein Tier, habe kein Gefühl und keine Vernunft, ich vergesse alles. Um 5 Uhr stehe ich auf, gehe spät zu Bett und tue den ganzen Tag nichts. Ich denke nicht einmal‹« (Katalog, 197).

Nach einer Zeit der Trauer schenkte sie all ihre Liebe ihren Kindern und Völkern. Ihre mütterliche Sorge reichte über den Familienkreis hinaus bis an die Grenzen ihrer Reiche, die den äußeren Kreis ihres durch und durch patriarchalisch organisierten »Matriarchats« bildeten. »Und so lieb ich auch meine Familie und Kinder habe, dergestalt, daß keinen Fleiß, Kummer, Sorgen, noch Arbeit vor selbe spare, so hätte (ich) doch deren Länder allgemeines Bestes denen allezeit vorgezogen, wann in meinem Gewissen überzeuget gewesen wäre, daß solches tun könne oder daß derselben Wohlstand dieses erheischte, indem sothaner Länder allgemeine und erste Mutter bin« (Katalog, 207). Ihrem Sohn Joseph schreibt sie: »Ich wage anzunehmen, daß Gott vor allem, der in das Innerste meiner Seele sieht, weiß, daß ich nie etwas anderes als das Wohl meiner Untertanen erstrebt habe, selbst dann wenn es auf meine und unseres Hauses Kosten gehen müßte« (Rothe, 62). Maria Theresia war beim Volk beliebt und tief verehrt.

Barockfrömmigkeit und »katholische Aufklärung«

Wie kaum eine andere Persönlichkeit gestaltete und repräsentierte Maria Theresia eine Epoche. Und umgekehrt: Die Strömungen ihrer Zeit bestimmten ihr Leben. Ihre individuelle Gedankenwelt, ihre eigenen politischen Prinzipien und ihr religiöses Interesse, ihre Subjektivität spiegelte der Staat wider, dessen Objektivität sie in ihrer Person darzustellen hatte. Seine geistigen und kulturellen Grundlagen, seine zeitgeschichtliche Form und Gestalt waren für sie maßgebend, auch für ihren Frömmigkeitsstil.

Maria Theresia lebte an der Schwelle des Barock zur Aufklärung. Hunderte von Barockkirchen geben Zeugnis von der katholischen Frömmigkeit, die sich vor allem auf dem Lande während der ganzen Regierungszeit Maria Theresias ungebrochener Beliebtheit erfreute. Der Barock, ein südländisch beeinflußter, aber selbständig weiterentwickelter Frömmigkeitsstil, galt geradezu als Signum des österreichisch-bayrischen Katholizismus. »Das Zeichenhafte und Sinnenfällige im Ausdruck gehört ganz wesentlich zur barocken Frömmigkeit. Sie trug ja zutiefst den Charakter einer Demonstratio catholica gegen die protestantischen Neuerer. Religion wird umgesetzt in konkret Faßbares, in heilige Zeiten und heilige Feiern, in sakrale Räume, in sinnenfällige, erfüllte Zeichen. Das Sakramentale, im Zentrum die Feier des Meßopfers, die Eucharistie, wurde im Tridentinischen Konzil geradezu antithetisch der reinen Verkündigung des Wortes gegenübergestellt« (Mraz, 203).

Aufgrund ihrer tief katholischen barocken Gläubigkeit hatte Maria Theresia gegenüber aufklärerischem Gedankengut viel mehr Vorbehalte als ihr Sohn Joseph II. (seit 1765, nach dem Tode ihres Mannes, Mitregent). Oft klagte sie über das aufklärerische Nützlichkeitsdenken, die Flachheit der Lebensauffassung, die einigen »Aufklärern« eigen war. Andererseits rezipierte auch sie manches aus der Strömung der Aufklärung, nicht zuletzt, weil ihre wichtigsten Berater dazugehörten, Graf Kaunitz und Hofrat Heinke, die »graue Eminenz« der österreichischen Kirchenpolitik. Worum handelt es sich bei dem Phänomen der katholischen Aufklärung? Mit »katholischer Aufklärung« läßt sich eine innerkirchliche Reformbewegung (seit ca. 1750) bezeichnen, die sich kritisch gegen den – oft schwülstigen – Frömmigkeitsstil und die Kirchlichkeit des Barock wendet. Man möchte Religion und Kirche von Mißbräuchen befreien, die durch Überwucherung mit Peripherem entstanden waren. In seinem Hirtenbrief schrieb der Wiener Erzbischof Trautson 1752: »Man predigt über alle möglichen Heiligen, und man schweigt über das Allerheiligste, man preist alle möglichen wundertätigen Gnadenbilder und vergißt dabei Christus, die Quelle aller Gnade . . .« Viele plädierten im Sinne des großen italienischen Gelehrten Muratori gegen die Veräußerlichung der Religion; man suchte nach einer mehr geistigen, mehr auf das Wesentliche konzentrierten Frömmigkeit – leider oft um den Preis der Sinnenhaftigkeit und Leibhaftigkeit religiöser Vollzüge.

Die Bewegung der katholischen Aufklärung – Anstöße

kamen vielfach aus den protestantischen Ländern –
besaß eine große Bandbreite. Es gab Aufklärer, die am
liebsten den Glauben an die Offenbarung und den
übernatürlichen Ursprung des Christentums zugunsten
eines vernünftigen Humanismus aufgegeben hätten, bis
hin zu solchen, die »Aberglauben« bekämpften und
fundamentalistisch an den kirchlichen Dogmen festhiel-
ten, weil gerade dies der Primat der Vernunft verlange;
jede spekulative Durchdringung der Dogmen sei Teu-
felswerk. Die Volksfrömmigkeit mit ihren Formen der
Heiligenverehrung, ihren Gebräuchen, ihren Ablässen,
ihren Bruderschaften, ihrem Marienkult, ihrer Freude
an Wallfahrten war in aufklärerischen Kreisen verpönt.
Vor diesem Hintergrund lebte Maria Theresia, die von
ihrer Einstellung her weit mehr ein Mensch des Barock-
zeitalters als der Aufklärung war. Sie scheute sich nicht,
»barock« fromm zu sein. Und doch verwirklichte sie
auch unmittelbar aufklärerische Bestrebungen. Denn
sie wollte staatskirchliche Verhältnisse einführen, ein
wichtiger Programmpunkt der katholischen Aufklärung.

Kirche und Staatskirchentum

Worauf zielte das Staatskirchentum, das Maria Theresia
förderte? Exemplarisch dafür ist die Geheiminstruktion
von Graf Kaunitz für die Lombardei (1768), in der er die
staatskirchlichen Behörden anwies, daß kirchliche Disziplin und Kult dem Allgemeinwohl entsprechen müß-
ten. Selbst im Bereich des Dogmas wird in einem
gewissen Sinn keine unabhängige Autorität der Kirche
anerkannt, weil dem Fürsten zu sehr daran liege, daß
das Dogma dem Evangelium entspricht – obwohl natürlich die geistlichen Aufgaben andererseits in die Kom-
petenz der Kirche gehören: Predigt des Evangeliums

und Lehre, Kult und Sakramentenempfang, innere Disziplin der Geistlichkeit. Alle anderen Kompetenzen der Kirche unterliegen schlechthin dem Staat bzw. beruhen auf einer bloßen Konzession, die vom Staat einseitig widerrufbar ist. Grenzen sind das göttliche Recht bzw. der Einsetzungswille Christi (vgl. Maaß I, 228 f.).

Im Staatskirchentum setzte sich die traditionelle Schirmherrschaft der Souveräne über die Kirche fort, die diese zu schützen und zu fördern hatten. Dafür besaßen die Souveräne auch weitgehende Kontroll- und Eingriffsrechte (z. B. *Nominationsrechte* bei Bischöfen und Inhabern kirchlicher Pfründen; das *Exklusive*, also das Recht, nicht genehme Kandidaten bei der Papstwahl auszuschließen; das Placet oder *Exequatur* – kirchliche Dokumente bedurften zu ihrer Veröffentlichung und Rechtswirksamkeit der staatlichen Genehmigung; der »*Recursus ab abusu*«, das bei kirchlichen Disziplinarmaßnahmen beanspruchte Recht des Staates auf Berufung). Der Staat ist im Unterschied zum traditionellen Verhältnis seit der Aufklärung nicht mehr »Staat in der Kirche«, sondern die Kirche ist »im Staat«.

Zum Programm der weithin volksnahen und humanitären Staatsreform der Kaiserin gehörte die Abschaffung des kirchlichen Privilegs der Steuerfreiheit und der kirchlichen Immunitäten (z. B. Asylrecht und eigene Gerichtsbarkeit). Die allzu große Macht der – vielfach sehr reichen – Klöster sollte eingeschränkt werden (z. B. durch Heraufsetzung des Profeßalters, Abschaffung der Klosterkerker, Richtlinien bezüglich des Klostereigentums). Maria Theresia hatte klar erkannt, daß nur durch eine Umschichtung der klösterlichen Vermögen eine geregelte und ausreichende Pfarrseelsorge für die Bevölkerung finanzierbar war. Ihre Reformpolitik war im Vergleich zu ihrem Nachfolger Joseph II. (1780–1790) überaus behutsam und vorsichtig. (Er ließ 1781 über 700 Klöster aufheben.) Sie wollte ihrem

Wahlspruch »Justitia et Clementia« (Gerechtigkeit und Milde) treu bleiben. Außerdem war sie weit weniger vom Geist der Verordnungen, des Bürokratismus und des Dirigismus angesteckt als ihr Sohn Joseph, der ob seiner vielen detaillierten Vorschriften und Erlasse in kirchlich-liturgischen Dingen vom Preußenkönig Friedrich II. als »Sakristan des Heiligen Römischen Reiches« verspottet wurde.

Maria Theresia schätzte den Jesuitenorden sehr. So versammelte sie sich mit dem ganzen Hof Jahr für Jahr bei der Säule der Immaculata vor dem Profeßhaus der Jesuiten. In ihrem ganzen Reich wirkten Patres aus der Gesellschaft Jesu. Dennoch stimmte die Kaiserin der Aufhebung des Ordens durch Papst Klemens XIV. (1773) zu. An Gräfin Enzenberg schrieb sie: »Was die Jesuiten betrifft, bin ich tief traurig und verzweifelt. Mein ganzes Leben habe ich sie geliebt und nichts als Erbauliches gesehen. Aber ich habe nun endgültig die Regelung einer Kommission übertragen« (16. Oktober 1773). Aus welchem Grund? Frankreich hatte – angeblich – die Bedingung gestellt, daß die Hochzeit ihrer Tochter Marie Antoinette mit dem Dauphin, dem späteren Ludwig XVI., nur zustande komme, wenn die Kaiserin in die Aufhebung des Jesuitenordens einwillige. Und ihr dynastisches Interesse hat wohl den Ausschlag für ihre Entscheidung gegeben.

Es wäre ungerecht, Maria Theresia für die Zerschlagung des Jesuitenordens verantwortlich zu machen. Denn die treibenden Kräfte waren andere: die bourbonischen Höfe; der im Grunde allzu politisch denkende Papst Klemens XIV.; jansenistische Kreise; die Freimaurer, die in merkwürdiger Eintracht mit jesuitenfeindlichen Klerikern antijesuitische Strömungen schürten; aber auch der Orden selbst, weil er sich nur schwer von der vergehenden Welt des Barock lösen konnte. »Jesuit« wurde zum Schimpfwort für alle, die als Gegner der

Aufklärung und ihrer Reformen galten. Als Verfechter päpstlicher Rechte und Interessen nahm der Orden am Niedergang des Papsttums teil.

Mit der Aufhebung des Ordens wurde auch in Österreich eine Studienreform möglich (1774). Maria Theresia und Joseph II. akzeptierten die Neuregelung, die der Benediktinerabt Stefan Rautenstrauch vorschlug. Positive Wissenschaften wie Kirchengeschichte und Exegese kamen in den Lehrplan; die alte Scholastik wurde weitgehend abgeschafft. Es erfolgte eine Hinwendung zu den Quellen, um die Theologie von einem unkritischen Autoritätsglauben zu befreien. Einerseits wurde so die Mündigkeit gefördert, andererseits aber übernahm nun der Staat die Kontrolle über die Priestererziehung. Der Klerus sollte sich um die Erziehungsinteressen des Staates kümmern und dessen Anordnungen der Bevölkerung vermitteln.

Für Maria Theresia stand zeitlebens außer Frage, daß der Katholizismus in ihrem Reich die Staatsreligion bleiben müsse. Sie, die Kaiserin von Gottes Gnaden, fühlte sich für das Seelenheil ihrer Untertanen verantwortlich. Dies hatte Konsequenzen. So war ihre Haltung bezüglich der religiösen Toleranz doch recht starr. Gegen Ende ihres Lebens kam es in dieser Frage zu einem dramatischen Streit zwischen ihr und Joseph II., dem sie im Juli 1777 schrieb: »Ich wünsche nur so lange zu leben, als ich hoffen darf, mit dem Troste hinabzusteigen zu meinen Ahnen, daß mein Sohn so groß, so religiös sein wird wie seine Vorfahren, daß er zurückkehren wird von seinen irrigen Anschauungen, von jenen schlechten Büchern, deren Verfasser ihren Geist glänzen lassen auf Kosten alles dessen, was das Heiligste und das Verehrungswürdigste auf der Welt ist.« Was war geschehen? Anläßlich einer Volksmission in Teilen Mährens (1777) bekannten sich angeblich etwa 10 000 Einwohner offen zum Protestantismus. Sollte Toleranz gewährt werden oder mit den üblichen Repressionen vorgegangen werden? Ein Kompromiß wurde gefunden: Die Behörden erhielten die Anweisung, den Protestantismus stillschweigend zu dulden, solange die »Häretiker« nicht die öffentliche Ordnung störten und sich keine öffentlichen Angriffe gegen die katholische Staatsreligion erlaubten. Zu einer rechtlich sanktionierten Toleranz kam es nicht, weil dies für Maria Theresia die Anerkennung eines säkularisierten Staatsbegriffs bedeutet hätte, den sie aber ablehnte. Mehr als eine stillschweigende Duldung der Protestanten kam für sie nicht in Frage. Erst Joseph II. erließ das Toleranzedikt (1781), das mehr Religionsfreiheit gewährte – wenn auch vornehmlich aus merkantilistischen Gründen. Aber es war noch ein weiter Weg bis in die neueste Zeit, als sich das II. Vatikanische Konzil *positiv* für die Gewissensfreiheit aussprach, ohne Angst zu haben, daß dies mit dem unbedingten Anspruch der Offenbarung nicht zu vereinbaren sei.

Der Tod Maria Theresias

Vergeblich sucht man bei Maria Theresia nach neuen, nur für sie typischen spirituellen Elementen. Sie schrieb keine geistlichen Traktate oder mystische Tagebücher. Alltäglich sind ihre religiösen Erfahrungen. Obwohl vertraut mit dem Reichtum barocker Kunst und Kultur, blieb ihre Glaube schlicht, katechismusartig einfach. Gewöhnt an große Festlichkeiten und offizielle Staatsakte erzeugten die feierlichen Liturgien bei ihr kein theatralisches Gehabe, sondern bestärkten ihren nüchternen und pflichtbewußten Sinn, ihr Gefühl für Stil und Würde, ihre traditionelle Religiosität.

Die letzte Stunde Maria Theresias verdeutlicht, in welch tiefem Glauben sie gelebt hat. Mit großer Gelassenheit nahm sie ihren Tod an. Vielleicht ist die Art und Weise, sich so zu verabschieden, ein Anzeichen dafür, daß letztlich nicht der Stil der Frömmigkeit – sei er mehr barock oder mehr aufgeklärt – entscheidend ist, sondern das beiden zugrundeliegende Vertrauen auf Gott. Ihre Tochter Marianne berichtet von den letzten Augenblicken ihrer Mutter Maria Theresia am 29. November 1780: »3 stund vor ihrem tod brachte der Störck eine mixtur. Sie lächelte und sagte: Ich bedanke mich, diß gehört nur, um mich auf zu halten, diß nehme ich nicht . . . Fünff minuten vor ihrem tod stund sie mit Gewalt von ihrem sessel auf und machte einige Schrit bis zu ihrer Chaise longue, wo sie zusammen sank. Mann legte sie so gut als möglich hinauff, sie helffte sich noch selbst. Der kayser sagte: Ihro Mayst. ligen sehr übel; ja sagte sie aber gut genug um zu sterben sie machte noch drey vier athemzug und verschied« (Katalog, 199).

Literatur

Fussenegger, G., Maria Theresia, Wien-München-Zürich-Innsbruck 1980

Maaß, F., Der Josephinismus. Quellen zu seiner Geschichte in Österreich 1760–1850, 5 Bde., Wien 1951–61

Maria Theresia und ihre Zeit. Zur 200. Wiederkehr des Todestages; Ausstellungskatalog, Wien 1980 (= Katalog)

Mraz, G., Frömmigkeit und Staatsräson, in: Koschatzky, W. (Hg.): Maria Theresia und ihre Zeit. Eine Darstellung der Epoche von 1740–1780 aus Anlaß der 200. Wiederkehr des Todestages der Kaiserin, Salzburg-Wien [2]1980, 203–208

Rothe, C. (Hg.), Die Mutter und die Kaiserin. Briefe der Maria Theresia an ihre Kinder und Vertraute, Berlin 1940

Schatz, K., Die katholische Aufklärung 1750–1830. Vorlesungsmitschrift WS 1975/76, Frankfurt

Tapie, V. L., Maria Theresia. Die Kaiserin und ihr Reich, Graz 1980

Christina Brandl

Amalie von Gallitzin
(1748–1806)

Christsein zwischen Aufklärung und Romantik

———————————

In Amalie von Gallitzin zeigt sich uns eine Frau, die
nicht durch schriftstellerisches Wirken oder die Gründung eines Ordens berühmt wurde. Ihre Bedeutung
liegt vielmehr in der Mitwirkung an der geistigen
Erneuerung in Deutschland in der Zeit der Spätaufklä-
rung. Durch ihre Fähigkeit, Menschen zu inspirieren,
zu versammeln und zu führen, besitzt sie weit über ihre
Zeit hinaus geistesgeschichtlichen Einfluß.
Es war ein anstrengender persönlicher Weg, auf dem sie
– ein Kind der Aufklärung – durch die Phase der
Vernunftgläubigkeit hindurch, über das Stadium des
Deismus zur Katholikin reifte. Sie erlitt existentiell die
Schattenseiten eines aufklärerischen Lebensgefühls und
kann wohl gerade deswegen – aufgrund ihrer religiösen
Metamorphose – zu einem Lebenstypus für den moder-
nen Menschen heute, im Zeitalter der Nachaufklärung,
werden.

Jugend in aufgeklärter, höfischer Gesellschaft

Adelheid Amalia von Schmettau wurde am 28. August
1748 – genau ein Jahr vor Goethe – in Berlin geboren.
Ihre Eltern, der Reichsgraf von Schmettau, preußischer
Generalfeldmarschall und Gesandter, Protestant und
Mitbegründer der Berliner Akademie der Wissenschaf-

ten und seine Gattin Maria Johanna Freiin von Rüffer, böhmischen Adels und katholisch, ließen ihre Tochter reformiert taufen, gaben sie dann aber in ein etwas bigottes Klosterinternat, aus dem sie nur folgenden Eindruck vom Christentum zurückbehielt: »Ich hatte nichts als dummes Zeug davon aus dem Kloster behalten und glaubte, die ganze christliche Religion sei dummes, von sich zu werfendes Zeug« (Tagebuch, Kranz, 150). In dieser Meinung wurde sie in dem aufgeklärten Pensionat des Atheisten André Pierre Guay de Prémontal in den zwei darauffolgenden Jahren nur bestärkt.

Schließlich kommt Amalie an den Hof Friedrichs II. von Preußen (1712−1780) und kann hier im Gefolge der Prinzessin Luise »ihrem eigentlichen Thema frönen, der zunehmenden christlichen Entfremdung, der eine persönliche Vereinsamung parallel ging« (Sudhof 1973, 126). Vor den Intrigen der höfischen Gesellschaft vergräbt sie sich in französische Romane, um in ihnen die ideale Verkörperung jener höheren Menschlichkeit zu finden, nach der sie sich sehnt. In dieser Situation einer existentiellen Unbefriedigtheit scheint der russische Fürst und Botschafter Dimitri Gallitzin, den sie als Zuständigen für ihre geistige Führung wählt, ihre Hoffnungen zu erfüllen.

Mit neunzehn Jahren heiratet Amalie den russisch-orthodoxen Fürsten, dessen Umgang mit freigeistigen Philosophen seine Distanzierung vom christlichen Glauben bewirkt hatte. Nach gemeinsamen Reisen nach Brüssel, München, St. Petersburg − wo sie Katharina der Großen vorgestellt wird −, Wien und Paris wird das junge Paar in Den Haag ansässig. Es scheint eine glückliche Ehe zu sein. Im Jahre 1769 kommt ihre Tochter Marianne zur Welt; ein Jahr später wird ihr Sohn Mitri geboren, der später als Missionar nach Nordamerika gehen wird.

Der berühmte französische Philosoph und Enzyklopädist Diderot (1713–1784), der längere Zeit im Hause Gallitzin weilte, ist von Esprit und Charme der fünfundzwanzigjährigen Fürstin begeistert. Doch Amalie fühlt sich sinnleer. Die großen Empfänge und das Leben der Zerstreuung sind ihr zu banal. Sie bleibt ihnen schließlich fern. Amalie sucht nach mehr. Bei Diderot lesen wir in einem Brief an Sophie Volland im Jahre 1774: »Sie gibt sich Mühe, ihrem Manne zu gefallen, überwacht die Erziehung ihrer Kinder, hat ihre Prunkkleider abgelegt, ... hat Privatlehrer für Geschichte, Mathematik, Sprachen und scheut sich nicht, ein großes Festessen am Hofe zu verlassen, um ihre Unterrichtsstunde nicht zu versäumen« (Galland, 14).
Die Ehe mit dem Fürsten Gallitzin gerät in eine Krise. Wer daran Schuld hat, ist ungeklärt. Nachdem Amalie erkrankt ist, leben die Ehegatten ab 1775 getrennt. Unter Mithilfe Diderots kann sich Amalie in ein Bauernhaus abseits der Stadt zurückziehen.

Wandlung in Niethuis

Hier in der Einsamkeit von Niethuis (= Nichtzuhause) widmet sich Amalie nun ausgiebigen Studien, da sie zuvor in ihrem geistigen Bestreben unausgefüllt war. Ihr Lehrer ist Frans Hemsterhuis (1721–1790), erster Sekretär des holländischen Staatsrates. Er begeistert sie für die antike Kunst und Philosophie. Den Atheismus Diderots lehnt er strikt ab; er setzt sich vielmehr für religiöse und moralische Grundsätze ein, verwirft allerdings die Offenbarung. »Unter seiner Leitung erkannte sie Gott, Freiheit und Unsterblichkeit als die höchsten Werte« (Kranz, 152).
Frans Hemsterhuis bietet Amalie auch das, was ihr Gatte ihr nicht geben konnte: eine geistig fruchtbare

Seelenfreundschaft. Diese besondere persönliche Beziehung – ähnlich wie später die Freundschaften mit Franz von Fürstenberg (1729–1810), Goethe (1749–1832), J. G. Hamann (1730–1788) und Bernhard Overberg (1754–1826) – steht unter dem Vorzeichen: Selbstvervollkommnung durch Freundschaft. Inspiriert von der griechischen Philosophie hat für sie das menschliche Leben kein anderes Ziel als die reichste und vollkommenste Ausbildung der Persönlichkeit zu haben. In der Aufklärungszeit – religiöses Wortgut war verpönt – hat dieser Bildungs- und Selbstvervollkommnungsgedanke den christlichen Begriff vom Heil der Seele ersetzt.

Hier in Niethuis reift Amalies Persönlichkeit immer mehr. Die Mängel ihrer eigenen Erziehung spornen sie zu intensiven pädagogischen Bemühungen um ihre Kinder an.

Fürstenberg und der Kreis von Münster

Pädagogische Interessen für ihre Kinder führen Fürstin Amalie nach Münster (1779), wo der Minister Fürstenberg ein hervorragendes neues Schulkonzept verwirklicht, das in ganz Deutschland viel Anerkennung findet. In Fürstenberg – 50 Jahre alt, weltläufiger Aristokrat und Domherr – trifft Amalie einen Mann, »der durch Fähigkeit und Leistung seine Umgebung überragte und das eigene Leben vom Geiste her formte« (Trunz 1971, 201). Seinetwegen entscheidet sich die Fürstin spontan in Münster zu bleiben. Es kommt zu heißen Liebesbekundungen Fürstenbergs. Nach schwärmerischen Anfängen verbindet sie bald eine tiefe Freundschaft.

Mit welcher Intensität sie nahezu alle Bereiche des Lebens miteinander teilen, davon sprechen die nicht weniger als 2000 Briefe zwischen Amalie und Fürstenberg. Trotz der Innigkeit des Verhältnisses kennt es von

Anfang an die Distanz. Fürstenberg war Subdiakon und Amalie verheiratet.

Die lebendige Freundschaft der beiden bildet schließlich die Grundlage des »Kreises von Münster«, einem Zirkel gelehrter Männer, Professoren, Psychologen, Juristen und Pädagogen, die Fürstenberg zuvor schon zur Mitarbeit an staatspolitischen Reformen versammelt hatte. Aber erst in der lebensvollen Fürstin bekommt dieser Kreis einen gesellschaftlichen Mittelpunkt, weshalb er häufig auch Gallitzin-Kreis genannt wird.

Religiöse Entwicklung von 1779–1788

Amalie war 1779 mit einem ausgeprägten Vernunftglauben, fern jeder positiven Religion, nach Münster gekommen. Überrascht und betrübt mußte sie feststellen, daß Fürstenberg »Catholique et Chrétien« (Katholik und Christ) war. Sie hingegen könne nie und nimmer Christin werden, ist ihrem Tagebuch zu entnehmen.

Der Kontakt mit den religiös geprägten Freunden des Kreises ließ sie zwar mit deren Weltanschauung sich auseinandersetzen, aber es war zuallererst das eigene innere Bemühen und Erleben, das aus der vernunftgläubigen Philosophin eine überzeugte Katholikin machte. Ihrem hohen Erziehungsideal entsprechend, wollte sie ihren Kindern das Wissen über Religion nicht vorenthalten. »Ihnen meinen Unglauben mitzuteilen, das erlaubte mir mein Gewissen nicht, und sie ohne eigenen Glauben zu belehren, auch nicht. Ich nahm mir vor, sie mit größtmöglicher Treue und Fleiß alle Religionsgeschichten zu lehren und sie in der Wahl ihres Glaubens ihrem eigenen Gewissen zu überlassen« (Tagebuch, Kranz, 161).

Als sie zum Studium die Bibel zur Hand nimmt, wird

Amalie vom Evangelium der Liebe an den empfindlichsten Saiten ihres Herzen berührt. »Es tröstete mich so oft in meinem depressiven Zustand, in welchem mir jede Stütze entwichen war, daß ich endlich (zu verlieren hatte ich nichts, zu gewinnen vieles) mir vornahm, dem rührenden Rat Christi, daß wir versuchen sollen, seine Lehre treu zu befolgen, um es zu erfahren, daß sie göttlich sei (Joh 7,17), wirklich zu folgen« (Tagebuch, Katerkamp, 131). Zu diesem Versuch trägt auch eine ernste Krankheit bei, die Amalie 1783/84 dem Tod sehr nahe bringt. »Gott hat mich von den Pforten des leiblichen Todes zurückgeführt, um mich vom geistlichen zu befreien« (Brief an Droste-Vischering, undat.). Diese Grenzerfahrung löst eine innere Entwicklung in Amalie aus, die sie selbst als gänzliche Umkehr beschreibt, ja, als gänzlichen Wechsel in der Richtung aller Kräfte und Wünsche: »Ich fühlte . . . , daß das Glück, das der weise Mensch anstreben muß, . . . einzig darin besteht, seinen Willen in Einklang mit dem göttlichen zu bringen, diesen Willen zu lieben oder, mit anderen Worten, zufrieden zu sein mit dem, was jeder gegenwärtige Augenblick bietet« (Brief an Hemsterhuis, 1787).

Amalie von Gallitzin verkörpert in ihrem Zwiespalt – einerseits von der menschenliebenden, »erhabenen Moral« Jesu Christi fasziniert zu sein, andererseits die Dogmen und Sakramente seiner Kirche aber abzulehnen – die Situation vieler Christen zwischen Aufklärung und Romantik. Eine Überwindung dieses Dilemmas gelingt Amalie in ihrem »*Glaubensversuch*«. Durch ihn gewinnt sie die grundlegende Einsicht, daß sie nicht allein *argumentativ* zum Glauben kommen kann, sondern vor allem durch *praktische* Einübung religiöser Vollzüge. Diese sind unabdingbar.

Mit ihrem inneren Wandel ändern sich auch die von ihr angestrebten Ziele. Ihr Mühen um Gelehrsamkeit,

Ruhm und Ehre entlarvt sie als unmäßigen Stolz und Ehrgeiz, und – was vorher undenkbar gewesen wäre – sie bringt es nun fertig, vor den Freunden offen zuzugeben etwas nicht zu wissen. In ihrem Wertekatalog hat die Lösung ihrer ganz persönlichen religiösen Frage Priorität, so daß sie sogar auf eine Korrespondenz mit Goethe verzichtet: »Goethe, der mich als Mensch wahrlich begeistert . . . hatte, gab mir den schmeichelhaftesten Anlaß, in Korrespondenz mit ihm zu treten, . . . mir möchte er sich ganz öffnen, nach meinem gegenseitigen Vertrauen verlange ihn . . . ich allein hätte den Schlüssel seines lange verschlossenen Herzens . . . Aber da ich . . . zuviel Beschäftigung für mein Herz darin mutmaßte, konnte ich mich zu keiner Antwort entschließen« (Tagebuch, 1786).

Amalie hat nach langem Suchen schließlich einen Zustand innerer Gelassenheit erlangt und am 28. August 1786, dem Gedenktag des hl. Augustinus, mit dem sie vieles verbindet, ihre Lebensbeichte bei Overberg, ihrem priesterlichen Freund, abgelegt. Mit diesem Akt konvertierte sie zugleich zur katholischen Kirche. Drei Jahre später zog Overberg – eine brillante Persönlichkeit, Initiator und Nestor einer eigenständigen pädagogischen Theorie und Praxis – auf ihre Bitte in ihr Haus. Er war seitdem ihr geistlicher Begleiter und die führende *geistliche* Persönlichkeit des Gallitzin-Kreises.

Amalies unruhige Seele fand einen Maßstab für ihr Tun in dem Hauptgebot Christi: »Die Liebe zu Gott und den Menschen«, das sie mit Leib und Seele zu leben beginnt und das zu ihrer großen Triebfeder wird. Jeder Kontakt mit einem Menschen wird für sie zu einer Dreierbeziehung: »Ich fühlte, daß sich mir in jedem Wesen, welches ich liebte, eine Seite von Gott offenbarte; kurz, daß Liebe-fühlen, Liebe-einflößen lauter reine Offenbarung der Gottheit seien, die wir wechselweise ausströmten und einsaugen. Oh Gott – welch ein

Gefühl – wer erträgt, wer umfaßt es ganz« (Tagebuch, 1787).

Ein gesundes Augenmaß für das Wirken Gottes und die Notwendigkeit eigenen Handelns und Strebens lehrt sie die Begegnung mit Hamann, »dem philosophischen Überwinder der Aufklärung« (Kranz, 172). Das Wort »Gnade« gewinnt für Amalie von nun an Inhalt und radikale Bedeutung.

Auswirkungen der Bekehrung

Amalies Bekehrung zum Christentum erfaßte alle Bereiche ihres Lebens: ihr Haus, die Erziehung, den Freundeskreis, ihren Kontakt mit anderen Persönlichkeiten und damit ihr politisches und soziales Engagement. Über den einfachen und religiös geprägten Lebensstil Amalies berichtet uns die anschauliche Schilderung Goethes, der, aus dem französischen Feldzug heimkommend, sie gleich besuchte: »Die Fürstin . . . war eines der Individuen, von denen man sich gar keinen Begriff machen kann, wenn man sie nicht gesehen hat . . . Das ewige Künftige hatte sie in einer Religion gefunden, die das, was andere lehrend hoffen lassen, heilig beteuernd zusagt . . . das Leben füllt sich aus mit Religionsübung und Wohltun; Mäßigkeit und Genügsamkeit sprach sich aus in der ganzen häuslichen Umgebung; jedes tägliche Bedürfnis war reichlich und einfach befriedigt, die Wohnung selbst aber, Hausrat und alles, dessen man sonst benötigt ist, erschien weder elegant noch kostbar; es sah eben aus, als wenn man anständig zur Miete wohnte . . . Innerhalb dieses Elements bewegte sich die geistreichste, herzlichste Unterhaltung . . . in einer solchen zarten Umgebung wäre es nicht möglich gewesen, herb oder unfreundlich zu sein« (Campagne in Frankreich, zu 1792).

Amalie paßt sich nicht allen gesellschaftlichen Gepflogenheiten an, aber das ihr sinnvoll Erscheinende übernimmt sie gerne. Diese Eigenständigkeit hat natürlich eine eindringliche Wirkung auf ihr Haus und die Erziehung der ihr anvertrauten Kinder, die sie alle wie ihre eigenen behandelt. »Erst in der so geschaffenen Atmosphäre einer christlichen Humanität war die dichterische Erscheinung einer Annette von Droste-Hülshoff möglich« (Heselhaus, 229), die Amalie neben ihrer Nichte, vier Erbdrost-Söhnen und Jacobis Sohn in Obhut hatte. Sie erzog sie in Natürlichkeit – ihre Kinder lernten rennen und balgen, ringen und schwimmen, zum großen Entsetzen der Münsteraner, die erstmals eine Fürstin in ihrem Fluß, der Aa, baden sahen.

Von Rousseau inspiriert und durch die Gespräche mit den Pädagogen Fürstenberg und Overberg begeistert, entwickelte Amalie ihre »natürliche Pädagogik«. Sie wollte eine ganzheitliche Erziehung. Die Kinder sollten sich kreativ entfalten können und ihre Menschennatur verwirklichen, die in ihnen angelegt ist. Amalies Leitsatz lautete: »Wenn ich einen Samen in die Erde säe, so bleibe ich nicht stehen und horche . . ., sondern gehe von dannen . . . und überlasse Gott das Wachsen und Gedeihen« (Tagebuch, Schlüter III, 143). Natürlichkeit in christlicher Perspektive bleibt für Amalie nicht in einem geschlossenen Kreislauf stecken – Natur um der Natur willen. Dies wäre eine materialistisch-deterministische Sicht, die den Menschen in seiner »Natur« gefangenhält. Natürlichkeit ist für Amalie transparent auf Übernatürliches. Gott ist das letzte Ziel, in dem sich die Menschennatur vollendet. Zwanglos und unkompliziert vermittelt Amalie durch ihr Wesen, daß sie sich verdankt fühlt, und steckt durch ihre Natürlichkeit viele zur Dankbarkeit gegenüber Gott an.

Aufgrund ihrer christlichen Natürlichkeit wirkte Amalie auf viele Menschen befreiend und anregend; ihr

Gottesbild war überzeugend. Vielen wurde sie eine große Hilfe zur Selbst- und Gottesfindung. »Durch nichts in der Welt habe ich einen so großen und so bleibenden Eindruck wie durch die Fürstin erhalten, und von dem Augenblicke an, in welchem ich sie sah, ist sie mein Leiter zu Gott gewesen« (Kranz, 171), erklärte Caroline Perthes, Tochter des Dichters Matthias Claudius (1740–1815). Auf Amalies Glaubensbeispiel hin legte der bekannte Dichter und Lutheraner Stolberg 1800 im Hause der Gallitzin das katholische Glaubensbekenntnis ab und löste damit viele weitere Konversionen aus, obgleich das Ansehen der katholischen Kirche damals sehr gering war. Der Vorgang erregte in ganz Deutschland großes Aufsehen.

Damals bildeten sich zahlreiche Kreise in Köln, Tübingen, Mainz, München, Wien und Landshut, die in einer katholischen Aufbaubewegung die besten Gedanken der Aufklärung übernehmen und an der Erweckung einer echten Gläubigkeit arbeiten wollten. Der erste dieser »Laien«-Kreise war der Gallitzin-Kreis in Münster – in den Augen der Zeitgenossen ein Sammelpunkt geistigen Lebens, der in allen geistigen Zentren Deutschlands, sogar Englands und Frankreichs wirkte. Fürstin Amalie und ihr Kreis zeichneten sich nicht nur durch eindrucksvolle Breitenwirkung und Publizität aus: Ihr Engagement in Wissenschaft, Erziehung und Politik wurzelte in einem religiösen Leben, das reflektierte Vertiefung in den alljährlichen geistlichen Exerzitien des hl. Ignatius von Loyola fand. Obwohl Goethe genau wußte, was ihn von diesem Kreis trennte, gestand er, »wie durch eine geheimnisvolle Macht finde er sich immer von neuem hingezogen zu jenen echt katholischen Naturen, die, befriedigt im festen und treuen Glauben . . . Gutes tun aus keinen anderen Rücksichten, als weil es sich von selbst versteht und Gott es so will. Vor solchen Naturen habe er dauernde Ehrfurcht,

und er habe diese zum ersten Male in seinem Leben
gegen die Fürstin Gallitzin und in ihrem Kreis von
Freunden empfunden« (überliefert von F. J. Schlosser,
in: Sudhof, 181). Die zahlreichen Kontakte zu Luthera-
nern wie Matthias Claudius, Friedrich Perthes (1772–
1843), Friedrich H. Jacobi (1743–1819) und J. G. Hamann – der im Garten Amalies begraben wurde –
zeigen, wie sehr Amalie für religiöse Werte in den
anderen Konfessionen offen war. Im Grunde initiierte
sie eine Art ökumenische Bewegung.

Politisches und soziales Engagement

Schon früh erkannte Amalie den stark fördernden oder
zerstörerischen Einfluß der Machthaber auf die »Ver-
besserung der Menschheit«. In ihrem Kreis wurden
regelmäßig die politischen Ereignisse diskutiert. Amalie
selbst nahm durch ihre Beziehungen und Fähigkeiten
indirekt am politischen Geschehen teil; so zum Beispiel,
als Blücher 1802 Münster einnahm, wodurch es seine
politische Selbständigkeit verlor und ein regelrechter
Kulturkampf gegen katholisches geistiges Gut ent-
brannte. Amalie stand ihren Freunden, die sich dagegen
wehrten, tatkräftig zur Seite.
Als aufgrund der Französischen Revolution mittellose
Emigranten Münster überfluteten, organisierte Amalie
eine umfassende Hilfsaktion und ließ durch Goethe ihre
wertvolle Gemmensammlung verkaufen. Ihr soziales
Engagement war intensiv und vielfältig und machte sie
zur »Mutter der Armen und Bedrängten«.
Am 27. April 1806 starb Amalie nach einer schmerzvol-
len Krankheit in Gegenwart ihrer Freunde. Ihr letzter
Wunsch ist charakteristisch für ihren Lebensstil der
Natürlichkeit und Nächstenliebe. »Ich will zu Angel-
modde (einem kleinen Dorf außerhalb Münsters) auf

dem Kirchhofe begraben sein an dem Platze, wo man
die Armen begräbt« (Kranz, 170).

Literatur

Bruford, W., Fürstin Gallitzin und Goethe. Selbstvervollkomm-
nungsideal, Köln 1957

Galland, J., Die Fürstin von Gallitzin und ihre Freunde, Köln 1880

Heselhaus, C., Amalie von Gallitzin und die Idee einer christlichen
Humanität, in: Jahrbuch der Droste-Gesellschaft, Münster 1950,
214–233

Hoffner, W. (d. i. W. Dilthey), Die Fürstin Gallitzin, in: Wester-
mann's Jahrbuch der illustr. dt. Monatshefte, Braunschweig
1875, 588–593

Katerkamp, T., Denkwürdigkeiten aus dem Leben der Fürstin
Amalie von Gallitzin, Münster 1828

Kranz, G., Herausgefordert von ihrer Zeit. Amalie von Gallitzin,
Regensburg 1976

Reinhard, E., Die Münstersche »Familia sacra«, Münster 1953

Schlüter, C. B., Briefwechsel und Tagebücher der Fürstin Amalie
von Gallitzin, N I, Münster 1876

Sudhof, S., Der Kreis von Münster. Briefe und Aufzeichnungen,
Münster 1962

ders., Von der Aufklärung zur Romantik, Berlin 1973

Trunz, E., Fürstenberg, Fürstin Gallitzin und ihr Kreis. Quellen
und Forschungen, Münster 1955

ders., Goethe und der Kreis von Münster. Zeitgenössische Briefe
und Aufzeichnungen, Bd. 6, Münster 1971

Wolf, O., Die Fürstin Amalie von Gallitzin und Friedrich L. Graf zu
Stolberg. Beitrag zur Stellung des Gallitzin-Kreises in der dt.
Literatur- und Geistesgeschichte, Würzburg 1952

Wormstall, J., Aus dem Leben der Fürstin Amalie von Gallitzin.
Zeitschrift für vaterländische Geschichte und Altertumskunde,
Bd. 64, Münster 1906

Corona Bamberg

Hedwig Dransfeld
(1871–1925)

Die Gründerin der deutschen katholischen
Frauenbewegung

»Die bedeutendste Frau der Gegenwart«, wie der
sozialdemokratische »Vorwärts« uneingeschränkt be-
wundernd anläßlich des deutschen Frauenkongresses
1912 in Berlin feststellte (Pünder, 151), Hedwig Dransfeld, ist heute weithin vergessen. Zwar kennt man noch
einige Daten: Gründerin der katholischen deutschen
Frauenbewegung sei sie gewesen und seit 1912 deren
Vorsitzende – so etwas ungenau der Große Brockhaus.
Ihre publizistische Tätigkeit, namentlich als Schriftlei-
terin der »Christlichen Frau«, ist auch einem Artikel aus
Anlaß ihres 50. Todestages der Erwähnung wert. Ihr
Interesse an der Arbeiterfrage, ihr Engagement für
soziale Schulung und universale Bildung der Frauen, ihr
Wirken im Reichstag, dem sie seit 1920 als Abgeordnete
angehörte und in dem sie bewußt einen unverwechselbaren Stil parlamentarischer Frauenarbeit darstellte,
daran erinnert man sich schließlich schon. Aber sowohl
die christliche Zielsetzung der von ihr maßgebend
geprägten Frauenbewegung wie ihre markante Gestalt
selbst stehen keineswegs so im Bewußtsein einer breite-
ren Öffentlichkeit, wie es angemessen und einer Zeit
wie der gegenwärtigen hilfreich wäre.

»Biographisches gibt es nicht viel«, schreibt sie 1904 an ihre Vorgängerin in der »Christlichen Frau«, E. M. Hamann: »Mein Leben verlief äußerlich trostlos eintönig. Geboren am 24. Februar 1871 in Hacheney bei Dortmund als Tochter eines Oberförsters, Eltern sehr früh verloren, im Jahre 1890 Lehrerinnenexamen, seit diesem Jahre Lehrerin an der von Ursulinen geleiteten höheren Mädchenschule zu Werl – voilà tout.« (»Die Christliche Frau«, 1927, 89.) Unerwähnt bleibt der Sturz aus gutbürgerlichen Verhältnissen des Elternhauses in die materielle und geistige Bedürftigkeit bei der Großmutter, einer mittellosen Arztwitwe in Dortmund; unerwähnt auch die schlimme Zeit im Waisenhaus, wo die überaus sensible, fast krankhaft feinnervige Hedwig tüchtig mit anpacken mußte und früh schon eine Verlassenheit erfuhr, die ihr fürs Leben das Stigma der Schwermut einbrannte. Kein Wort fällt über ihre Krankheit, eine nie ganz ausgeheilte Knochentuberkulose, die 1899 zur Amputation des linken Armes und später zur Operation eines Fußes führte, was sie nie ohne Schmerzen ließ und nicht wenig dazu beitrug, daß ihre Lebenskraft im Kampf des geballten Temperaments und eines für alles Große wie Notvolle offenen, ideenreichen Geistes mit dem geplagten Körper zu früh verbraucht war.

So ist es kräftig untertrieben, wenn sie schreibt, Biographisches gebe es nicht viel bei ihr. Die innere Geschichte jedenfalls ist von Anfang an inhalts- und spannungsreich. Aber es liegt ihr nicht, über sich selbst zu reden. Die harte Kindheit und Jugend haben das Ihre dazugetan, die angeborene Scheu und Verhaltenheit zur Verschlossenheit werden zu lassen. Sie war schwierig, und sie wußte es. »Ich bin überhaupt ein schwer zu behandelnder Mensch, das wird mir so oft gesagt, daß ich es jetzt selbst glaube . . . Auf jeden Fall ist mein Charakter sehr starr . . ., er ist auf dem Amboß des Lebens durch hundert Hammerschläge geschmiedet worden, und die Schmiede waren die sanftesten nicht«, so schrieb sie an E. M. Hamann (a.a.O., 84). Daher die Bitte: »Sie müssen Geduld mit mir haben, ich bin ein junger Knorren, an dem die Früchte . . . nur langsam reifen.« In der Schule hat sie keine Freundin. Und auch die spätere Lehrerin behält etwas Unnahbares. Mit ihren Kolleginnen, den Werler Ursulinen, pflegt sie zwar guten, ja schwesterlichen Kontakt; auch wirkt sie päd-agogisch ganz im Sinn der Ordensschule. Aber die Schülerinnen finden nicht leicht Zugang zu ihr. Sie werden eher abgeschreckt von ihrer herben sachlichen Art, so gerecht und gütig »Onkel Hedwig« – so ihr Spitzname – auch wieder sein konnte. Wer jedoch bei ihr durchhielt, bekam viel mit für das Leben. Wohl am meisten beeindruckte die jungen Mädchen neben ihrem umfassenden Wissen die leidenschaftliche Anteilnahme an allem Menschenschicksal, im Alltag wie im aktuellen Zeitgeschehen.

Dafür vor allem wollte sie sensibilisieren; sie suchte in ihren Schülerinnen Verantwortungsgefühl zu wecken für die gesellschaftlichen und politischen Ereignisse, aber auch für die Not der Minderheiten, Hungernden und Zertretenen. Solidarität mit den Leidenden gehörte von Anfang an zu ihrer Vorstellung von Bildung und christlicher Kultur.

Bei aller Pflichttreue und Gewissenhaftigkeit war Hedwig Dransfeld in der Schule nie ganz zu Hause. Dagegen besaß sie ein beachtliches lyrisches Talent. Und – sie konnte erzählen. Ihre Gedichte – besonders den in Köln 1903 publizierten Band »Erwachen« – hat man mit dem lyrischen Werk der Droste und der Poesie eines Heinrich Lersch dem sozialen Dichter, gelegentlich auf eine Stufe gestellt. Unüberhörbar jedenfalls, wie persönlich

Erlebtes, Erlittenes und Ersehntes sich mit bisweilen elementarer Wucht und Bildhaftigkeit in ihrer Dichtung niederschlagen. Zeitweise hatte die Vereinsamte offenbar nur diese Möglichkeit, sich zu artikulieren. Dabei umkreiste sie aber nie introvertiert sich selbst, sondern suchte Antwort zu geben auf das Größere, sie Herausfordernde: das ihr verfügte Geschick, das Verlangen nach Freundschaft und Liebe, die Not besonders der Arbeiter und Arbeiterinnen, das aus dem »Maschinenzeitalter« bedrohlich Herandrängende: Entseelung, Glaubenslosigkeit, das Grauen der nahen Weltkatastrophe, das sie vorausahnte; in allem und über allem der je größere Gott. Gelegentlich verführte sie die früh erwachte Sorge um Sittlichkeit und Kultur mehr zum »Pädagogisieren« als zum »Poetisieren«. Aber der Grundantrieb war innerste Nötigung und originale Schaukraft. Sie schrieb sich aus, mit einer »kaninchenhaften Fruchtbarkeit des Geistes«, wie P. Wilhelm Kreiten SJ in seinem ebenso köstlichen wie kostbaren Briefwechsel mit der jungen Schriftstellerin sich einmal ausdrückt (unveröffentlicht). Schreibend fand sie zu sich und zu den Menschen.

Wie eine gütige Fügung mutet es sie an, daß ihr im Todesjahr des für sie so wichtigen Kritikers und Freundes – »meinen unvergeßlichen P. Kreiten« nennt sie ihn (a.a.O., 87) – neue Freundschaften geschenkt werden. Sie war dazu fähig. Von vielen wird bezeugt, daß sie sich im Kreis von Gleichgesinnten – etwa bei den Ursulinen in Werl, wo sie eine zweite, bis zum Tod festgehaltene Heimat fand – warm und charmant plaudernd geben konnte, übrigens auch witzig bis zu Satire und Selbstironie, und, nicht zuletzt, von Herzen zugewandt. Sie hatte nicht nur ein abgründiges Verlangen nach Geborgenheit und Liebe, sie konnte auch selbst lieben. Und Liebe, nicht Bitterkeit, hat ihr Lebenswerk bestimmt, und sie hat es in einer geradezu leidenschaftlichen

212

Selbstvergessenheit zu Größe und Fruchtbarkeit wachsen lassen.

Anders hätte sie sich kaum für den Lehrberuf entschieden, gegen eine Zukunft als Schriftstellerin. Immerhin war diese für sie harte Entscheidung durch die äußeren Daten in etwa vorprogrammiert. Hedwig Dransfeld hatte ja nach glänzend bestandenem Examen 1890 wegen ihrer angegriffenen Gesundheit nur als Hilfslehrerin bei den Werler Ursulinen beginnen können. Nach entsprechenden Zusatzstudien übertrug man ihr aber 1904 von staatlicher Seite die Leitung der sogenannten »Seminarklassen«, in denen junge Mädchen für den Lehrberuf ausgebildet wurden und in Werl auch Examen machen konnten. Da diese Konzession auf ihren Namen lautete (Ordensfrauen übertrug man zu der Zeit keine leitende Stelle), war Hedwig Dransfeld »halb und halb« in Werl festgelegt.

Als Kursleiterin hatte sie ein ihr gemäßeres Wirkfeld gefunden. Und doch kam sie nicht zur Ruhe. »Wenn man Pädagogik ins Große, Soziale geben könnte«, träumte sie (gegenüber E. M. Hamann, 85). Ein Traum der Sehnsucht nach dem weiten Leben, nach Mitarbeit am Weltgeschehen, nach »Prüfen, Wirken, Heilen« in eben der Öffentlichkeit, vor der sie von Natur aus zurückscheute und die sie doch aufs intensivste berührte.

So konnte der Lehrberuf für sie nicht Endstation und Lebensaufgabe sein. Zu unmittelbar litt sie die weltanschaulichen Auseinandersetzungen ihrer Zeit mit, zu weit griffen ihre Ideen und Pläne, zu glühend drängte es sie, in den Streit um Gerechtigkeit, Freiheit und Zukunft ihres Volkes einzutreten.

Das geschah zunächst in publizistischen Arbeiten. Vor allem schrieb sie in der »Christlichen Frau«, einer vom Caritasverband gegründeten und unter ihrer Schriftleitung (ab 1905) zum Zentralorgan des Katholischen

Deutschen Frauenbundes (KDF) sich entwickelnden Zeitschrift. Sie schrieb aber auch in vielen Tageszeitungen. Und sie trat als Referentin auf großen Frauenkongressen auf, so in Berlin 1912, wo sie aus katholischer Sicht über »die Frau im kirchlichen und religiösen Leben« zu sprechen hatte; auf dem Eucharistischen Kongreß, in Wien, ebenfalls 1912 (ihr Thema: »Eucharistische Gottversenkung im Leben und in den Schriften heiliger Frauen«, vgl. »Die Christliche Frau«, 1912, 1 ff.) oder auf der glänzenden »Kriegstagung« des KDF im Januar 1916, die sich unter ihrem Vorsitz das bezeichnende Gesamtthema stellte: »Die Frau als Mitgestalterin am neuen Deutschland«. Bereits vor ihrer Wahl zur Vorsitzenden des Katholischen Deutschen Frauenbundes 1912 in Straßburg galt ihr Name mehr und mehr als ein Programm für die Sache der Frauen. Was war das für ein Programm? Hedwig Dransfeld war nie und wollte nie eine Frauenrechtlerin im gängigen Sinne sein. Weder erfuhr sie Gott als eine traditionell »männliche«, versklavende Instanz, noch rieb sie sich wund an reaktionär und repressiv empfundenen Normen und Strukturen der Kirche. Emanzipation von Christentum und Kirche war für sie kein Thema, autonome Selbstverwirklichung interessierte sie nicht. Statt dessen suchte sie die Schöpfungsordnung in einer von der Sünde gebrochenen Welt und Gesellschaft zu verwirklichen. Sie ging davon aus, daß die Geschlechter verschiedenartig, wiewohl gleichwertig sind. Ihr Zusammenspiel hielt sie für ein göttliches Kunstwerk und eine fundamentale menschliche Aufgabe. Wohl kämpfte sie um eine gerechtere Stellung der Frauen in Staat und Gesellschaft (früh trat sie z. B. für das Frauenwahlrecht ein). Sie verschloß die Augen keineswegs vor Fakten, die der gottgewollten Gleichwertigkeit von Mann und Frau entgegenstehen. Aber alles, was sie unternimmt, geschieht sachkundig, ohne Res-

sentiments und falsche Emotionen, offen für Zusammenarbeit, mit ganz und gar positivem Vorzeichen. Ein
Paradebeispiel dafür ist ihre Rede im deutschen Reichstag über die »uneheliche Mutterschaft der Beamtinnen«
(»Die Christliche Frau«, 1927, 121 ff.). Sie nimmt Stellung zur Doppelmoral gegenüber Mann und Frau,
nennt souverän und zugleich bescheiden die Dinge beim
Namen, bleibt aber nicht stecken beim Einklagen von
Rechten, sondern ruft zur Verantwortung auf; und
zwar zuerst die Frauen selbst.

Die Voraussetzungen dafür zu schaffen, daß katholische Frauen Verantwortung übernehmen können, ist
ihr ein Kernanliegen; in unzähligen Artikeln, Rezensionen, Vorträgen sucht sie ihm zu dienen. An erster Stelle
braucht es dazu eine christliche Kultur. Nicht nur der
vielberedete »fromme Sinn«, sondern gründliches Sach-
wissen im Religiösen, im Sittlich-Sozialen, im
Geschichtlichen, Literarischen, Philosophischen und
Staatsbürgerlich-Politischen ist gefordert. Dies alles
aber nicht als bloße Information, sondern als Bildung:
Bildung, die den ganzen Menschen umfaßt, ihn geistig
wie seelisch, wie in seinem Verhalten zum Leib, aber
auch zum Mitmenschen, zur Gemeinschaft formt, sei es
in Ehe und Familie, sei es im Leben der alleinstehenden
Frau, sei es im Ordensleben, sei es im Berufsleben.

Früh hat Hedwig Dransfeld die Untrennbarkeit von
Frauenberuf und Frauenwerten erkannt, nicht erst in
den Kriegsjahren, als Frauen viele ungewohnte Aufgaben anstelle der eingerückten Männer übernehmen
mußten. Für Hedwig Dransfeld war dies keineswegs
nur eine organisatorische Angelegenheit, sondern eine
Herausforderung, die nach ganzheitlicher Formung,
von der sittlich-religiösen Wurzel her, rief. Dies um so
mehr, als auch nach dem Krieg der erzieherische,
pflegerische, soziale, wissenschaftliche und politische
Beitrag der Frauen notwendig und weiter auszubauen

war. Hedwig Dransfeld bejahte das. Sie suchte die Entwicklung voranzutreiben. Damit diese aber gesund blieb, dazu brauchte es christliche Kultur.

Nur von daher läßt sich Hedwig Dransfelds Position in der Frauenbewegung ausmachen. Auch ihre Perspektive über leibliche Mutterschaft und Familie hinaus hat nichts mit liberalistischer oder marxistischer Ideologie und Gleichmacherei zu tun. Sie hält diese Ausweitung für eine wirtschaftliche Notwendigkeit, vor allem aber für ein Gebot der Entfaltung gottgeschenkter Kräfte zum Wohl des Ganzen wie der Frauen selbst. Im christlich-kulturellen Horizont hat auch Frauenleben Sinn, das sich nicht in der Ehe oder in der Öffentlichkeit vollzieht, das sich in frei gewählter Jungfräulichkeit erfüllt und darin fruchtbar wird.

Dieses Programm – es war ihr eigenes Lebensprogramm – suchte sie während der 12 Jahre an der Spitze des KDF zu verwirklichen. In dieser Zeit wuchs der Bund von 72 auf 950 Zweigvereine, von 36 000 auf 240 000 Mitglieder. Als besonders zukunftsträchtig erwies sich die Entscheidung der organisatorisch wie ökonomisch klugen, persönlich überzeugenden und mitreißenden Vorsitzenden, den KDF auf das größere Ganze, das Volk hin, auszurichten. Unter ihrer Führung wurde jede elitäre Abgrenzung überwunden, die Kulturbewegung des Frauenbundes wurde zur Volksbewegung im Dienst an der sittlich-geistigen Erneuerung der Gesellschaft (übrigens nie als kirchlicher Verband, bei aller religiösen Eindeutigkeit und Loyalität gegenüber der Hierarchie). Auch der Zusammenschluß der Standesvereine mit dem KDF gelang. »Vielleicht ist dies die entscheidendste Tat ihres Lebens gewesen, daß sie die katholische Frauenbewegung bewahrt hat vor einer Zersplitterung in Schichten und Klassen«, schreibt Helene Weber kurz nach ihrem Tod (»Die Frau«, 1925, 329).

Es ist hier nicht möglich, im einzelnen und mit Hedwig Dransfelds eigenen Worten ihr noch heute aktuelles Konzept nachzuzeichnen. Weder als bloße Lückenbüßer noch im Dienst am Nur-Zweckmäßigen sollen die Frauen ihren Beitrag verstehen. Ohne »sittliche Hintergründe«, ohne »bewegende Menschheitsideen«, ohne »Religion« gibt es keine Lösung der Frauenfrage noch ein Weiterkommen in den politischen Problemen. Wo der im Religiösen gründende Lebenswille der Frauen fehlt, bricht die Gesellschaft »wurzelkrank« zusammen, meint sie in ihrem vielbeachteten Beitrag zu »Bevölkerungsfrage und Frauenfrage« 1916.

Sie selbst stellte diesen Lebenswillen unter Beweis, als sie, krank und überlastet, den Ruf als Abgeordnete in den preußischen Landtag und in die Weimarer Nationalversammlung annahm. Und auch als sie in den Reichstag ging, tat sie es in der Überzeugung, daß die Möglichkeit eines unmittelbaren Einflusses auf Politik und Gesetzgebung aus christlicher Verantwortung gerade als Frau nicht versäumt werden dürfe. Schon zuvor hatte sie sich auf dem sozialen Sektor engagiert: 1916 war in Köln eine Frauenschule entstanden, später eine in Aachen; auch die Vereinigung katholischer Sozialbeamtinnen verdankt sich ihrer Initiative. Im Reichstag galt Hedwig Dransfeld als Anwalt für Familien- und Eherecht, für Sittlichkeits- und Wohnungsfragen, für Berufstätigkeit und Bildung der Frauen, für Jugenderziehung und -schutz (noch unmittelbar vor ihrem Tod arbeitete sie an einer Novelle zum Filmschutzgesetz). Wenn sie sich, relativ selten, zu Wort meldete, »hatte sie etwas zu sagen« (Thüring. Zeitung v. 18. 3. 1925). Und in der »Germania« war am 25. 3. 25 zu lesen: »Sie war nicht die Person, die sich in Szene setzen wollte, und doch war Hedwig Dransfeld eine Persönlichkeit von jener Art, die in unserer Zeit nur spärlich gedeiht.« Wie selbstverständlich stieg sie auf zur stellvertretenden Fraktionsführerin der Zentrumspartei; »Sitz der Weisheit« nannte man sie dort. Und ausgerechnet die kommunistische Presse gestand ihr zu, »die geistreichste Frau nach Rosa Luxemburg« zu sein, ein Titel, der zur eingangs zitierten Verbeugung des »Vorwärts« fugenlos paßt.

1923 unternahm Hedwig Dransfeld mit Helene Weber eine Reise durch die Vereinigten Staaten, um den deutschstämmigen Amerikanern die Augen zu öffnen für das Nachkriegselend in ihrem Vaterland, besonders der hungernden Kinder. Noch wichtiger als materielle Hilfe war ihr aber auch hier die geistige Initiative: die Wiederherstellung der Würde ihres so gedemütigten Volkes durch Aufklärung über die wahren Sachverhalte. Die Reise wurde ein großer Erfolg.

Erschöpft kehrte Hedwig Dransfeld zurück. Mit ihrem eisernen Willen holte sie die letzten Reserven aus ihrem kranken Körper, im Wissen um das unendlich Viele, was noch zu tun war. Aber die Krankheit zwang sie, ein Amt nach dem anderen abzugeben, 1924 auch den Vorsitz des Frauenbundes. »Wir müssen alle einmal stille werden«, das Wort an Henriette Brey hat sie schließlich eingeholt. Im Januar 1925 zog sie ins Werler Krankenhaus, wo sie am 13. März, erst 54jährig, starb.

Spiritualität

Wer das – allzu knapp gezeichnete – Werk ihres Lebens überblickt, dem steigen manche Fragen auf. Wie weit ist es dem KDF gelungen, die klare Linie durchzuhalten, die diese ungewöhnliche Frau gesehen und gezogen hat? Wie weit ist ihre Überzeugung, daß die tiefsten sozialen Kräfte aus dem Religiösen wachsen, wie weit ist ihre Treue zur gottgeschaffenen Wesensprägung der Frau noch lebendig und wirksam? Jedenfalls hat sie in ihrem gelebten Christsein Akzente gesetzt, die auch heute gültig sind. Nennen wir nur drei: ihre Leidenschaft zur Ganzheit, ihre konsequente Weltverantwortung und ihre dynamische Intensität.

Leidenschaft zur Ganzheit. »Was ich bin, das soll ich ganz sein«, charakterisierte sie 1912 in Berlin die Art ihres Einsatzes. »Ich kann nicht innerhalb des gottesdienstlichen Raumes in Wahrheit die Anhängerin eines bestimmten Bekenntnisses sein, ohne die Grundsätze desselben nach draußen zu vertreten. Nur so beuge ich einer Halbheit vor, und Halbheiten sind überall die schwersten Hemmnisse der Entwicklung gewesen.« Durchdrungensein von dem, was man glaubt, im innersten Herzen wie in allem, nicht zuletzt auch politischen, Tun; Bemühen um Gleichklang oder doch Spannungseinheit von Leib und Seele, von materiellen Forderungen und geistigem Prinzip, von Sozial- und Kulturpolitik, von Organisation und Zielsetzung, von Bedürfnissen wirtschaftlicher, gesellschaftlicher, wissenschaftlicher Art und den »Forderungen der allertiefsten religiösen Seelenstimmungen« (Berlin 1912), darum hat sie unablässig gerungen. Nur aus solcher Ganzheit, die entschiedene Absage an allen Schlendrian verlangt, entstehen für sie Ehrfurcht, Dankbarkeit, Verantwortung, Freiheit, Scham und Glauben. Aber auch ihr Suchen nach Ausgleich bei klarbleibenden Unterscheidungen, ihre Offenheit für Begegnung mit Andersdenkenden – auch über die Konfessionsgrenzen hinweg –, dazu ihre Bereitschaft, selbst mit gerechter Kritik zurückzuhalten und der Barmherzigkeit den Vorrang zu geben (einen ihrer letzten Artikel nannte sie »Wille zur Barmherzigkeit«), nicht zuletzt ihr Konzept der Frauenbewegung, ohne schrille Töne christlich dem Ganzen zu dienen – all das zeigt eine Leidenschaft zur Ganzheit, die weit über nur politische Klugheit oder bloße Naturanlage hinausging, die buchstäblich »katholisch« (allumfassend, aufs Ganze bezogen) war.

Weltverantwortung. Ein halbes Jahrhundert vor dem Zweiten Vatikanischen Konzil war es Hedwig Dransfeld selbstverständlich, daß man nicht an seiner Welt vorbei Christ sein kann. Wir wissen wenig von dem »starken, heißen Innenleben« dieser Frau (J. Mausbach am 17. 3. 1925 an die Werler Ursulinen); daß sie aber die Stille liebte und Sammlung brauchte, steht fest. Und doch verwirklichte sich ihr Leben als Christin und Frau gerade im öffentlichen Handeln. Sie will »nicht nur weinen und beten«, bekennt bereits ein frühes Gedicht (»Umsonst«), sie will die Fragen und Aufgaben ihrer Zeit mittragen und anderen nahebringen, nicht im Trotz oder Protest, sondern aus ihrer tiefen Verbundenheit mit Gott. »Sie hatte etwas von der großen spanischen Heiligen an sich, die den Satz prägte: ›sólo Dios basta‹ (Gott allein genügt)«, bezeugt eine Mitarbeiterin. Gerade so gewann sie ihr christliches Weltverhältnis. Sie hat die Welt erlitten, aber nie aufgegeben. Das scheinbar Unabänderliche weckte nur noch tiefere Energien. Als in ihren letzten Lebenstagen alle Kraft von ihr genommen war, trat das wahrhaft Durchtragende zutage: die Teilhabe an Christi Hingabe für das Heil der Welt. Hedwig Dransfeld wurde ganz in sein Sterben eingefordert. Ihre Spiritualität der Weltverantwortung mündet in die des Weizenkorns. Darum zuletzt war ihr geschichtliches Wirken nicht nur prägend, es war heilsbedeutsam.

Intensität des Dynamischen. Überblickt man dieses Leben, meint man auf einen ständig wachsenden, mitreißenden Strom zu schauen, der dem Meer entgegenflutet. Hedwig Dransfeld war zutiefst eine vom Geist Getriebene. Sie ließ sich treiben und drängen, bis ihre

Kräfte aufgezehrt waren. Zwar ist da auch das Statische: die nie gelöste Verwurzelung in der westfälischen Heimat; unantastbare Kirchlichkeit; die fraglos gelebte und geliebte Schöpfungsordnung; nicht zuletzt eine vitale Naturverbundenheit. Das alles aber geht Hand in Hand mit einer hochsensiblen und tatbereiten Wachheit für die Hauptströmungen der Zeit wie für die Aufgaben des je einzelnen in einer rasch sich wandelnden Gesellschaft. Immer sprengte ihre starke Persönlichkeit den jeweiligen Rahmen, um immer weitere Bereiche zu umgreifen. Und doch ging sammelnde, weil gesammelte Kraft von ihr aus. Vor allem lebte diese von Invalidität und geistigem Leid Gezeichnete Hoffnung, eine Hoffnung, die nicht blind macht für die Aufgaben hier und jetzt, sondern die im Gegenteil anspornt, das ungewisse Heute auf Gott hin anzunehmen und sich daran mit der Dynamik des vom Geist Erfüllten aufzureiben. Symbol dieser Dynamik sollte die bereits 1916 geplante Frauenfriedenskirche werden, deren Vollendung sie nicht mehr erleben, nur erahnen durfte.

Es wird berichtet, daß Hedwig Dransfeld, schon in den letzten Zügen liegend, bat, das Fenster zu öffnen: Sie wollte den Kölner Dom noch einmal »sehen«. Diese steingewordene Dynamik christlicher Gottsuche und Weltkultur, diese heilige Gestalt christlicher Ganzheit und eines alles Irdische verwandelnden Impetus war ihre letzte Vision. Solche Menschen sterben nicht, wenn sie sterben. An uns ist es, sie unter uns lebendig sein zu lassen.

Literatur

Dransfeld, H., Bedeutung des akademischen Frauenstudiums für die Gegenwart, in: Das Hochland 9 (1910)

dies., Bevölkerungsfrage und Frauenfrage, in: Des deutschen Volkes Wille zum Leben. Bevölkerungspolitische und volkspädagogische Abhandlungen über Erhaltung und Förderung deutscher Volkskraft, hg. v. M. Faßbender, Freiburg 1917, 523–538

dies., Erwachen. Neue Gedichte, Köln 1903

dies., Die Frau im kirchlichen und religiösen Leben, in: Der Deutsche Frauenkongreß Berlin, 27. 2.–2. 3. 1912. Sämtliche Vorträge, hg. v. G. Bäumer, Leipzig o. J.

dies., Nachlaß. Persönliche Unterlagen, Notizbücher, Briefe von und an Frau Dransfeld, Belegexemplare von Artikeln in Tageszeitungen in Deutschland und in USA – in treuhänderischer Verwaltung des Ursulinenklosters in Werl/Westf.

dies., Viele Artikel, Rezensionen usw. in: Die Christliche Frau, gegr. 1902; verantwort. Redaktion durch H. Dransfeld ab 1905

Ferber, W., Hedwig Dransfeld (1871–1925), in: Zeitgeschichte in Lebensbildern. Aus dem Katholizismus des 20. Jahrhunderts, hg. v. R. Morsey, Bd. 1, Mainz 1973, 129–136

Hedwig Dransfeld zum Gedächtnis, in: Die Christliche Frau 26 (1927) 67–102

Krabbel, G. (Hg.), Frauen-Friedens-Kirche, Düsseldorf 1935.

Lange, H./Bäumer, G. (Hg.), Die Frau. Monatszeitschrift für das gesamte Frauenleben unserer Zeit. Organ des Bundes deutscher Frauenvereine, Berlin 32 (1925)

Pünder, M., Hedwig Dransfeld, in: Westfälische Lebensbilder, hg. v. R. Stupperich, Bd. XII, Münster 1979, 145–161

Richartz, M., Hedwig Dransfeld, Meitingen 1949

Für Überlassung von anders nicht zugänglichem Material sei auch an dieser Stelle Frau Maria Prümm, Köln, und Sr. Angela Immenkötter OSU, Werl, herzlich gedankt.

Ulrich Wickert

Therese von Lisieux
(1873–1897)

Der Kleine Weg der Liebe und des Vertrauens

Therese vom Kinde Jesus, vom Heiligsten Antlitz – dies war ihr Klostername, den sie sich selber gewählt hat –, die Entdeckerin des »Kleinen Weges« der Liebe und des Vertrauens, hat nicht das hinterlassen, was man ein »Werk« nennt. Oder vielmehr: Sie hinterließ es auf andere Weise, denn sie selbst ist das Werk. Und durch sich selbst, durch die Ausstrahlung ihrer leuchtkräftigen, konzentrierten Person hat sie eminent, in Etappen, gewirkt. Bald nach ihrem frühen Tod begann der atemberaubende Siegeszug rund um den Globus: begründet durch die auf Befehl ihrer Oberen von ihr verfaßte »Geschichte einer Seele«, bekräftigt durch den von ihr vorausgesagten »Rosenregen« in Gestalt von Heilungen und Erleuchtungen.

Auf die Phase solcher Selbstbekundung folgte das Echo der Kirche: Papst Pius XI. sprach Therese am 29. April 1923 selig, am 17. Mai 1925 heilig. Am 14. Dezember 1927 ernannte er sie zur Schutzpatronin der Missionen. Kardinal Pacelli hatte 1937 als päpstlicher Legat die in Lisieux über Thereses Gebeinen errichtete neobyzantinische Basilika eingeweiht. Als Papst Pius XII. ernannte er die »kleine« Heilige am 3. Mai 1944, zusammen mit Jeanne d'Arc, zur zweiten Schutzpatronin Frankreichs (Patrona Galliae).

Es folgte die dritte Phase einer gelehrt reflektierenden Besinnung auf das, was sich da zwischen dem Anruf der Heiligen und dem Echo der Kirche begeben hatte, und die von engagierten Autoren geleistete frappierende Entdeckung: Therese ist anders! Man hat sie der herrschenden Frömmigkeit angepaßt. Ihre autobiographischen Manuskripte sind an zahllosen Stellen retuschiert.

Eine Reihe zum Teil bedeutender Monographien hat seither den Versuch unternommen, das übermalte Antlitz der Heiligen freizulegen. An vielen Punkten ist die Erkenntnis entscheidend gefördert worden, doch haben schwerwiegende Mißverständnisse gleichzeitig Platz gegriffen. Es ist bei weitem schwieriger, als man gemeint hat, der »inneren Form« dieses Heiligenlebens auf die Spur zu kommen.

Kleines Nichts und ganze Liebe

Kaum zweieinhalb Monate vor ihrem Tod – schon längst auf dem Krankenbett, aber selbst jetzt noch zum Scherzen aufgelegt – fordert Therese eine ihrer Mitschwestern auf, nicht nur den Rasen des Klostergartens, sondern auch sie, die Patientin, mit Wasser zu besprengen. Gefragt, was für eine Pflanze sie sei, erwidert sie: »Ich bin ein kleines Samenkorn – man weiß noch nicht, was daraus keimen wird« (DE, 19.7.1). In diesem einen Satz, obschon nur gerade so hingeworfen, ist die ganze Therese präsent. Was zunächst berührt, ist die eigentümliche, von dieser Karmelschwester bis zuletzt festgehaltene Neigung, auf sich zu reflektieren. Keineswegs, wie man gemeint hat (von Balthasar, 26 f.; 90 ff.), Ausdruck einer gegen die »Sache«, das »Werk«, die »Sendung« verstoßenden Selbstbezogenheit; vielmehr Frucht des Wissens darum, daß sie, Therese, die man schon im Kloster etwas vorschnell für »einfach« hielt (IC, 156), in einem ungemein komplizierten inneren

Balanceakt sich allererst finden muß, um vor Gott Ereignis zu werden; und daß dies ihre eigentliche »Sendung« ist. Ganz in diesem Sinn umfaßt der eine zitierte Satz die beiden hier in Betracht kommenden Pole, Grund und Ziel des Existenzvollzugs, in welchem Therese seit Jahren geübt ist.

Zum einen die »Kleinheit«. Das bei Therese alle Augenblicke begegnende Wörtchen »klein« (sie nennt sich die kleine Schwester, die kleine Therese; sie will klein bleiben, ja, es immer mehr werden – IC, 215) hat nichts mit jener Verniedlichung zu tun, der die Heilige während der ersten Hälfte unseres Jahrhunderts in breiten Kreisen zum Opfer fiel. Es ist auch fern von der »kleinen friedlichen Mittelmäßigkeit«, welche Ida Friederike Görres (7) in der jungen Nonne glaubte apostrophieren zu dürfen. »Klein« zu sein – eine Erfahrung, welcher standzuhalten Therese erst lernen mußte (IC, 214) –, das besagt: sich als das »arme kleine Nichts«, das man in Gottes Augen ist, tapfer entgegenzunehmen (IC, 213); einzuwilligen, die Schwäche selbst zu sein, ja sich mit Paulus dessen zu rühmen (IC, 237); gerade kraft solcher Schwäche die Kühnheit zu besitzen, sich Jesus als Opfer anzubieten (IC, 201); am Ende gar mit Hiob (13,15 Vulgata) zu sprechen: »Selbst wenn Gott mich tötete, würde ich noch auf Ihn hoffen« (DE, 7.7.3). Klein sein heißt, sich entschlossen gerade so, wie man ist, mit ganzem Einsatz an Gott verschenken. Um den paradoxen Sinn zu verstehen, muß man die von verhaltenem Humor gewürzte, das eigene Leben drangebende Verwegenheit spüren, mit welcher diese Frau auf den »lieben Gott« vertraut, mit welcher sie gerade kraft ihrer Kleinheit sagen konnte: »Ich wähle alles« (IC, 22 f.).

Indem Therese, die keine halbe Heilige sein will, »alles« wählt, greift sie – das ist der andere Pol – zur Transzendenz hin aus: das Bild des zum Wachstum bestimmten kleinen Korns. Gerade ihr eng umzirkeltes Dasein in der Klausur des Karmel, der von Fernstehenden zu Unrecht geringgeschätzte Umgang mit den »kleinen Übungen«, »kleinen Tugenden« (IC, 165), »kleinen Dingen« (IC, 234) ist für sie der mit zunehmender Meisterschaft wahrgenommene Anlaß gewesen, sich auf Schritt und Tritt vom Hiesigen gleichsam abzusetzen, vermittels der aus der Konzentration auf das Unscheinbare gewonnenen Triebkraft den Überschritt in ein anderes zu wagen; nicht Verdienste für den Himmel zu häufen (der Leistungsethik hat sie den Abschied gegeben), sondern sich mit jeder ihrer intensiven kleinen Aktionen in Gott gleichsam loszulassen, dessen Liebe allein ihr unbändiges Verlangen befriedigen konnte (IC, 281).

Thereses inneres Leben ist ein einziger Akt permanenten Transzendierens gewesen. Sie hat darin Fortschritte gemacht in dem Grade, als es ihr gelang, alles Mitgebrachte – ihre eruptive Natur, ihr mittelständisches Milieu, die zeitbedingte, von Furcht nicht minder als von Sentiment geprägte Frömmigkeit – aus Liebe zu wandeln, mit leeren Händen vor Gott zu erscheinen und Ihn allein ihre Gerechtigkeit sein zu lassen (IC, 281). Eine der von ihr durchgestandenen Lebenskrisen wurde dadurch ausgelöst, daß sie sich in ihrem Drang, »alles zu wählen«, auch zu allem berufen glaubte. Es genügte ihr nicht, als Karmelitin Braut Jesu und Mutter der Seelen zu sein. Sie fühlte die Berufung zum Krieger, zum Priester, zum Apostel, zum Kirchenlehrer, zum Märtyrer. Sie wollte in allen fünf Weltteilen gleichzeitig das Evangelium verkündigen. Und diese Gleichzeitigkeit verstand sie so, daß sich ihre Tätigkeit von Anbeginn der Welt bis ans Ende der Zeiten erstrecken sollte (IC, 198 f.). Ein erschreckendes Verlangen nach Raum und Zeit übergreifender Omnipräsenz, das freilich mit Thereses auf ein Umgreifendes zielender Berufung zu

228

tun hat und sich nicht als Schwärmerei eines jungen Mädchens abtun läßt.

Die Lösung ihrer Krise fand Therese, wie so viele andere Große im Reiche Gottes, beim Apostel Paulus. Im 12. und 13. Kapitel des 1. Korintherbriefes bekam sie zu lesen, die Kirche setze sich aus verschiedenen Gliedern zusammen, das Auge könne nicht Hand, der Apostel nicht Prophet oder Lehrer sein. Dagegen gebe es etwas, das alle diese einzelnen Dienste mit sich durchdringe, zusammenfasse und in Tätigkeit setze, und das sei die Liebe (IC, 199 f.). Hier fand sich Therese in ihren Wünschen, »größer als das Weltall«, korrigiert und in Schranken gewiesen. Aber zugleich ergriff sie mit einem Jubelschrei die ihr aus dem Paulustext entgegenkommende Möglichkeit, sich mit der Liebe zu identifizieren, die alle kirchlichen Dienste eint und belebt, die das Herz der Dinge, das Umgreifende und Transzendente ist. Im Verzicht fand sie zu dem, was sie eigentlich wollte: »Meine Berufung ist die Liebe . . . im Herzen der Kirche, meiner Mutter, werde ich die Liebe sein . . . so werde ich alles sein . . .« (IC, 200 f.).

Wir rühren hier an das Geheimnis von Thereses Person. Denn mit der alldurchdringenden Liebe, die sie sein will, ist die Opferliebe gemeint. Mit dieser ist auf das »Sterben aus Liebe« gezielt, das für Therese je länger desto mehr zum Inbegriff ihres Daseins wurde – nicht als vage Sehnsucht, sondern als fortgesetzte, realistische Übung eines als richtig erkannten Weges, als unter Schmerzen und doch in tiefem Frieden geleistetes »Werk« (IC, 223).

Von daher begreift sich die kleine Begebenheit elf Tage vor Thereses Tod. Nach der Eucharistiefeier bittet sie darum, den Meßkelch sehen zu dürfen. Sie betrachtet lange seinen Boden und gibt auf die Frage: Warum? zur Antwort, sie sei froh, ihre Züge dort sich spiegeln zu sehen, »wo das Blut Jesu aufbewahrt war, und wohin es wieder herabsteigen wird«. Und in Erinnerung an ihre Audienz bei Papst Leo XIII. fügt sie hinzu, in gleicher Weise sei ihr Gesicht in den Augen des Heiligen Vaters noch einmal erschienen (DE, 19.9.1.). Ein Selbstzeugnis von nicht zu überbietender Prägnanz!

Ans Ziel gekommen, mit sich identisch geworden sein, heißt: *Liebe sein.* Liebe sein heißt: aus Liebe sterben. Aus Liebe sterben heißt: Gemeinschaft der Leiden mit Christus haben. Gemeinschaft der Leiden mit Christus haben heißt: in der Kirche sein, vom Vicarius Christi wahrgenommen sein. Die Struktur dieses Liebesvollzugs läßt erkennen, daß sich Therese bei ihrem Ausgreifen zur Transzendenz doch Gottes nicht bemächtigt. Sie läßt ahnungsvoll offen, was Er aus ihr machen wird: »Man weiß noch nicht, was daraus keimen wird.« In derselben Linie liegt eine Äußerung etwa zweieinhalb Monate zuvor: Das Sterben mute sie an wie ein Hangeln am Klettermast. Fortgesetzt gleite man aus, aber plötzlich werde man von Gott an die Spitze gehoben (DE, 8.7.7).

Aus Liebe sterben

Marie-Françoise-Thérèse Martin wurde am 2. Januar 1873 in Alençon (Departement Orne) geboren und dort zwei Tage nach der Geburt in Notre-Dame getauft. Vierjährig verlor sie ihre tatkräftige Mutter Zélie, geb. Guérin. Daß der Tod in Gestalt des düster an die Wand gelehnten Sargdeckels kam (IC, 28) und daß es die Mutter war, die er nahm, das bewirkte eine tiefe Erschütterung. In der Gesellschaft des liebenswürdig verträumten Vaters Louis Martin (er hatte sein Juwelierhandwerk aufgegeben, um seiner Frau bei deren Spitzenhandel zur Hand zu gehen) sowie vier älterer Schwestern (vier weitere Geschwister waren gestorben) lebte Therese in Lisieux doch fröhlich und fromm.

Der Eintritt ihrer Schwester Pauline, ihrer »Wahlmutter«, in den Karmel von Lisieux riß die alte, vernarbte Wunde desto grausamer auf. Das war im Oktober 1882. Therese fiel in eine schwer zu diagnostizierende Gemütskrankheit, die nach menschlichem Ermessen keine Genesung mehr zuließ (IC, 58). Da wurde sie unvermutet, am zweiten Sonntag im Mai 1883, durch eine visionäre Erfahrung geheilt. Eine im Zimmer postierte Marienstatue gewann im Spannungsfeld der gepeinigten Seele plötzlich Leben. Eine unbeschreibliche Schönheit glänzte auf, das Antlitz Mariens atmete Güte und Zärtlichkeit. Das »Lächeln der heiligen Jungfrau« befreite das Kind – der Schmerz löste sich in Tränen der Freude (IC, 26 f.).

Psychologische Kategorien reichen nicht hin, um zu erklären, was es bedeutet, daß Therese nach dem Verlust ihrer irdischen Mütter von der himmlischen Mutter gerettet wurde. Nicht allein, daß sie sich seither von intimer Vertrautheit umfangen wußte: Sie entwickelte zugleich ein Gespür dafür, daß das Geheimnis der jungfräulichen Mutter menschliches Fühlen charakteristisch übersteigt und mit dem Geheimnis der Mutter Kirche zusammenfließt (IC, 202 f.). In gewisser Weise erinnert es an Augustinus, wie sie den Weg von der eigenen, sterblichen Mutter zur ewigen Frau zurücklegt.

Parallel dazu entdeckt Therese die Liebe des himmlischen Vaters: zunächst gleichsam in der Verlängerung des innigen Einverständnisses, das sie mit ihrem leiblichen Vater verbindet, später, auf dieser natürlichen Grundlage, auch hier im Modus des Abschiednehmens von allem, was hiesig ist, als Louis Martin, den sie wie einen Heiligen ansah (IC, 39), in geistiger Umnachtung lange und mühsam starb.

Beide Wege, die über alles Innerweltliche hinaus ins Unverfügbare reichen, sind aber gar nicht zu verstehen ohne jene innere Verknüpfung, die sie durch Thereses »Jesuzentrismus« erfahren haben. Schon als kleines Mädchen entwickelte sie eine genial zu nennende Liebesbeziehung zum Kinde Jesus. Später geschah auch hier jener »Überschritt« über das hinaus, was sich mit der Beheimatung im Hiesigen noch fraglos verträgt. Ohne die zündende Liebe des »kleinen« Jesus zu verlieren, fing Therese an, das »heiligste Antlitz« (IC, 156) des leidenden Mannes Jesus zu meditieren. Die Spannung zwischen gleichsam inkarnatorischer Freude und Kreuzesleiden bringt sie dazu, seit dem 10. Januar 1889 den gedoppelten Klosternamen zu führen. Sie lernt immer mehr, daß Leiden, mit Liebe vereint (Br, 368), ihr Teil ist.

Zur völligen inneren Selbstbestimmung gelangte Therese durch die von ihr selbst als »Bekehrung« begriffene Gnade der Heiligen Nacht des Jahres 1886 (IC, 95 ff.). Auch hierin erinnert sie, frühreif, an Augustin: Denn bei dieser »Bekehrung« handelte es sich um eine innere Stabilisierung, die sie dazu ermächtigte, in Selbstvergessenheit endlich die zu sein, die sie wirklich war. Folgerichtig empfing sie, bei der Betrachtung eines Bildes des Crucifixus, ihre Berufung, »Seelenfischer« zu sein (IC, 97). In diesen Zusammenhang gehört ihre Erfahrung mit dem Raubmörder Pranzini, den sie durch ihre Fürbitte zu Jesus führte (IC, 98). Vor allem aber betrieb sie energisch – in dem sicheren Gefühl, nicht lange zu leben (Br, 376) – ihren Eintritt in den Karmel vor Erreichung des kanonischen Alters. Die Einwilligung ihres gemütvollen Vaters konnte sie leicht gewinnen. Der Bischof von Bayeux verhielt sich spröde. Ob die dem Papst hingestammelte Bitte, als sie aus Anlaß einer Pilgerreise vor ihm kniete (IC, 137 f.), ihr hat helfen können, bleibt ungewiß. Weil aber bei Gott kein Ding unmöglich ist, trat tatsächlich Therese am 6. April 1888 fünfzehnjährig in den Karmel von Lisieux ein.

Hier waren ihr gute neun Jahre beschieden, voll reichen inneren Wachstums. In der Sorge für die Novizinnen, die ihr anvertraut waren, lernte sie lehrend, machte sich bewußt, was sie zu leben nicht müde wurde. Im Umgang mit dem Konvent fand sie zu der grundlegenden Einsicht, daß Gottesliebe vom Ursprung her immer auch schon Menschenliebe ist (IC, 213 ff.). Im brieflichen Austausch mit den beiden Missionaren, die ihr nach der Sitte der Zeit zu geistlichem Weggeleit zugewiesen wurden, war sie Schwester unter Brüdern und gab manchen ihrer Gedanken freimütigeren Ausdruck, als es ihr unter ihren Mitschwestern möglich gewesen wäre.

Indem sie also durch menschliche Kommunikation immer deutlicher zu sich selber fand, geschah das Göttliche doch tief verborgen in ihr. Hierher gehört vor allem der Weiheakt, mit welchem sich Therese am 9. Juni 1895 der Barmherzigen Liebe Gottes als Ganz-Brandopfer zur Verfügung stellte (IC, 280 ff.). Seitdem schien es ihr, die Liebe durchdringe und umgebe sie ganz (IC, 185 ff.). Als sich dann in der Nacht zum 3. April 1896 durch einen ersten Blutsturz (liebevoll von ihr begrüßt!) die tödliche Tuberkulose zeigte; als es seit dem 5. April zu jener rätselhaften »Glaubensprüfung« kam, die ihr die unmittelbare Gewißheit nahm und sie einzig auf den Willen stellte, zu glauben, was sie nicht mehr zu fühlen vermochte (IC, 219 ff.): Da vollendete sich in ihr (wer sie kennt, kann nicht daran zweifeln), was sie in Leidensbereitschaft mit Gott verabredet hatte. Tief verborgen ruhte Jesus in ihrem betäubten Herzen. Doch ganz zum Schluß erhob er sich aus seinem Schlaf (IC, 110) und machte die Finsternis hell. Therese starb am 30. September 1897 mit den Worten: »Ich liebe dich!«

Zum stetig transzendierenden Lebensvollzug Thereses
gehört auch, daß sie im Anschluß an gewisse Aussprü-
che des johanneischen Christus (12,24; 14,18.31) den
Gedanken faßte, ihr in der Gemeinschaft mit Jesus
geleistetes Lebensopfer werde sich darin vollenden, daß
sie nach ihrem Tod »zurückkehre« (DE, 5.6.4 u. ö.),
um den Ihrigen im Glauben hilfreich nahe zu sein: Sie
wird ihren Himmel damit verbringen, auf Erden Gutes
zu tun (DE, 17.7.), sie wird Gott lieben lehren, wie sie
ihn selber geliebt hat, vorausgesetzt, daß man auch nach
ihrem Tod für sie betet (Br, 337)! Diese überaus wichtigen Selbstaussagen enthalten den Wink, daß Therese
nicht lediglich als historische Gestalt, als Lehrerin oder
Vorbild des Kleinen Weges zu wirken gedachte. Sie ist
präsent, ist zündend, innerlich, »mystisch«: »Die Liebe
im Herzen der Kirche, meiner Mutter.«

Möglicherweise bahnt sich von hier aus an, was zu einer
vierten Phase ihrer postumen Wirkungsgeschichte
gehören könnte, wofern abermals – nach dem Gesetz,
wonach sie angetreten ist – auf eine Etappe vordergrün-
dig-greifbarer Fülle eine solche des Rückgangs in die
Verborgenheit folgt, in welcher das Eigentliche erst
Gestalt gewinnt. Als Romano Guardini 1950 das Ende
der Neuzeit ansagte, reklamierte er für die bevorste-
hende »Situation der Gefahr« einen von abendländi-
scher Bildung weithin Abschied nehmenden, in dieser
Hinsicht »kargeren«, aber desto stärker vertrauenden,
in der Freiheit der Person wurzelnden tapferen Glauben. Therese von Lisieux hat uns das vorgelebt, und sie
weckt dazu auf. In der Reduktion auf das christlich
Lebensnotwendige und in diesem Sinn auf das
»Kleine«; aber unter solcher Voraussetzung mit bei-
spiellosem Ernst, in unübertrefflicher Dichte des Lie-
bens aus Glauben; unter Verzicht auf Verdienstdenken

in kühnem Vertrauen auf »Gott allein«, und in all dem eigenständig, ein weiblicher Mensch: So erschließt sie denen, die ihr nahe bleiben, den Existenzraum »Kirche«.

Literatur

Adelkamp, A. W., Jesus – unser Bruder. Die Christusgestalt der Therese von Lisieux, Frankfurt/M. 1978

Balthasar, H. U. von, Schwestern im Geist. Therese von Lisieux und Elisabeth von Dijon, Einsiedeln 1970

Combes, A., En Retraite avec Sainte Thérèse de Lisieux, Paris 1952

ders., Introduction à la Spiritualité de Sainte Thérèse de l'Enfant-Jésus, Paris 1948

Édition Critique des Œuvres Complètes (Textes et Paroles) de Sainte Thérèse de l'Enfant-Jésus et de la Sainte Face. Derniers Entretiens avec ses Sœurs, Paris 1971 (= DE); Volume d'Annexes, Paris 1971; Correspondance Générale, 2 Bde., Paris 1972/1973; Poésies, 2 Bde., Paris 1979; La Bible avec Thérèse de Lisieux, Paris 1979

François de Sainte-Marie OCD, Therese von Lisieux, wie sie wirklich war. Authentische Photographien, Einsiedeln 1961

ders. (Hg.), Manuscrits Autobiographiques de Sainte Thérèse de l'Enfant-Jésus (3 Bde. mit beigeg. vollst. Faksimileausg. der 3 autobiograph. Manuskripte), Carmel de Lisieux 1956

Görres, I. F., Das verborgene Antlitz. Neue Deutung, Freiburg ^{9}1958

Herbstrith, W. (Teresia a Matre Dei OCD), Therese von Lisieux. Anfechtung und Solidarität, Bergen-Enkheim ^{2}1974

Laurentin, R., Thérèse de Lisieux, Mythes et Réalité, Paris ^{2}1972

Martin, C. (Geneviève de la Sainte-Face OCD), Meine Schwester Therese. Ratschläge und Erinnerungen, übertr. v. M. Schmitz, Wien 1961

Martin, T., Briefe. Deutsche authentische Ausg., übers. v. I. Kretz, Leutesdorf 1976 (= Br)

Procès de Béatification et Canonisation de Sainte Thérèse de l'Enfant-Jésus et de la Sainte-Face, 2 Bde., Rom 1973/1976.

Six, J.-F., Theresia von Lisieux, Freiburg 1976

Stertenbrink, R., Allein die Liebe. Worte der heiligen Theresia von Lisieux, Freiburg 1980

Thérèse de Lisieux, Dialogue entre R. Laurentin et J.-F. Six, Paris 1973

Therese vom Kinde Jesus, Selbstbiographische Schriften. Authentischer Text, ins Deutsche übertr. v. O. Iserland u. C. Capol, Einsiedeln [8]1978 (= IC)

Vierge, V. de la, Theresia von Lisieux. Lehrmeisterin des geistlichen Lebens, nach den authent. Handschriften, Friedberg [2]1983

Wickert, U., Die Heilige, die sich als rückkehrend begreift. Ein Versuch, Therese von Lisieux zu verstehen, in: Theologia Viatorum (Jahrb. der Kirchl. Hochschule Berlin) XIII (1975/76), 275–308

ders., »Ich will meinen Himmel damit verbringen, auf Erden Gutes zu tun.« Die Vergegenwärtigung der rettenden Christustat durch Therese von Lisieux, in: Heilsverantwortung bei Therese von Lisieux, Leutesdorf 1976, 29–42

Edeltraud Schiller

Edith Stein
(1891–1942)

Philosophin, Pädagogin, Märtyrerin

Die lebenslange Suche Edith Steins nach Wahrheit, von der sie selbst sagte, daß sie bewußt oder unbewußt immer Suche nach Gott war, umfaßte die anthropologische, die pädagogische, die ontologische und die religiöse Dimension.

Kindheit

Edith Stein wurde am 12. Oktober 1891 als jüngstes von elf Kindern in Breslau geboren. Nach jüdischem Kalender war dies der »Jom Kippur« (Versöhnungstag), der höchste jüdische Feiertag, an dem der mit der Schuld des Volkes beladene Sündenbock in die Wüste gejagt wurde. Edith Steins Mutter schien die tiefere Bedeutung dieses Geburtstages ihrer Jüngsten zu ahnen, so daß sie ihr besonders ans Herz gewachsen ist.
Edith wuchs auf in der gläubigen Gemeinschaft ihrer jüdischen Familie. Als ihr Vater, kaum 48jährig, plötzlich starb, sicherte seine Frau Auguste Stein durch ihre Tatkraft und Klugheit die Existenz der vielköpfigen Familie. Der frühe Tod des Vaters überschattete Ediths Leben. Sie wurde ein stilles, verträumtes Mädchen, dessen Sensibilität, frühreife Intelligenz und meditative Begabung es immer tiefer in die eigene Innenwelt führten. Ihr wacher Geist begab sich schon früh auf die

Suche nach Wahrheit. Die Erwachsenen warfen ihr Ehrgeiz und Altklugheit sowie ihr lebhaftes Temperament vor. Mit starkem Willen versuchte Edith, es zu bändigen, und entwickelte ein außerordentliches Pflichtbewußtsein. Die Schule kam ihrem Wissensdurst und ihrer Sehnsucht nach Verständigung sehr entgegen. Mit 13 Jahren vollzog sich ein Umbruch in Ediths Leben. Sie löste sich innerlich von ihrer Familie und der jüdischen Tradition. Das Beten gewöhnte sie sich bewußt ab, da sie nicht mehr an die Existenz eines persönlichen Gottes glauben konnte. Trotz bester Leistungen faßte Edith den Entschluß, die Schule zu verlassen. Da sie körperlich sehr zart, fast zerbrechlich wirkte, ermöglichte die Mutter ihrer Jüngsten einen Erholungsurlaub bei ihrer verheirateten Tochter Else in Hamburg. Edith half bei der Hausarbeit und der Betreuung der drei kleinen Kinder. In diesen acht Monaten reifte in ihr der Entschluß, Lehrerin zu werden. Diese Berufswahl war für sie Berufung: »Wir sind auf der Welt, um der Menschheit zu dienen ... Das kann man am besten, wenn man das tut, wofür man die geeigneten Anlagen mitbringt« (WW III, 36 f.).

Studium der Philosophie und Assistentin E. Husserls

Mühelos schaffte Edith Stein die Aufnahmeprüfung in die Obersekunda des Lyceums der Victoriaschule in Breslau und schließlich das Abitur. Sie begann 1911 an der Universität in Breslau mit dem Studium der Geschichte, Germanistik und Psychologie. Ihr Streben nach Wahrheit und ihre Vorliebe für abstrakte Wissenschaft verband Edith Stein mit einer begeisterten Liebe zur Natur. Intensives Studium und ausgedehnte Wanderungen prägten ihre gesamte Universitätszeit. Die junge Atheistin interessierte sich für die Zusammenhänge in der Natur, besonders jedoch für den Sinn menschlicher Existenz.

Edith Steins Professoren Stern und G. E. Müller waren Vertreter der empirischen Psychologie. Der aus dieser »Psychologie ohne Seele« resultierende Skeptizismus und Relativismus erschütterte die Studentin sehr. Durch die »Logischen Untersuchungen« stieß Edith Stein auf E. Husserl. Seine Philosophie überzeugte sie: ». . . die *Erkenntnis* schien wieder ein *Empfangen,* das von den Dingen sein Gesetz erhielt, *nicht* – wie im Kritizismus – ein *Bestimmen,* das den Dingen sein Gesetz aufnötigte« (E. Stein, Heroldsberg 1979, 19). Die junge Studentin beschloß daher, zum Sommersemester 1913 nach Göttingen zu übersiedeln und bei Husserl zu studieren. Sie spürte, daß bei ihm Philosophie und Leben übereinstimmten.

In Göttingen lernte Edith Stein auch M. Scheler, einen zum katholischen Glauben konvertierten Juden kennen. Unter Schelers und Husserls Führung und der Freundschaft des tiefgläubigen Philosophen M. Reinach brach sich die besondere Geisteshaltung E. Steins Bahn: In ihrer Auffassung von Wissenschaft gehörten Denken und Schauen zusammen, und in ihrer Lebensführung bildeten Leben und Lehre, Denken und Wirken eine Einheit. Dies wird in ihrer Dissertation (1916) und ihren umfangreichen philosophischen Schriften deutlich.

Das trinitarische Geschehen der Bekehrung

In der Auseinandersetzung mit dem Personalismus und der Phänomenologie findet E. Stein Zugang zur Welt der Mystik: »Es gibt einen Zustand des Ruhens in Gott, der völligen Entspannung aller geistigen Tätigkeit, in dem man keinerlei Pläne macht, keine Entschlüsse faßt und erst recht nicht handelt, sondern alles Künftige dem göttlichen Willen anheimstellt« (WW V, 76). Im Vergleich zur »Totenstille« eines Erschöpfungszustandes tritt nach Edith Stein beim »Ruhen in Gott« das Gefühl der Geborgenheit ein und schließlich das des Erfülltwerdens mit neuem Leben: »Dieser belebende Zustrom erscheint als Ausfluß einer Tätigkeit und einer Kraft, die nicht die meine ist und, ohne an die meine irgendwelche Anforderungen zu stellen, in mir wirksam ist« (ebd.).

Hier sind bereits wichtige Aspekte christlicher Mystik vorhanden: die bedingungslose, magdliche Hingabe an den göttlichen Willen des Vaters, die Passivität von Wille und Verstand im vernehmenden Schweigen, das Bewußtsein der Geborgenheit in Gott, die Erfahrung der Heilswirkung der lebendigmachenden Kraft des Heiligen Geistes. Edith Stein geht es nicht um ein pantheistisches Verschmelzungserlebnis, sondern um Einung in Begegnung. Sie weiß um die Dialogstruktur, das personale Gegenüber von Gott und Mensch, wobei die unendliche Differenz offengehalten wird. Die Möglichkeit mystischer Einungserfahrungen schreibt sie dem Aufbau der Seele zu, die ihren Ursprung in Gott hat.

Der Zugang zu Christus eröffnete sich für Edith Stein durch die Begegnung mit Frau Reinach, der Witwe des geschätzten Philosophen des Göttinger Kreises, der in Flandern gefallen war. Edith Stein erwartete, eine vom Schmerz über den Tod ihres Mannes niedergedrückte Freundin anzutreffen. Statt dessen war diese es, die Edith Stein Trost brachte. Dieses für sie so entscheidende Erlebnis teilte sie P. Johannes Hirschmann SJ mit: »Es war dies meine erste Begegnung mit dem Kreuz und der göttlichen Kraft, die es seinen Trägern mitteilt. Ich sah zum erstenmal die aus dem Erlöserleiden geborene Kirche in ihrem Sieg über den Stachel des Todes handgreiflich vor mir. Es war der Augenblick, in dem

mein Unglaube zusammenbrach und Christus auf-
strahlte, Christus im Geheimnis des Kreuzes« (E. Stein,
zit. in: W. Herbstrith, [4]1980, 48).

Was M. Scheler, Philosoph und gläubiger Christ, während der Göttinger Studienzeit vorbereitet hatte, war
durch das Lebenszeugnis Frau Reinachs zum Durch-
bruch gelangt. Edith Stein begann, im Neuen Testament zu lesen, und ihre Sehnsucht nach Wahrheit
wurde ein einziges Gebet. Ihr Aufbruch nach innen
gewann jedoch erst durch die Autobiographie Teresas
von Avila seine eigentliche Tiefe. Mutter Teresas »Seelenburg« führte zur Damaskusstunde der Bekehrung.
Voll Freude und kindlicher Offenheit bereitete sich
Edith auf die Taufe vor, die sie am Neujahrstag 1922
empfing.

Was für die Tochter die Erfüllung des Judentums
bedeutete, war für die Mutter Verrat am jüdischen
Volk. So wiederholte sich gleichsam zwischen beiden
Frauen das Drama der Trennung und des Unverständ-
nisses zwischen *Synagoge* und *Kirche*. Edith Stein hoffte
jedoch auf die Fruchtbarkeit dieses Leidens im Sinne der
Heimkehr ihres Volkes in die Kirche. Sie selbst
bewahrte sich – trotz Konversion – das Bewußtsein,
Tochter des auserwählten Volkes zu sein und somit
nicht nur geistig, sondern auch blutsmäßig zu Christus
und Maria zu gehören.

Den Versöhnungsauftrag, unter dem ihr Leben stand,
realisierte sie durch ihr Bemühen, die Glaubenswelt des
Alten und Neuen Testamentes zu verbinden, und durch
ihre aktive Mitarbeit an einer Aussöhnung zwischen
scholastischer Gedankenwelt und neuzeitlicher Philosophie. In ihrer Übersetzung der »Quaestiones dispu-
tatae de veritate« des Thomas von Aquin versuchte sie,
die phänomenologische Methode mit der scholastischen
Arbeitsweise zu verbinden, und machte so die klas-
sisch-christliche Philosophie auch dem modernen Men-

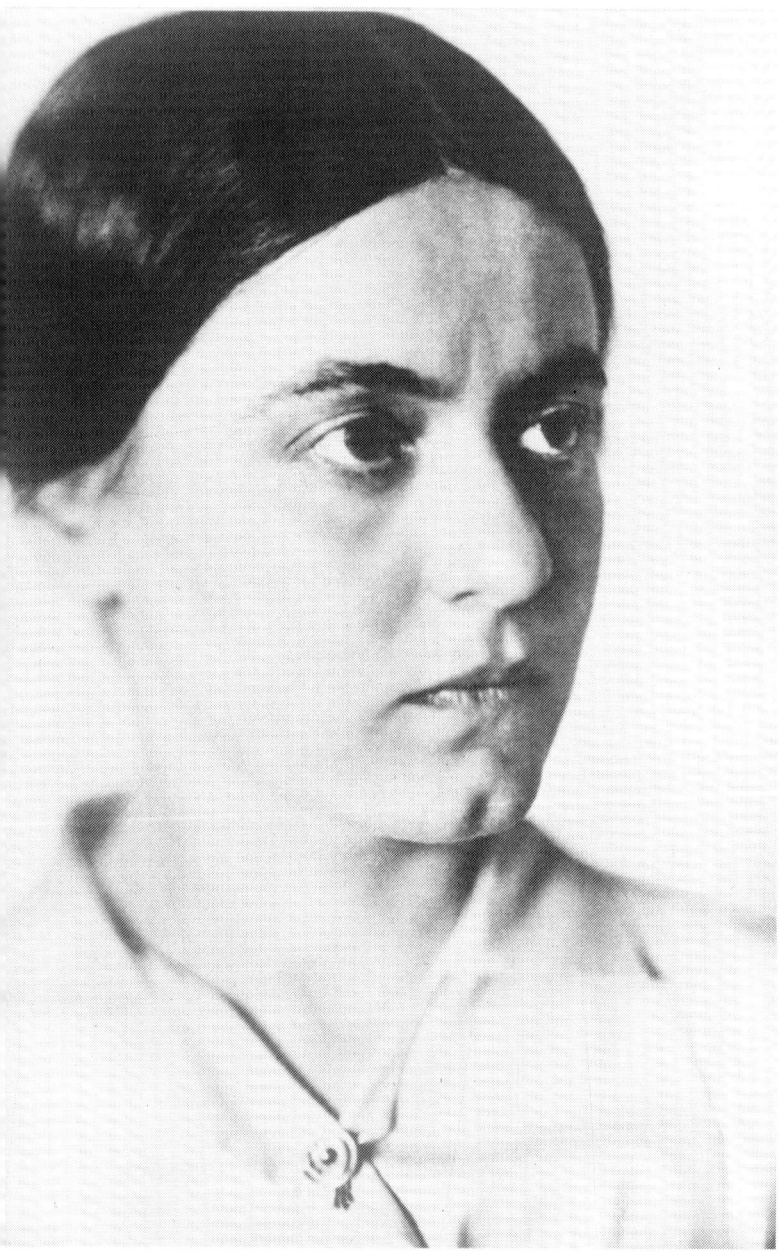

schen leichter zugänglich. Ihr religiöser Weg ist ohne diese Thomasübersetzung schwer denkbar. Thomas bewirkte philosophisch die Wende von der modernen Phänomenologie zum Thomismus und führte zu einer Lebensgestaltung im Dienste des Kreuzes: in der Form des Laienapostolates als moderne Pädagogin und schließlich als Karmelitin und Märtyrerin für das jüdische Volk.

Laienapostolat als moderne Pädagogin (1922–1932)

Im Februar 1922 empfing Edith Stein in Speyer das Sakrament der Firmung. Sie war dort Lehrerin für Deutsch und Literaturgeschichte im Lyceum und im Lehrerinnenseminar der Dominikanerinnen. Hier erfüllte sich ihre pädagogische Berufung: Sie verband in ihrer Erziehungsarbeit das belehrende Wort mit pädagogischem Tun und dem lebendigen Beispiel der eigenen Person.

Das Entscheidende jedoch für alle Erziehungsarbeit war für E. Stein die Liebe des Erziehers und die Angstfreiheit der Erziehung, da für sie Bildung immer Selbstbildung und alle Schulung Selbstschulung war. Zu dieser Formung von innen gehört das Bildungsgeschehen von außen, etwa durch Umwelteinflüsse. Die inneren und äußeren Bildungskräfte sind gebunden an die Grenzen der Natur, die allein der, der diese schuf, von innen her umzuformen vermag. Seine *Gnade* ist die wirklich *bildende Kraft*. E. Stein fordert daher, daß der Lehrer selbst ständig die Schule der Heiligen Schrift besuche, denn nur die von Gott geformte Seele wirke im selben Sinne formend weiter (vgl. WW V, IV).

Im Jahre 1932 wird Edith Stein als Dozentin an das Deutsche Institut für wissenschaftliche Pädagogik in Münster berufen mit dem Auftrag, das Problem der

Frauenbildung zu behandeln. Ihr umfassender anthropologischer Entwurf integriert biologische, psychologische und theologische Ansätze. In dieser grundlegenden Besinnung über die »Natur der Frau« sieht sie die Virgo-Mater (Jungfrau-Mutter) als Urbild vollendeten Frauentums, das sich in der Angleichung an Maria verwirkliche. Aufgabe der christlichen Frau sei ihre Mitwirkung an Gottes Weltgestaltung durch *Partner- und Mutterschaft,* die jedoch nicht an die leiblichen Gatten- und Mutterverhältnisse gebunden seien, sondern alle Menschen einschließen würden (WW V, 77). Hinzu kommt die *politisch-soziale Verantwortung und Berufstüchtigkeit* – wobei es keinen Beruf gibt, der nicht von einer Frau ausgeübt werden könnte – sowie ihre Mitwirkung am Reich Gottes in der Form des *Laien- apostolats* oder im *Kloster.*

In der Zeit von 1922–1933 übte E. Stein ihr Laienapostolat als Pädagogin aus. Sie wohnte in Speyer bei den Dominikanerinnen, in Münster im Kollegium Marianum, das von Schwestern geleitet wurde, und führte ein streng monastisches Leben. In der Karwoche zog sie sich in die Benediktinerabtei Beuron zurück; oft suchte sie die Stille des Klosters der Unbeschuhten Karmelitinnen in Köln auf. Nicht nur dort richtete sie sich streng nach den Grundsätzen der heiligen Teresa. Entsprechend ihrem Armutsgelübde war ihre Kleidung sehr einfach, ihre Ernährung spartanisch; ihr Tagesablauf entsprach dem klösterlichen Lebensrhythmus. Ihrem wiederholt geäußerten Wunsch, in den Karmel eintreten zu dürfen, wurde, mit dem Hinweis auf ihr Laienapostolat und auf die Unzumutbarkeit dieses Schrittes für ihre jüdische Mutter, noch nicht entsprochen.

Aufbruch zum Berg Karmel (1933–1942)

Im Laufe des Jahres 1933 spitzten sich die antisemitischen Verfolgungen zu und bereiteten der pädagogischen Tätigkeit Edith Steins ein jähes Ende. (Das NS-Regime verbot ihre Lehrtätigkeit in Münster.) Im Oktober des Jahres 1933 erhielt sie die Erlaubnis zum Eintritt in den Karmel in Köln-Lindenthal. Zum letzten Mal besuchte sie ihr Elternhaus. Besonders schmerzlich war, daß ihre jüdische Familie ihren Entschluß als »Fahnenflucht« aus Angst vor der einsetzenden Verfolgung des hebräischen Volkes wertete. Daß sie diesen Schritt gerade aus Liebe zu Israel tat und bereit war, ihr Leben als Sühneopfer für ihr Volk hinzugeben, ahnte niemand. Die Tränen ihrer sonst so starken und tapferen Mutter machten Ediths Herz nicht leichter. Doch ihr Entschluß blieb fest. Am 12. Oktober, ihrem Geburtstag, der in jenem Jahr mit dem Abschluß des Laubhüttenfestes zusammenfiel, ging ihr »weltliches« Leben im Kreise der Ihren zu Ende – auch hierin Nachfolge Christi: War doch auch für ihn das Laubhüttenfest das Ende seines weltlichen Wirkens und der Beginn seiner Leidensgeschichte!

Am 14. Oktober 1933 begann für Edith Stein der Aufbruch zum Berg Karmel mit der Probezeit als Postulantin in Köln. Sie hatte den Karmelorden gewählt, da sie ihre Berufung, Anteil am Kreuz Christi zu haben, nur hier leben konnte. Die Umstellung von der gefeierten Philosophin zur »kleinen Postulantin« erlebte sie als gute Schule der Demut. Den Gehorsam, den sie zu leisten hatte, betrachtete sie als Anteil am Opfer Christi und übergab ihm ihren Willen als freies Geschenk bräutlicher Liebe.

Am 15. April 1934 bekam Edith Stein ihr Ordenskleid und wählte den Klosternamen »Schwester Teresia Benedicta a Cruce«. Welche Symbolik des Geschehens:

Edith Stein, jüdische Intellektuelle, dann katholische Gelehrte und Pädagogin, bemüht um die philosophische Begründung und Verkündigung der christlichen Religion, wird Klosterfrau und überläßt sich dem Gekreuzigten für ihr jüdisches Volk. Ihr Leben ist Spiegel ihres philosophischen Hauptwerkes »Endliches und Ewiges Sein«, das sie im Kölner Karmel verfaßt hat. Es zeigt, daß nur der Glaube, der nach der geoffenbarten Wahrheit strebt, das Stückwerk menschlicher Erkenntnis überwinden kann, indem er sich den Zusammenhang alles Seienden im Logos von Gott schenken läßt in der Hingabe, der mystischen Schau.

Am Ostermorgen 1935 wurde Edith Stein durch das Vermählungsgelübde ihrer Profeß Braut Christi. Die Einswerdung des menschlichen mit dem göttlichen Willen, dieser »mystische Strom«, der durch alle Jahrhunderte geht, ist für sie das innerste Leben der Kirche, der Heilige Geist, der in jeder einzelnen Seele betet. Die Erneuerung dieses Einsseins mit Gott sieht Edith Stein in der täglichen Eucharistie. Hier geschieht die Teilhabe an Christi Leben, Leiden und Sterben. Sein mystischer Leib, an dem jeder Anteil erhält, ist präsent. Mit ihrem Verständnis der Eucharistie nimmt Edith Stein bereits die Enzykliken »Mystici Corporis Christi« (1943) und »Mediator Dei« (1947) inhaltlich weithin vorweg.

Im Karmel in Echt

Am 9. November 1938 kam es in Deutschland zu schweren Verfolgungen und Mißhandlungen von Juden. Schwester Teresia Benedicta a Cruce deutete sie als Schatten des Kreuzes, der auf ihr Volk fällt, und sah gleichzeitig das schreckliche Ende der Verfolger voraus. Als »Nichtarierin« fürchtete sie, die Sicherheit ihrer Mitschwestern zu gefährden, und bat um Versetzung in ein ausländisches Kloster. Der Karmel in Echt war dazu bereit. Am letzten Tag des Jahres 1938 traf sie dort ein. Für das neue Jahr wurde Johannes vom Kreuz ihr Jahresheiliger. Sie fühlte wie Johannes den Segen des Kreuzes und war bereit, es zu tragen. Worin jedoch ganz konkret ihr Kreuz-Tragen bestand, wußte sie nicht.

Etwas anzubieten hatte sie nicht mehr; ihre geliebte Wissenschaft gehörte Gott bereits. So bot sie *sich selbst* am Passionssonntag 1939 vor der Priorin als Sühneopfer an: »Liebe Mutter, bitte erlauben mir Euer Ehrwürden, mich dem Herzen Jesu als Sühneopfer für den wahren Frieden anzubieten: daß die Herrschaft des Antichrist, wenn möglich ohne einen neuen Weltkrieg, zusammenbricht und eine neue Ordnung aufgerichtet werden kann. Ich möchte es heute noch, da es die zwölfte Stunde ist. Ich weiß, daß ich ein Nichts bin, aber Jesus will es, und Er wird gewiß in diesen Tagen noch viele andere dazu rufen« (E. Stein, zit. in: H. Graef, 252).

Am Kreuz für das auserwählte Volk wurde bereits mit Macht gezimmert. Verfolgungen, Deportationen nahmen zu, und die Zahl der Konzentrationslager wuchs. Edith Stein litt mit ihrem Volk und betete zu Johannes vom Kreuz, dem sie sich durch die Kreuzesnachfolge immer enger verbunden fühlte. Die Priorin gab ihr den Auftrag, über ihn – zur Vierhundertjahrfeier seiner Geburt – eine Studie zu schreiben. So entstand Edith Steins letztes philosophisches Vermächtnis, die »Kreuzeswissenschaft«, gleichsam als Schlußakkord ihres Lebensliedes. Sie versuchte, die Ergebnisse der Philosophie mit Glauben und Theologie in Einklang zu bringen und die Vollendung aller Erkenntnis im *Tun* der Wahrheit, als Nachfolge, deutlich zu machen.

Kernfrage der »Kreuzeswissenschaft« ist der Aufstieg der Seele zu Gott. Durch ihre Kreuzigung in der *aktiven und passiven Nacht* geschieht aus Gnade die bräutliche Liebesvereinigung mit Gott, in der die Seele geläutert, von Gott umgebildet, Ihm gleichgestaltet wird. Alles Leid der Trennung hat hier ein Ende. Das Kreuz ist der verborgene Anfang der Auferstehung der Liebe.

Im Schatten des Hakenkreuzes

Das Hakenkreuz, Symbol der Macht des »Tausendjährigen Reiches«, Zeichen des Antichrist, war die Entfremdungsform, die Perversion des Kreuzes Christi. Als Zeichen der Selbstermächtigung des Menschen wurde das Hakenkreuz zur Symbolgestalt für die Negation des Lebens, die Bejahung des totalen Krieges und der Massenvernichtung. Unter seinem Signum entlud sich damals mit grausamer Macht die Schuld des unbußfertigen deutschen Volkes auf die zum Feind abgestempelten »Nichtarier«, auf die das eigene Böse projiziert wurde. Die »Herrenrasse« war nicht bereit, das Kreuz ihrer eigenen Schuld zu tragen, und lud es dem zum Sündenbock erklärten jüdischen Volk auf.
Edith Stein wurde zum freiwilligen »Sündenbock« für ihr Volk. Während sie noch im »Ölgarten« des Karmel auf ihre Gefangennahme wartete, wurde am 15. 12. 1941 eine Verfügung der Besatzungsmacht erlassen, die alle »nichtarischen« Deutschen in den Niederlanden für staatenlos erklärte und zur Emigration aufforderte. Im April 1942 mußte sie sich zusammen mit ihrer Schwester Rosa bei der Gestapo in Maastricht melden. Sie bekamen den Judenstern angeheftet. Der Hirtenbrief der katholischen Bischöfe vom Juli 1942, der die Verfolgungen der Juden durch die NSDAP verurteilte, beschleunigte den Gang der Dinge. Die deutsche Besatzungsmacht veranlaßte erneute Rachemaßnahmen an den »Nichtariern«, insbesondere an allen katholischen

Juden, die deportiert werden sollten. Am 2. August 1942 während der Abendbetrachtung, war die Stunde der Gefangennahme für Edith Stein gekommen. Als sie und Rosa von zwei deutschen Offizieren abgeführt wurden, nahm Edith ermunternd deren Hand und sagte: »Komm, wir gehen für unser Volk« (E. Stein, zit. in: R. v. Leuven, 166).

Das Lager in Amersfoort war Ziel des »Katholiken-transportes«, dem mehrere Nonnen und zwei Priester angehörten. In der Nacht vom 3. auf den 4. August wurden sie alle ins Lager Westerbork gebracht. Am frühen Morgen des 7. August 1942 ging für die Gruppe katholischer Juden unter strenger SS-Bewachung der Kreuzweg in Richtung Auschwitz. Nach ihrer Ankunft wurden sie ihrer Kleider und Habe beraubt. Am 9. August 1942 führte man sie in die »Duschräume«, um sie mit Blausäuregas zu ermorden.

Ihrem Eintreten für Wahrheit, Frieden und Gerechtig-keit konnte Edith Stein in einer Zeit der Rassendiskri-minierung, der Willkür, des Terrors und »totalen Krie-ges« nur durch den Aufschrei ihres gewaltsamen Todes Gehör verschaffen. In einer dem Männlichkeitswahn und der Selbstvergottung des Menschen verfallenen Welt mußte ihre »weibliche« Botschaft vom Geschenk- und Empfängnischarakter der Wahrheit und des Lebens und von der Seinshingabe als Lebensantwort zum Tode führen. Die Braut des Lammes erlitt sein Schicksal.

Das Testament E. Steins zeigt, daß sich in Opfer und Bekenntnis der Fluch der Schuld in, den Segen des Kreuzes zu wandeln vermag: »Schon jetzt nehme ich den Tod, den Gott mir zugedacht hat, in vollkommener Unterwerfung unter seinen heiligsten Willen mit Freu-den entgegen. Ich bitte den Herrn, daß er mein Leben und Sterben annehmen möchte zu seiner Ehre und Verherrlichung, für alle Anliegen des Heiligsten Her-zens Jesu und Mariae und der Heiligen Kirche, insbesondere für die Erhaltung, Heiligung und Vollendung unseres heiligen Ordens, namentlich des Kölner und Echter Karmels, zur Sühne für den Unglauben des jüdischen Volkes und damit der Herr von den Seinen aufgenommen werde und sein Reich komme in Herrlichkeit, für die Rettung Deutschlands und den Frieden der Welt, schließlich für meine Angehörigen, lebende und tote, und alle, die mir Gott gegeben hat: daß keiner von ihnen verlorengehe. Am Freitag in der Fronleichnamsoktav, 9. Juni 1942, dem 7. Tag meiner heiligen Exerzitien. In nomine Patris et Filii et Spiritus Sancti. Schwester Teresia Benedicta a Cruce, O.C.D.«

Literatur

Gelber, L., Nachwort in: E. Stein, Werke, Bd. IV, Freiburg 1955, 449−467

Graef, H., Leben unter dem Kreuz. Eine Studie über Edith Stein, Frankfurt 1954

Herbstrith, W., Das wahre Gesicht Edith Steins, München [4]1980

dies. (Hg.), Edith Stein – Ein neues Lebensbild in Zeugnissen und Selbstzeugnissen, Freiburg 1983

Kühn, R., Edith Stein: Klarheit über den Abgründen. Zum 90. Geburtstag und 40. Todestag: 12. 10. 1891−9. 8. 1942, in: Franziskanische Studien, Werl 36 (1981) 289−302

ders., Rezension von: Edith Stein, Selbstbildnis in Briefen, in: Philosophisches Jahrbuch, München 89 (1982) 209−211

Leuven, R. v., Heil im Unheil. Das Leben Edith Steins (Werke Bd. X), Freiburg 1983

Manshausen, U. Th., Die Biographie der Edith Stein, Beispiel einer Mystagogie, Franfkurt 1984

Stein, E., Beiträge zur philosophischen Begründung der Psychologie und der Geisteswissenschaften, in: Hdb. f. Philosophie und phänomenologische Forschung, 5. Bd., Halle 1922

dies., Werke (hg. v. L. Gelber), Bd. I−X, Freiburg 1950−1983 (= WW)

Hanna-Barbara Gerl

Ida Friederike Görres
(1901–1971)

Eine unzeitgemäß-zeitgemäße Kirchlichkeit

»Das Beste kommt zuletzt, nämlich in den nächsten
Jahren«, schreibt die trotz ihrer Jugend bereits
bekannte, in der katholischen Jugendbewegung verehrte Ida Friederike Reichsgräfin Coudenhove-Kalergi
selbstbewußt und selbstironisch am Ende eines kurzen
Lebenslaufes im Jahre 1935 – demselben Jahr, in dem sie
die Ehe mit Carl-Joseph Görres einging. Ihr Selbstbewußtsein – oder besser: ihr andrängender innerer
Reichtum von Gedanken – täuschte sie nicht. Das Beste
sollte tatsächlich noch kommen, wobei eine außerge-
wöhnliche Kindheit und Jugend den Grund dafür
legten.

Leben und Werk

Elisabeth Friederike, die sich selbst später Ida Friederike nannte, wurde am 2. 12. 1901 als sechstes Kind des
Reichsgrafen Coudenhove-Kalergi und einer japanischen Prinzessin auf Schloß Ronsperg mitten im Böh-
merwald geboren. Ihr Vater starb, ihr kaum erinnerlich,
bereits mit 50 Jahren; über ihre Mutter schreibt sie
folgendes – und darin deutet sich eine lebenslange Suche
nach Integration und »Aufhebung« des mütterlichen
Erbes an: »Ach, ihr tieftragisches Schicksal könnte erst
ein großer Romancier der *nächsten* Generation schrei-

ben, so wie die Mitchell ›Gone with the wind‹. Glauben
Sie, sie wäre überhaupt *gefragt* worden, ob sie einen
Europäer heiraten wollte, einen Europäer, von dem sie
nur wußte, es seien ›weiße Teufel mit roten Haaren und
Fischaugen‹? Ihr später, bitterer Kommentar: ›Es war
ärger als der Tod. Aber japanische Mädchen konnten
gehorchen‹. Befehl des Vaters, unwidersprechlich . . .
Meine Mutter mochte von ihren sieben Kindern nur die
beiden Ältesten, die noch in Japan geboren waren, und
ließ uns andere nie im Zweifel darüber . . . Mein Vater
starb schon 1906, ich war vier. Wenn ich Hiesige wegen
›mangelnder Nestwärme‹ klagen höre, muß ich fast
lachen. *Wir* ahnten nicht einmal, daß man sowas ver-
missen kann« (Brief an Annemarie Langens, in: Frau im
Leben, 1971).
Die Mutter, die in ihrer fremdartigen Schönheit und
Zierlichkeit bis zum Tode des Vaters vor allem gesell-
schaftlich repräsentiert hatte, kehrte nach 1906 unerwartet die Seite des Befehlens und der Herrschaft über
ihre Familie hervor. Ihren drei Töchtern Olga, Ida und
Elsa stand sie zurückhaltend gegenüber – einer der
häufig ausgesprochenen Gründe war deren mangelnde
»Schönheit«. Im wesentlichen waren es die Kinder-
frauen, die die Geschwister erzogen.
Der zeitlebens geliebte Wald verlieh Ida das unaustilg-
bare Gefühl der Heimat. Ihr Empfinden für die Natur
war so ursprünglich, daß es mit dem Sinn für das Wort
zusammenfiel: Ihre ersten Gedichte waren an den Wald
gerichtet. Auf dieses Grunderlebnis des Kindes weist
noch die späte Bemerkung von 1969 zurück: »Was der
Wald mich gelehrt hat, das ist eingegangen bis ins Mark
meines Selbst, das hat mein Gottesbild gefärbt, mein
Selbstbegreifen und mein Menschenverständnis« (Un-
philosophische Brocken 5, Selbstvlg. Freiburg 1969, 4).
In österreichischen Klosterschulen herangewachsen,
begegnete das junge Mädchen dort erstmals der Kirche

in ihrer bergenden, freilich auch starren Form. Erst in der katholischen Jugendbewegung nach 1918, im österreichischen Bund »Neuland«, dessen gesamtkulturellen und religiösen Erneuerungswillen sie führend mitgestaltete, vertiefte sich dieses Kirchenbild zu unerwarteter Lebendigkeit. Rasch kam sie in Berührung mit der geistigen Mitte des »Quickborn«, mit Romano Guardini auf Burg Rothenfels am Main. Bald wurde sie zur Mitarbeiterin in der dem »Hochland« vergleichbaren Rothenfelser Zeitschrift »Die Schildgenossen«, woraus auch ihr erstes Buch »Gespräch über die Heiligkeit« zum Elisabeth-Jubiläum 1931 erwuchs. Bereits hier vollzog sich der Schritt aus einem romantischen Blick auf die Vergangenheit zu dem Bestehen der geistigen Aufgaben der Gegenwart. John Henry Newman, aber auch Erik Peterson waren dabei ihre vielgelesenen, geliebten Begleiter.

Ihre Studien der Geschichte und Sozialwissenschaften zwischen 1925 und 1931 zunächst in Wien, dann in Freiburg (sowohl an der Universität wie an der Sozialen Frauenschule) brachten sie in Berührung mit den handgreiflichen Nöten der Zeit; tätig wurde sie anschließend in Dresden in der sozialen und caritativen Arbeit sowie als Diözesansekretärin des Bistums Meißen im Sinne eines geistigen Vor-Denkens für die katholische Jugend.

Gerade in Dresden war ihre lebendige, ja glühende Art der Gedankenentwicklung schon ausgeprägt: Ihre langen Monologe, denen das Gegenüber oft nur mit Mühe antworten konnte, waren berühmt. Ihre adelige Abstammung war ihr zwar wichtig, aber nur im Sinne erhöhter geistiger Verantwortlichkeit oder auch einer vertieften Beheimatung in der Geschichte (ihrer ausgeprägten »ersten Liebe«). Zu Geld und Besitz hatte sie kein Verhältnis außer dem des Gebrauches für Notwendigkeiten.

Als sie dem Rheinländer Carl-Joseph Görres (1905–1973) in Dresden begegnete, waren manche Kreise über ihre Verlobung fast enttäuscht, weil das Idealbild einer »Jungfrau von Orleans« zerstört schien. Ihr Mann, der sie in seiner Geistigkeit ebenbürtig ergänzte, bereitete ihr durch seine Tätigkeit als Ingenieur (Erfinder eines der ersten Computer) und Wirtschaftsberater selbstlos die Möglichkeit, als Schriftstellerin, Dichterin und Theologin tätig zu sein. In rascher Folge entstanden ihre großen Werke neben vielen Vorträgen und kleinen aktuellen Schriften, die insgesamt um die Wahrheiten der Kirche und der Theologie kreisen. »Da ich keine Familie habe« – eigene Kinder blieben ihr zu großem Leidwesen versagt –, »hat sich eben meine ganze Kraft . . . auf die Kirche fixiert.« Ihre Ehe war von vielen Freundschaften erhellt: zu Gustav Siewerth, Heinrich Kahlefeld, Werner Bergengruen, Joseph Ratzinger, Walter Nigg, Reinhold Schneider, Alfons Rosenberg und anderen. Ihr Haus in Stuttgart-Degerloch stand auch während des Krieges für Gespräche, sogar für ein zeitweiliges Untertauchen vor den Nationalsozialisten immer offen; in der späteren Wahlheimat Freiburg war sie freilich durch Krankheit zu solchen Gesprächen kaum noch in der Lage. Zeitweilig erteilte sie auch Konvertitenunterricht, wofür sie eine tiefe Verantwortung empfand.

Im Jahre 1946 schreibt sie den berühmt gewordenen »Brief an die Kirche« in den »Frankfurter Heften«. Aus drängender Besorgnis um die mangelnde soziale Hilfe vieler kirchlicher Stellen in der schweren Nachkriegszeit entstanden, wurde der Brief bis in die höchsten kirchlichen Spitzen hinein, ja bis zu einer Rüge aus Rom als Zeichen einer grundsätzlichen Respektlosigkeit gedeutet. Ida Görres litt schwer unter diesem Mißverständnis, gerade weil die Kirche ihre tiefe und letzte Liebe war. Am Ende ihrer scharfen Ausführungen heißt es (von den Tadlern überlesen?): ».. . und deshalb lieben wir sie. Nun entschuldigen Sie bitte dieses stammelnde Zeugnis einer Liebe, einer so langen und doch so hilflos gewordenen Liebe. Aber wer kann seiner Liebe Worte geben?« (Brief an die Kirche, in: Frankfurter Hefte, 1. Jg. H. 8, Nov. 1946).

Als Folge dieser Spannungen kann man auch die ab 1950 einsetzenden, erblich bedingten Gehirn-Spasmen deuten, die sie lange ans Bett fesselten, ja teilweise lähmten und einen monatelangen Verlust der Sprache zur Folge hatten. Hinzu kam eine schwere Arthritis mit einer Empfindlichkeit gegenüber jeder Berührung (sogar die Bettdecke mußte eigens abgestützt werden). Nur wenige Freunde konnten sie für festgelegte Minuten besuchen; trotzdem empfand sie diese Zeit als eine Wende zum Guten und als einen neuen Umschmelzungsprozeß: ».. . eine Art Konversion, von meinem bisherigen selbstbeschränkten, selbstzufriedenen und etwas selbstherrlichen Bild der Kirche zu einem immer tieferen Schauen und Begreifen der Kirche selbst . . . es ist ein Stück wirklichen Sterbens, ein Teil des Abbröckelns jedes äußeren Hauses, um mit dem himmlischen Bau neu überkleidet zu werden . . . Wie beginne ich, vertrauend einzuschwingen in das Spiel der großen, undurchsichtigen und wunderbaren Führungen und Fügungen Gottes mit seinen Menschen, zu denen Er ganz gewiß nicht unsere aufgeregte, eifrige Nachhilfe braucht« (zit. v. M. Rössler, in: Deutsche Tagespost v. 5./6. 1. 1973, 9).

Dieses Leiden verläßt sie nicht, bessert sich aber so weit, daß sie weiterhin unermüdlich schreiben kann. Das Konzil erlebt sie zunächst mit freudiger Aufmerksamkeit, später eher mit Bangen und beständig beschäftigt mit den in ihren Augen zweideutigen Folgen. Sie bemüht sich, neuen Aussagen und Formen gegenüber aufgeschlossen zu sein, sieht aber mit dem ihr eigenen

Instinkt auch Unverzichtbares im Wanken. Ein zeichenhafter Titel aus dem Jahre 1969 lautet: »Abbruchkommando in der Kirche«: »Niemand kann verlangen, daß mir die Leute, die zum Totengräber- und Entrümpelungswerk bestellt sind, nun auch noch sympathisch sind« (Im Winter wächst das Brot, Einsiedeln 1970). Streitpunkte waren ihr, auch in schmerzlicher Mißstimmung mit alten Freunden, der Zölibat und die Enzyklika »Humanae Vitae«, die sie verteidigte, und der Holländische Katechismus, den sie ablehnte. Wo sich die neuere Exegese gegen bisher anerkannte Wahrheiten aussprach – sei es die Existenz des Teufels, die Unfehlbarkeit des Papstes, die Glaubwürdigkeit der Wunder –, antwortete sie gleichermaßen kämpferisch und betroffen. 1969 erhielt sie die Berufung zur Teilnahme an der Würzburger Synode. Nachdem sie von ihren Ärzten die Erlaubnis dazu erhalten hatte, sagte sie nur: »Adsum.« Die übermäßige Papierarbeit und das mühsame Formulieren von Stellungnahmen übernimmt sie klaglos; am 15. Mai 1971 gibt sie zu der Vorlage »Gottesdienst und Sakrament« ihre Meinung ab und bricht unmittelbar danach zusammen. Obwohl kurz vorher von besonderer Frische noch einmal verjüngt, wird diese Gehirnblutung tödlich: Sie stirbt an demselben Tag im Frankfurter Marienkrankenhaus.

Es war ihre Bitte, in ihrem weißen Kimono und mit einem »weißen Requiem« auf dem Bergäcker-Friedhof in Freiburg begraben zu werden – weiß als die japanische Farbe der Trauer. Joseph Ratzinger sprach im Freiburger Münster am 19. Mai die Gedenkworte, Walter Nigg hielt die Ansprache auf dem Friedhof. Erzbischof Hermann Schäufele ehrte sie nicht nur durch seine Anwesenheit beim Requiem, sondern indem er am nächsten Tag (Christi Himmelfahrt) Texte von Ida Görres bei einer Diakonweihe ausführlich zitierte.

Auf ihrem Grabstein – einem Sandstein aus dem Octo-
gon-Umgang des Münsterturms – stehen die Worte:
»Cave adsum!« – »Hüte dich, ich bin da!« In diesem
Wappenspruch des Namensvetters Joseph von Görres
(1776–1848) hat sich Ida Görres selbst verstanden.
Links ist das Quickborn-Kreuz eingemeißelt (sie war
seinerzeit von den Quickborn-Mädchen gegen den
Wunsch der Leitung zur Führerin gewählt worden).
Auf der Vorderseite ist das Abbild des kämpfenden,
ihrer eigenen Geistigkeit so teuren Erzengels Michael
mit zugehörigen Schriftstellen zu sehen.

Die Liebe zur Kirche

Die äußeren Daten sind ein nur unvollkommener Rahmen, in dem die Gestalt dieser menschlich und religiös
reichbegabten, heute einem Schweigen anheimgefalle-
nen Frau einen Anhalt finden kann. Was läßt sich über
Ida Friederike Görres von ihrem lebendigen Wesen her
sagen?
Ihre tiefe Charakteristik wird wohl lauten: Ida Görres
hat mit seltener Leidenschaft und gleichzeitiger Klar-
sicht ihre *Liebe zur Kirche* gelebt, durchdacht, durchlit-
ten. Sie sondiert dabei zwei Wunden, die auch die ihren
werden sollten: die Verwundung der Kirche durch die
festgefahrene und überlebte Tradition mit ihrem bloßen
Schematismus und durch die Verneinungslust vor-
schneller und übereifriger Revolution. Zu ersterem
formuliert sie den genialen Satz Romano Guardinis
kongenial weiter: »Es gibt das ›Erwachen der Kirche in
den Seelen‹. Es gibt auch das ›Sterben der Kirche in den
Seelen‹..., das langsame, schleichende, unmerkliche
Sterben an Erkältung und Verarmung, an geistlicher
Unterernährung und Verhärtung« (Die leibhaftige Kirche). Was die zweite Verwundung betrifft, so fragte sie

leidenschaftlich, ob man die Wunden der Kirche auf-
kratzen und bloßlegen oder sie nicht lieber küssen solle.
Ida Görres versuchte dies als Laie, in der Form tiefer
Liebe und verantwortungsvollen Tadels, geleitet und
ausgewiesen nur durch die »Antennen des eigenen
Herzens«, aber dadurch glaubwürdig, ebenso anfäng-
lich bewundert wie später zeitweise verfemt. Ihr Leben
kann insgesamt als Ausdruck einer Spannung, ausge-
streckt zwischen zwei Polen, gesehen werden: zwischen dem aufmerksamen Horchen auf das Vergangene
und dem freimütigen Entbinden der neuen Gestalt der
Kirche. Diesen Geburtsvorgang einer so sehnlich
erwarteten und so mühsam hervorgebrachten neuen
Gestalt verfolgte Ida Görres mit der ihr in besonderem
Maße eigenen Feinfühligkeit. So besuchte sie in ihren
letzten Jahren in Freiburg täglich die Eucharistiefeier,
und zwar als Martyrium, im »Aufruhr aller Nerven«
wegen der oberflächlichen Form, nur durchgehalten in
der Anspannung auf den »feurigen Kern«. Das Vorder-
gründige und Lieblose des Vollzugs bereitete ihr das
eigentliche Leiden, über das sie sprechen mußte, während sie in bezug auf ihre körperlichen Schmerzen von
klagloser Tapferkeit war.

Anders wären ihre beiden inspirierenden Pole benannt
als Pietät und Revolution. In einem ihrer unveröffent-
lichten Briefe – längst einer Edition würdig! – bezeichnet sie als »die tiefste Leidenschaft des Japaners die
Bindung an das, was war«. Gleichzeitig wußte sie, daß
dies eine mehr asiatische denn katholische Haltung sei,
und begriff es als eigenste Anforderung, Abstand vom
Überkommenen zu nehmen, selbst die Pietät um des
glühenden Kerns der Kirche wegen aufzugeben:
»...ich versuche mit Schmerzen, die ich gar nicht
ausdrücken kann, hierin zu mir selber und meiner
Natur Distanz zu bekommen und die richtigen Propor-
tionen zu finden. Es ist ein Sich-Schälen, nicht bis auf

261

die Haut, nein, bis auf die Knochen, Haut und Fleisch werden mitgeschält« (Brief an A. Rosenberg, unveröffentlicht).

Ihr Wille zur Erneuerung des Glaubens aus dem Innersten brachte sie in den fünfziger Jahren auf die Spur Teilhard de Chardins, dem sie ebenso kritisch Zusatzfragen stellte wie sie sich selbst an ihm, dem Ergriffenen, entzündete. In dem Titel »Sohn der Erde«, den sie einem ihrer beiden Teilhard-Bücher gab, greift sie wie in dem postumen Werk »Weltfrömmigkeit« auf eine zukünftige Theologie der Schöpfung voraus.

Tief zusammenhängend damit fühlte sie sich immer von der Frage der »Leiblichkeit« angezogen, der Frage des Materiellen, Irdischen, der »Außenseite«, in die ja – ebenso tief damit zusammenhängend – auch die Kirche eingelassen ist, die »leibhaftige Kirche« mit ihren Sakramenten, Symbolen und ihrer so störanfälligen Außenseite. Eine der eigensten Erkenntnisse von Ida Görres war jene von der wesentlichen Aufgabe der Kirche, den Menschen gerade in seiner Leiblichkeit zu leiten, ihn darin behaust zu machen. Diese Leiblichkeit war ihr die blutvolle Voraussetzung und Ergänzung einer Kirche des Geistes, der ihre Sehnsucht galt: »Ich werde übrigens immer joachitischer, Joachim von Fiore hat ja eine Kirche des Geistes angekündigt ..., in immer neuen Verwandlungen schimmert sie durch« (Brief an A. Rosenberg). Hier liegt ihr tiefes Plädoyer für die Unauflöslichkeit der Ehe, für das leiblich Verbindende und Verbindliche. »Der Mensch will menschlich lieben mit Leib und Seele beschenkt und hingegeben, möchte gehalten und geborgen sein von einem Menschen für jetzt und immer, für alle Fährnisse des Lebens und für das große einsame Abenteuer des Sterbens« (Von Ehe und Einsamkeit). Und wieder in ergänzender Spannung dazu ihre Feinfühligkeit für den Zölibat und die freiwillige oder »zugefallene« Jungfräulichkeit, die die Frauengeneration nach dem Krieg betraf, wo sie den Sinn des Opfers der unerfüllten Leiblichkeit um der neuen Schöpfung willen zu beleuchten suchte.

Bündeln und in eine Mitte einbringen, lassen sich diese Zusammenhänge in Ida Görres' eigenstem Auftrag, die Kirche in ihren Heiligen darzustellen, in ihrem wahren Gesicht: dem menschlichen. Wie sie die Kirche ebenso außerhalb oder besser: über den geschichtlichen Zufälligkeiten zu sehen suchte – konservativ in dem Sinne, daß sie das unvergänglich Gültige wahr-nahm – und sie doch zugleich eingetaucht und vermischt mit allem Leibhaft-Geschichtlichen sah, so war es ihre Gabe, das natürlich Vorgegebene, unverwechselbar Besondere eines Heiligen, auch seine aus Schwächen stammenden Stärken vor Augen zu rücken, kurz seine geschichtliche Gestalt zu erhellen – dabei aber auch das bestürzend Gültige dieser Summe einzelner Entscheidungen herauszuheben. Dies gelang ihr vor allem mit Frauen: Elisabeth von Thüringen, Johanna von Orleans, Hedwig von Schlesien, Radegundis, Therese von Lisieux, Maria Ward und freilich auch Franz von Assisi. Besonders im »Senfkorn von Lisieux« erreicht die Hagiographie unseres Jahrhunderts eine neue und nun maßgebende Höhe.

Eine letzte hervortretende Gabe ist die Entsprechung der formalen Kraft ihres Wortes zu ihrer Sendung und – vielleicht darf man so sagen – zu ihrer geistigen Passion. Bei aller weiten Spannung im Denken war Ida Görres nicht eigentlich abstrakt. Wie sie in einem Brief bemerkte, war ihr nichts fremder als »reine« Philosophie; wohl aber kannte sie den philosophischen Eros, »die einzige strenge, rein geistige Leidenschaft, das kalte Feuer, das trotzdem glüht wie ein Morgenhimmel oder ein weißer Stern« (Brief an A. Rosenberg). Demgegenüber empfand sie die Gefährdung dieses Charismas durch den Intellektualismus stets als besonders zerstörerisch. Sie bedauerte einmal, daß die intellektuelle Lüge zu ihren Jugendsünden gehört habe, während sie ihre spätere Schuld eher in einem Verbergen ihrer Meinung um der »schwachen Brüder« willen sah. Ihre Sprache war ebenso zuchtvoll wie schöpferisch quellend, ebenso elegant wie kämpferisch. In vier fast unbekannt gebliebenen Gedichtbändchen gelingen ihr meisterhafte Strophen, besonders in der Verbindung von Naturnähe und Glaubenssehnsucht. »Die vom Wort Gezeugten haben das Wort« – diese mittelalterliche Sentenz bezeichnet auch Ida Görres' selbständige, schöpferische Sprachlichkeit.

In ihrer Sprache war etwas ebenso Lebendiges, Wirklichkeitsnahes wie zugleich Gebändigtes, wie sie sich überhaupt durch Leidenschaftlichkeit und große Zartheit auszeichnete, darin eine heimliche Partnerin Romano Guardinis. Gleich ihm war sie in ihren Arbeiten auch von großer Lauterkeit des Handwerks, versuchte, die Glut des Denkens in die Sprache einzutragen.

Überhaupt läßt sich sagen: Ihr Charisma war das Geistige, freilich in Form eines Erleidens. Es gehört zu jenen Leiden, die aus dem Verzicht auf das geliebte Alte kommen, um das unfertige und vielleicht sogar unförmige Neue, das aber als richtig geahnt wird, vorzubereiten. »Die Steine der Kirche werden mir mehr und mehr transparent. Sie hören nicht auf, Quader zu sein, sie lösen sich keinesfalls. Aber sie werden durchsichtig. Manchmal sehe ich die Kirche so: als einen gotischen Kristallberg, gewaltig aufragend, mit unzähligen Kanten und Facetten funkelnd, vor einem nächtlichen Himmel aufsteigend. Aber sie bedeckt ihn nirgends, weil sie kristallen ist, er schiebt sich nicht dazwischen. Alle Sterne und alle unermeßlichen Welten schimmern hindurch. Und zur anderen Seite sehe ich sie eben auch wieder ... wie ein Goya-Bild. Der halbtote, verwüstete, verstümmelte Leib der Kirche, an einem Pfahl hängend, voll offener Wunden, wildem Fleisch, Schmutz und Verwesung. Sie ist so und noch vieles andere dazu« (Brief an A. Rosenberg).

Daß diese Transparenz der »leibhaftigen Kirche« sich ihr in den letzten Jahren wieder verdunkelte, bezeichnet eher die Aufgabe, die sie uns als den Nächstkommenden vererbt hat. Haben sich aber auch die brennende Liebe zur Kirche und die Einsicht in das Wesen ihrer Tradition, nämlich Verrat(ensein) und Überlieferung in einem, in der von Ida Görres vorgelebten und vorgedachten Qualität vererbt?

Literatur

Schriften von Ida Friederike Görres in chronologischer Reihenfolge:
Gespräch über die Heiligkeit, Frankfurt [2]1949
Das große Spiel der Maria Ward, Frankfurt [2]1960
Von der Last Gottes, Frankfurt [2]1949
Von den zwei Türmen. Drei Briefe über Welt und Kloster, Frankfurt [2]1949.
Johanna. Eine Heldenlegende, Freiburg [2]1951
Die siebenfache Flucht der Radegundis, Frankfurt [2]1949
Des Andern Last. Ein Gespräch über die Barmherzigkeit, Frankfurt [2]1950
Das verborgene Antlitz (erw.: Das Senfkorn von Lisieux), Freiburg [3]1964
Die Braut des Alexis und andere Mädchengeschichten, Freiburg 1949
Von Ehe und Einsamkeit. Ein Beitrag in Briefen, Donauwörth [2]1954
Nocturnen. Tagebuch und Aufzeichnungen, Frankfurt 1949
Die leibhaftige Kirche, Frankfurt [2]1951
Aus der Welt der Heiligen, Frankfurt [2]1959
Der göttliche Bettler, Frankfurt 1959
Zwischen den Zeiten. Aus meinen Tagebüchern 1951–1959, Olten 1960.
Laiengedanken zum Zölibat, Frankfurt 1962
Der karierte Christ, Frankfurt 1964

Be-Denkliches. Über die Mischehe und anderes Zeitgespräch, Donauwörth 1966

Hedwig von Schlesien, Meitingen 1967

Liebe ehrwürdige(?) Schwestern, Meitingen 1967

Maria, das unverdorbene Konzept, Meitingen 1968

Im Winter wächst das Brot, Einsiedeln 1970

Teilhard de Chardin als Christ und als Mensch, Wiesbaden 1971

Sohn der Erde: Der Mensch Teilhard de Chardin, Frankfurt 1971

Was Ehe auf immer bindet, Berlin 1971

Aufbruch – aber keine Auflösung, Freiburg 1971

Der gewandelte Thron. Bemerkungen zur Synode und anderes, Freiburg 1971

Weltfrömmigkeit. Aus dem Nachlaß hg. v. B. Klaiber, Frankfurt 1975

Gedichte von Ida Friederike Görres:

Pilger, Stuttgart-Degerloch 1941

Forsythia, Stuttgart-Degerloch 1947

Zitronenfalter, Stuttgart-Degerloch 1948

Der verborgene Schatz, Frankfurt 1949

Görres, I. F./Nigg, W., Heiligkeit – heute? Vorträge über das Wesen der Heiligkeit, Freiburg 1972

Hans Urs von Balthasar

Adrienne von Speyr
(1902–1967)

Die Miterfahrung der Passion und Gottverlassenheit

Die Hauptbedeutung Adriennes von Speyr dürfte in einer neuen, alle neuplatonischen Einflüsse in der Geschichte der Mystik überwindenden und zum Neuen Testament zurückkehrenden Bewertung dessen liegen, was man nach einem der Bibel fremden Wort als Mystik bezeichnet. Es gibt bei ihr keinerlei platonische »Aufstiegsschemata« (wie Stufen der Reinigung, Erleuchtung, Einigung) und keinerlei Betonung subjektiver mystischer Zustände und Erfahrungen; es gibt als Haltung nur das schlichte marianische Jawort, das Gott jede Freiheit beläßt, den Menschen in jenen Zustand zu versetzen, der für die Durchgabe einer Einsicht, eines Auftrags ihm am geeignetsten erscheint. Obschon es bei Adrienne wohl alle, überhaupt in der Geschichte der Mystik bekannten Phänomene gegeben hat (wie Visionen, Kardiognosie, Heilungsgabe, Bilokation, Levitation, Stigmata etc.), haben sie weder in ihrem weltlichen noch in ihrem geistlichen Leben irgendeine betonte Rolle gespielt; was wichtig war – neben der höchsten Gabe der Gottes- und Nächstenliebe, die bis in die engste Nachfolge Christi ging, die Miterfahrung der Passion und Gottverlassenheit des Herrn zugunsten der Sünder –, war das von Paulus am meisten geschätzte Charisma der Prophetie (1 Kor 14,1), da der damit Begabte »die Kirche auferbaut« (ebd. V. 4). Prophetie im alt- und neutestamentlichen Sinn ist nicht Voraussage der Zukunft, sondern genaue und verständliche Durchgabe und Auslegung (Joh 1,18) dessen, was Gott der Kirche und der Welt über sich selbst und über sie zu sagen hat. Dies hat Adrienne von Speyr in den ungefähr fünfzig von ihr im Buchhandel befindlichen Bänden getan, die teils Auslegung der biblischen Bücher sind, teils einzelne Themen behandeln, wie z. B. Maria, die Kreuzesworte, die Beichte, die hl. Messe, das Gebet, die Sakramente überhaupt, die kirchlichen Stände usf. Die Auslegung ist, auch wo es sich um sehr tiefe Geheimnisse handelt, immer nüchtern, exakt, gerafft, jeder persönliche Affekt tritt völlig zurück, trotz der großen Menge des Gesagten – alles hat sie ihrem Beichtvater diktiert – immer neu und wesentlich, ohne Wiederholungen; wenn bestimmte Themen und Motive in den Büchern wiederkehren (aber immer mit neuen Aspekten), so hängt dies mit ihrem theologischen und innerhalb der Kirche praktischen Auftrag zusammen, eine bestimmte Sicht der gesamten katholischen Wahrheit in ihr zur Geltung zu bringen, durch das von ihr selbst Durchgegebene wie durch die Gemeinschaften, die sie gründen sollte und die ihre Sicht zu leben und weiterzugeben hatten.

Eine kurze Beschreibung dieser Sicht sei vorweggenommen, ehe wir auf ihr Leben und auf einzelne Aspekte ihres Charismas eingehen. Die kürzeste Formel, die wir wohl dafür finden können, würde sagen: Sie wurde vom hl. Ignatius von Loyola, mit dem eine vertraute Freundschaft sie verband und dessen Exerzitien sie mit der größten Konzentration in sich aufnahm, an der Hand geführt in die trinitarischen, christologischen und ekklesiologischen Hintergründe hinein, die er während seiner Zeit auf Erden nicht im einzelnen ausworten konnte, ja vielleicht erst im Himmel ganz erkannte, vor allem in das johanneische Schrifttum, das seine Sicht von Indifferenz, Bereitschaft, Gehorsam christologisch (und damit trinitarisch) bereicherte: »Ich bin nicht gekommen, meinen Willen zu tun, sondern den Willen dessen, der mich gesandt hat« (Joh 6,38). Eines der ersten Bücher Adriennes galt dem marianischen Jawort in all seinen Dimensionen, da ja über der Verkündigungsszene zum erstenmal das trinitarische Mysterium sich öffnet: Der Vater grüßt sie als die Begnadete, die den Sohn gebären wird, und dies durch die Überschattung des Geistes. Marias Bereitschaft in reiner Durchsichtigkeit ist Einheit von Liebe und Gehorsam. Nichts wird vorenthalten oder verdeckt. Adrienne spricht deshalb von vollkommener »Beichthaltung«, ein Wort, das ihr lieb ist, und von der marianischen Bereitschaft, alles, Seele und Leib anzubieten, was als Maßstab zur Prüfung aller – sogar solcher, die nach ihrem Tode heiliggesprochen wurden – angewendet wird (wie weit ist der und der Bestimmte in seiner Bereitschaft zu Gottes Willen mitgegangen?). Dies wird dann in all seinen theologischen und praktischen Aspekten breit entfaltet in dem wichtigen Buch über die Beichte, das, in den Vierziger Jahren diktiert, heute in der Beichtkrise aktueller ist als je. Diese Ausweitung des Ignatianischen in das Gesamttheologische kann somit als Kurzbeschreibung ihres so weit verzweigten Charismas gelten. Nun ein paar Worte über ihr Leben.

Biographisches

Adrienne von Speyr (1902–1967) wurde als zweitältestes von vier Kindern in der Jurastadt La Chaux-de-Fonds geboren. Am Vater, der Augenarzt war, hing sie trotz seiner Strenge; er wurde ihr ein richtiger Freund, starb aber bereits 1918 – sie hatte es vorausgeahnt – an einer nicht rechtzeitig erkannten Magenperforation. Die Mutter hatte eine tiefe Abneigung gegen das Kind, dessen Geburt für sie so schwierig gewesen war; die ältere Tochter, Helen, der Liebling der Mutter, tyrannisierte die Jüngere nicht wenig, aber die kleine Adrienne sah ihren Engel, der ihr auf kindliche Art Geduld beibrachte, abends mit ihr das Gewissen erforschte, ihr zeigte, wie sie mit kleinen Kartonplättchen den Namen ihres Freundes (den sie nicht kannte) bilden könne. IL (Ignatius Loyola), und auch den seines Freundes: IJ (Ignatius, Johannes). Sechsjährig begegnet sie am Weihnachtstag auf einer Stiege in der Stadt einem arm gekleideten, leicht hinkenden Mann, der sie fragt, ob sie mit ihm kommen wolle. Obschon sie es gern getan hätte, antwortete sie: »Nein, Herr, aber gute Weihnacht!« Als sie nachher mit großen Buchstaben in ein kleines Heftchen schrieb: »J'aurais dû dire oui« (»Ich hätte ›ja‹ sagen müssen«), erhielt sie Schelte von ihrer Mutter: »So jung und schon so verdorben!« Später hat Adrienne den hl. Ignatius unzählige Male gesehen, wie sie auch Maria und sehr viele Heilige im Himmel oft sah. Aber einstweilen wurde das Leben hart. Nach dem Tode des Vaters hatte die Familie sich einzuschränken, und Adrienne hatte neben der Schule den ganzen Haushalt zu versorgen. Sie erkrankt an schwerer Tuberkulose, verbringt zwei Jahre zur Kur in Leysin – wo sie einmal bei einem Besuch in der katholischen Kirche das Erlebnis hat, hier zu Hause zu sein. Nach langer Rekonvaleszenz, zum Teil bei ihrem Onkel väterlicherseits, dem Direktor der großen psychiatrischen Klinik »Waldau« bei Bern – er schickte sie gern zu aufgeregten Patienten, denn diese wurden bei ihrem Erscheinen sogleich ruhig –, trat sie ins deutschsprachige Basler Gymnasium ein und bestand nach zwei Jahren 1923 die Reifeprüfung. Sie wollte Medizin studieren, doch die Familie erlaubte es nicht; auch der Onkel versagte ihr jede Hilfe, er hielt dieses Studium für nicht passend. So beschloß Adrienne, sich das Studium durch Stundengeben selbst zu verdienen. Die Mutter warf sie aus der Wohnung und ihre Sachen hintennach. Ihre Geschwister durften nicht mit ihr sprechen. So verbringt nun Adrienne auch ihre Tage in der Mansarde, wo sie bisher schon geschlafen hatte. Hier ist nachzutragen, daß sie von klein auf unbefriedigt war vom protestantischen Religionsunterricht: »Gott ist anders.« Wie eine fixe Idee begleitete sie auch der Gedanke: Wo ist die echte Beichte? Sie suchte sie bei der Heilsarmee, der Oxfordbewegung, umsonst: Immer fehlte ein Stück. Sie betete viel, auch im Studium (in der Anatomie für die Menschen, denen die zu sezierenden Glieder gehörten), war entrüstet über manche Lehrer, die den Patienten nicht menschlich genug begegneten. Im Juli 1927 verbringt sie ihre ersten Ferien allein in San Bernardino; eine dort anwesende Gruppe von Baslern veranstaltet eine Art Kesseltreiben, damit sie den verwitweten Basler Historiker Emil Dürr, der mit zwei Knaben alleinstand, heirate. Sie hatte tiefes Mitleid mit ihm, die Ehe kam zustande, das Mitleid wandelte sich in große Liebe. 1931 eröffnete Adrienne ihre Basler Praxis; sie wußte voraus, daß sie Emil verlieren würde. Dieser starb 1934 nach einem Sturz aus der Straßenbahn. Er hatte seinen Schüler (und späteren Nachfolger als Ordinarius für Geschichte) Werner Kaegi ihrer Obhut empfohlen; Adrienne heiratete ihn 1936. Die unruhige religiöse Suche verfolgte sie unablässig; mehrere katholische Geistliche waren unbegreiflicherweise nicht willig, ihr zu helfen. 1940 (ich war eben als Studentenpfarrer nach Basel versetzt worden) begegnete ich ihr; nach wenigen Unterrichtsstunden, die fast überflüssig waren, da sie alles Gesagte als das Selbstverständliche, längst Erwartete hinnahm, konvertierte sie an Allerheiligen desselben Jahres.

Sogleich begannen nunmehr die Visionen, anfangs vor allem marianische und ignatianische, bald darauf auch die Diktate über das Evangelium Johannis: Nachts wurde ihr der Gehalt eines Abschnitts gezeigt, tags darauf diktierte sie – etwa eine halbe Stunde am Tag, in den Ferien später mehr; zuweilen arbeiteten wir an zwei, ja drei Büchern gleichzeitig. Mit den Diktaten gingen immer strengere, steilere Leidenserfahrungen einher, Zustände vollkommener Gottverlassenheit (sie nannte das »im Loch sein«), die ihren, von mir unerwarteten Höhepunkt am Karsamstag hatten, dessen Theologie von ihr – wohl erstmals in der Theologiegeschichte – mit einer erstaunlichen Fülle und Präzision Jahr für Jahr weiter enthüllt wurde, freilich so, daß das Geheimnisvolle dieses Abschlusses der Passion immer gewahrt blieb.

Schon 1942/43 wurden die ersten Umrisse einer Gemeinschaft gezeigt, die wir zusammen gründen sollten und die für die Mitglieder in einer Verbindung von weltlichem Beruf und Leben nach den evangelischen Räten bestehen sollte. Adrienne selbst verpflichtete sich zu einem Leben der Räte. Wir waren 1947 sehr erstaunt, als »Provida Mater«, die Charta für die Säkularinstitute, erschien, denn dahinein paßte das Verlangte. Adrienne lud Studentinnen zu sich ein; die weibliche Gemeinschaft begann bald darauf zu existieren: Die männliche kam trotz meines Einsatzes in Studenten-Exerzitien bisher nicht zustande; die Besten der Studenten traten in Orden ein, der Begabteste starb an Tuberkulose in Leysin. Meine Zusammenarbeit wurde im Orden zunächst geduldet, dann weitgehend untersagt. Adrienne, die an der übernommenen Verantwortung schwerstens litt, sah meinen Austritt voraus. (Ich sprach zweimal mit General Janssens, der mir zuletzt riet, bei meinem Studienfreund Donatien Mollat Exerzitien zu machen. Am Ende derselben war Mollat von meinem Entschluß überzeugt; ich trat 1950 aus der Gesellschaft aus, um Ignatius zu Diensten zu sein. Kein Bischof wollte mich aufnehmen, bis Schweizer Freunde nach drei Jahren beim Churer Bischof vorstellig wurden, der mich – unter der Bedingung, keine finanziellen Ansprüche zu stellen – in seine Diözese aufnahm.)

Die Jahre von 1953 bis zu Adriennes Tod 1967 waren durch ihre zunehmende Erkrankung gezeichnet. Der Umgang mit dem Himmel und seinen Heiligen war wie ein zweites, dem irdischen paralleles Dasein, unterbrochen von den schwersten Verlassenheitserfahrungen, begleitet von fast unglaublichen Bußübungen, die ihr angesichts des ihr gezeigten Sündenelends der Welt als das Geforderte erschienen, von nächtlichen »Reisen«, wo sie an irgendeinen Ort versetzt wurde (»eine leere Kirche, ich denke in Südfrankreich . . .«), meistens um Poenitenten im Beichtstuhl oder unschlüssigen Priestern beizustehen. Je größer die verliehenen Gnaden, desto weitgespannter die Anforderungen. Der in ihren Büchern aufgehäufte Schatz an theologischer Einsicht ist derart, daß viele Generationen ihrer Gemeinschaften, aber auch der ganzen Kirche davon zehren werden; schon zeugen die vielen Übersetzungen (einige Verlage stellen ihr Werk bewußt in den Mittelpunkt ihres Programms) für die den Werken einwohnende Fruchtbarkeit. Aber die zunehmende Müdigkeit und Krankheit (Herz, Zucker usf.) ließen die Diktate spärlicher werden (obschon man von Adrienne leicht das Mehrfache dessen, was sie diktiert hat, hätte erhalten können), erzwangen auch 1954 die Schließung ihrer ärztlichen Praxis, an der sie so sehr gehangen hatte: Eine Unzahl Armer war ihr zugeströmt, und sie hatte oft mehr sittliche, ja »priesterliche« Anweisungen zu geben als medizinische.

Erwähnt sei noch, daß viele bekannte Persönlichkeiten das Haus am Münsterplatz besuchten und mit Adrienne im Briefwechsel standen; ich erwähne nur Reinhold Schneider, Albert Béguin, Romano Guardini, Gabriel Marcel, Erich Przywara, Carl Jacob Burckhardt, Theodor Heuß, Kardinal Journet, manche Dominikaner (wie P. de Menasce) und Jesuiten (wie Pierre Ganne, Hugo Rahner, Henri de Lubac) und natürlich viele Professoren der Basler Universität. Schwierig war es, bei dauernder Geldknappheit den Haushalt in dem allzu großen, unbequemen Haus ohne Zentralheizung zu führen, einen Haushalt, der mit den oft wechselnden Angestellten so geführt werden mußte, daß ihr Mann bei seiner wissenschaftlichen Arbeit nicht gestört wurde. Adrienne lebte für sich selbst, ohne daß dies äußerlich merklich werden durfte, in der größten Armut.

Die letzten Jahre

Mit den Jahren wurde es still um sie; fortschreitende Erblindung machte ihr auch das geliebte Lesen und Sticken unmöglich. Sie betete immerfort (mein ganzes Tun blieb über ihren Tod hinaus sichtlich in diesem Gebet geborgen). Nur wenn man sie fragte, erzählte sie noch von ihrem Umgang mit den Heiligen. Als sie, im oberen Stockwerk schlafend, kaum noch aufstehen konnte, beharrte sie darauf, täglich die mühsame Stiege hinunterzugehen: »Wenn die Mutter, wenn die Engel drunten auf mich warten, kann ich doch nicht oben bleiben.« Sie hatte sich einen stellvertretenden schweren Tod gewünscht, um andere zu entlasten, und sie erhielt ihn auch: einen monatelangen abscheulichen und demütigenden Unterleibskrebs. Die letzten Tage waren tief verdunkelt (»ich taste mich im Finstern den Wänden

entlang, nirgends eine Tür . . .«), aber sie starb mit einem immerfort wiederholten »Dank, Dank . . .«

Die innere Landschaft war am Ende nur noch Golgotha. Von »Vollkommenheitsstufen« und abschließenden neuplatonischen »Einigungen« hat sie nie etwas wissen wollen. Wachsen kann man auf Erden nur im Jawort, im Jawort des Sohnes wie der Mutter und all derer, die es im Leben nachzusprechen versuchen. In Adriennes Buch »Objektive Mystik« erfahren wir, daß Inhalt mystischer Erfahrungen legitim nichts anderes sein kann als die Vertiefung der Wahrheiten, die im Credo zusammengefaßt sind, und zwar so, daß diese Wahrheiten nicht an den Rändern (und oft über diese hinaus) erweitert, sondern in ihrem Mittelpunkt erhellt und für das christliche Dasein verlebendigt werden. Im Parallelwerk »Subjektive Mystik« finden die kirchengeschichtlichen mystischen Phänomene ihr Urbild in den biblischen: Moses, der Propheten, Ijobs, im Neuen Testament Paulus' und Johannes' apokalyptische Visionen, welch letztere Adrienne nochmals geschaut und auch ausgelegt hat. Die traditionelle neuplatonische Tünche, die über Pauli Entrückungen gelegt worden ist (»er vernahm unaussprechliche Worte, die der Mensch nicht weitersagen darf«, 2 Kor 12,4), wird weggenommen. Es gibt wohl Gezeigtes, das nicht für die große Menge ist, aber Gott spricht immer verständlich; christliche Mystik »stammelt« sowenig wie die Heilige Schrift. Gott versetzt den in seiner Hand Geschmeidigen in den (psychologischen) Zustand, der für die Durchgabe am geeignetsten ist. So hat Adrienne öfter in einer Art Entrückung, in der sie den Beichtvater nicht mehr kannte, sondern nur »Organ reiner Durchgabe« war, Dinge gesagt und gezeigt, die durch die personale Beziehung alteriert worden wären. Von ihrer biblischen Mystik her würde sich jede Parallelisierung zwischen echt-christlicher und (etwa) fernöstlicher Mystik als

abwegig erweisen. Die christliche ist stets inkarnato-
risch, die nicht-christliche desinkarnierend.

Adriennes prophetisches Charisma offenbart seine
kirchliche Fruchtbarkeit vornehmlich in ihren die
Offenbarung auslegenden Werken. Dies sollte als
Erstes und Wichtigstes rezipiert werden. Mehr persönliche Seiten ihrer Mystik sind nur ergänzend und inso-
fern sekundär: Sie werden der Öffentlichkeit später
zugänglich gemacht werden, wenn das Wesentliche
rezipiert ist. Nichts ist dem kirchlichen Geist entgegen-
gesetzter als Neugier und Sensationslust.

Literatur

Sämtliche erhältlichen Werke Adriennes von Speyr sind verzeichnet
   in den Herbstkatalogen des Johannesverlags Einsiedeln.
Albrecht, B., Eine Theologie des Katholischen. Einführung in das
   Werk Adriennes von Speyr, Bd. 1: Durchblick in Texten, Bd. 2:
   Darstellung, Einsiedeln 1972/1973
Balthasar, H. U. von, Erster Blick auf Adrienne von Speyr,
   Einsiedeln ³1975
ders., Unser Auftrag, Einsiedeln 1984
Speyr, A. von, Die Beichte, Einsiedeln ²1982
dies., Das Wort und die Mystik, Bd. 1: Subjektive Mystik, Bd. 2:
   Objektive Mystik, Einsiedeln 1980

Die Autoren

HANS URS VON BALTHASAR
Schriftsteller und Verlagsleiter in Basel; Verfasser grundlegender theologischer Werke.

CORONA BAMBERG
geboren 1921, Studium der Germanistik und Altphilologie, 1945 Eintritt in die Benediktinerinnenabtei vom Hl. Kreuz in Herstelle/Weser.

CHRISTINA BRANDL
geboren 1957, Diplomtheologin, Lehrerin in München.

HANNA-BARBARA GERL
geboren 1945, Privatdozentin für Geistesgeschichte des Humanismus an der Universität München, Studienleiterin der Heimvolkshochschule Burg Rothenfels am Main.

LOUISE GNÄDINGER
geboren 1932, Studium der Romanistik, Germanistik, Musikwissenschaft; tätig als Publizistin und Übersetzerin.

PAUL IMHOF
geboren 1949, Mitglied des Jesuitenordens, Lehrtätigkeit in Fundamentaltheologie und Spiritualität an der Universität Innsbruck, Schriftleitung der Zeitschrift »Geist und Leben«.

MARIA KELLER
geboren 1959, Lehrerin an der Grundschule für Sprachbehinderte in Schweinfurt.

ERIKA LORENZ
geboren 1923, Professorin an der Universität Hamburg mit Hauptschwerpunkt spanische Spiritualität.

ELISABETH MEUSER
geboren 1957, Redaktionsassistentin der Zeitschrift »Geist und Leben«.

BRIDGET MORRIS
geboren 1954, lehrt Skandinavienkunde an der Universität
Hull (England).

HENRIETTE PETERS
geboren 1919, Mitglied des Institutes der Englischen Fräulein, Archivarin der Erzdiözese Wien i. R.

EDELTRAUD SCHILLER
geboren 1939, Studium der Pädagogik, Philosophie und
Theologie, akademische Rätin am Lehrstuhl für Pädagogik an
der Universität Regensburg.

HEINRICH SCHIPPERGES
geboren 1918, Direktor des Instituts für Geschichte der
Medizin an der Universität Heidelberg.

JOSEF SCHMIDT
Professor an der Mc Gill Universität von Montreal.

JOSEF SUDBRACK
Mitglied des Jesuitenordens, Schriftleiter der Zeitschrift
»Geist und Leben«.

PAULINE THORER
Mitglied der »Barmherzigen Schwestern«, tätig im ordens-
eigenen Exerzitienhaus in Innsbruck.

ANGELA VEIT
geboren 1939, Mitglied des Ursulinenordens, Leiterin des
Gymnasiums der Ursulinen in Straubing.

ULRICH WICKERT
geboren 1927, Professor für Kirchengeschichte an der Kirchlichen Hochschule Berlin.

Bildquellen – Umschlag

BORGAS-FOTOVERLAG für christliche Kunst im Verlag Aschendorff, Münster
Codex Latinus 1942 (13. Jh.) Biblioteka Governativa di Lucca (Tafel VII)
Wallraf-Richartz-Museum, Köln

Bildquellen – Innenteil

Antikvarisk-Topografiska Arkivet (ATA) Stockholm (Seite 83)
Privatbesitz von Hans Urs von Balthasar (Seite 275)
Bildarchiv Foto Marburg (Seite 55)
Carmel de Lisieux (Seite 231)
Codex Latinus 1942 (13. Jh.) Biblioteka Governativa di Lucca Tafel I (Seite 39)
Verlag Christliche Innerlichkeit, Mariazell (Seite 133)
Edith Stein Archiv, Köln (Seite 244)
Hans Heer, Würzburg (Seite 186)
Katholischer Deutscher Frauenbund, Köln (Seite 213)
Schwester Paula, Tisa Schulenburg (Seite 120)
Studio Tanner, Nesselwang (Seite 149)
Vereinigung der Freunde von Burg Rothenfels (Seite 259)
Westfälisches Landesamt für Denkmalpflege, Münster (Seite 199)
Wienand Verlag, Köln (Seite 111)